○圣约翰大学时代的周有光

○1981 年 4 月，周有光出席国际标准化组织的文献技术会议

○周有光夫妇在美国旧金山

○周有光在国际会议上发言

○周有光教夫人使用中文打字机

庆贺周有光先生百龄华诞座谈会掠影

○周有光先生出席座谈会

○国家总督学顾问柳斌（前左）与周有光亲切交谈

○教育部副部长、国家语委主任袁贵仁在座谈会上讲话。主席台上就座的是原国家语委党组书记朱新均（左一），中国社科院副院长江蓝生（左二），周有光先生（左三），国家总督学顾问柳斌（左四）。

○周有光先生致谢辞

○周有光先生谈笑风生

○与会代表热烈鼓掌

一生有光

——周有光先生百年寿辰纪念文集

王铁琨 王奇 沙宗元 编

语文出版社
·北京·

图书在版编目(CIP)数据

一生有光:周有光先生百年寿辰纪念文集/王铁琨等编.—北京:语文出版社,2007(2012.2 重印)
ISBN 978-7-80184-828-4

Ⅰ.一… Ⅱ.王… Ⅲ.周有光-纪念文集 Ⅳ.K825.5-53

中国版本图书馆 CIP 数据核字(2006)第 152524 号

YI SHENG YOU GUANG
一 生 有 光
周有光先生百年寿辰纪念文集
王铁琨 王 奇 沙宗元 编
*
语 文 出 版 社 出 版
100010 北京朝阳门南小街 51 号
E-mail:ywcbsywp@163.com
新华书店经销 北京市联华印刷厂印刷
*
890 毫米×1240 毫米 2 插页 24 开本 14.5 印张
2007 年 1 月第 1 版 2012 年 2 月第 2 次印刷
印数:1,001-2,000 定价:30.00 元

目 录

在庆贺周有光先生百岁华诞座谈会上的贺函

有光夫子道席：

今天语言学界的朋友们欢聚座谈，祝贺您的百岁华诞，我因出差，不能和大家一起表达对您的贺忱与敬意，只好以短函聊补遗憾。

尊敬的周老，您在半个多世纪中，全身心地投入祖国的语文改革，做出了巨大贡献。进入新的历史时期，您又以耄耋之年在实现汉字拼音输入计算机、用现代方法和手段研究汉语汉字等方面为人们作出了表率。您一生祖国至上，笔耕不辍，淡泊名利，粪土荣辱，谦和平易，善诱后进，足为学界法。

记得上个世纪80年代后期，那时您已年过80，还热情地向我介绍自己"换笔"的过程，说：连我都用计算机写作了，你应该用得更好。我是在您的感召下才开始接触并使用计算机的。我曾对许多人说，您是我走进中文信息处理领域的启蒙老师。从这件小事可以看出，您的确做到了"学而不厌，诲人不倦"，"不知老之将至云耳"。

您几乎走过了整个20世纪，经历了祖国从衰弱到奋起、新生和复兴的全过程。当前，国家不断取得进步，学术蒸蒸日上，我由衷地祝您在这前所未有的好时代中健康长寿！

后学　许嘉璐

2005年1月9日

（许嘉璐，全国人大常委会副委员长）

热烈庆贺周老一百寿辰　继续推进语言文字工作

袁贵仁

尊敬的周老：

各位专家，各位朋友：

今天，我们特别高兴在这里欢聚一堂，庆贺周老的一百岁寿辰，首先我代表教育部、国家语委并以我个人的名义向周老表示热烈的祝贺，向参加座谈会的来宾表示衷心的感谢！

周老是我国著名的语言学家，半个多世纪以来，他一直孜孜不倦、耕耘不辍，在汉语的现代化方面学养深湛，见识高远，同时在现代文字学、社会语言学、中文信息处理等多个领域取得重大成就。早在建国之初，他与其他老一辈学者一起，以拉丁字母为径，拟定了《汉语拼音方案》，使中国难认、难学的"方块字"有了全球通用码，对中国现代的文字改革和汉语拼音正词法做出了突出贡献。

周老对文字的研究有独到之处。早在60年代初就写出了《汉字改革概论》，并被翻译成日文出版。以后又写出《比较文字学初探》《世界文字发展史》等多部著作，从宏观的角度对人类文字的发展规律进行新的探索，倡导在世界文字发展史中理解汉字的历史地位，走出了该项研究的第一步。

周老著述宏富，半个世纪以来出版书籍20多种，发表论文300多篇。他的《语文闲谈》等著作涵盖博大内容，古今中外无所不谈；文字简洁明快，通俗易懂，无论对专业研究者还是对普通读者，都有很大启发意义。

特别值得提出的是，周老年高而志笃，90岁后仍耕耘不息，还发表文章提倡“基础华文”，以之作为进入华夏文化宝库的第一个台阶。这种老而弥坚的探索精神和对弘扬华夏文化的热心态度非常值得我们学习。

由于周老等老一辈语言学家的积极倡导和亲身努力，我们的语言文字工作在过去的半个多世纪里取得了很大进展，但与世界的信息化水平和我国现代化建设需要相比，还有待进一步发展。我们要以周老为榜样，加倍努力，扎实工作，开拓进取，加快语言文字的现代化进程。

首先，高度重视语言文字在弘扬民族精神中的重要作用。

十六大报告指出，民族精神是一个民族赖以生存和发展的精神支柱，而汉语和汉字就是中华民族的独特标志和宝贵财富，是中华民族在历史长河中创造、发展、衍进的成果，是我们整个民族智慧的结晶，因此要

好好利用，发挥其精神支柱的作用。

周老曾指出：“在21世纪的全球化时代，国际文化交流将十分活跃。全世界5000万侨胞对祖国寻根将更感兴趣，而寻根的一个方面是了解祖国的华夏文化。”因此他建议用“基础华文”介绍华夏文化。周老本人也正是凭借他对祖国和华夏文化的热爱，凭借其不断的学术追求，才取得了斐然的成绩。在经济全球化浪潮冲击下，我们必须不断深化语言文字健康发展对保持民族文化先进性、增强文化感召力和凝聚力的重要意义和深远影响的认识，增强使命感，自觉地承担起继承优秀传统，实现民族伟大复兴的光荣历史责任。这一方面要求我们要加强中小学语文教育，把在学校教育中推广普通话和规范汉字作为一个重要环节来抓。另一方面，要加强汉语作为第二语言的教学和研究，扩大中国语言文字在世界上的影响，提升我国的国际地位。

第二，继续加强语言文字规范化工作。

现代社会需要标准明确的规范化共同语，普及普通话、推广规范汉字不仅是实行全民义务教育的基础工程，也是建设现代化国家的基础工程。宪法早已规定：“国家推广全国通用的普通话”，我们目前的推普工作虽然已经取得了喜人的成绩，但尚需进一步努力；简化字的使用也还存在一些不规范的现象。周老很早就指出，我国“书同文，语不同音”的现象在当今社会必须改变，要致力于语言文字自身的规范和统一，这是汉语得到更大发展、走向现代化的首要环节。因此，全国的语言文字工作者、教育工作者和各级政府部门都要行动起来，为促进国家经济、政治和文化的发展，积极从事国家通用语言文字的规范化、标准化工作，力争2010年在全国范围内实现普通话初步普及、汉字社会应用基本规范的目标，创建一个与全面建设小康社会相适应的良好的语言文字应用环境。

第三，不同领域的研究人员携起手来，进行学科之间的互补研究。

在现代化的社会里，语言文字的规范标准建设要现代化，语言文字研究也要现代化。目前各个领域内部都已经进行了相当深入的研究，但要开创新的局面，还迫切需要跨学科的研究，如语言学和心理学、社会学、计算机科学等学科的结合，尤其是语言学界和计算机学界的结合。

周老是中国语文现代化的一位重要倡导者。长期以来，他始终关注汉字在计算机中的输入输出问题，指出在字母键盘上输出中文是中文信息处理的第一步。他在 90 高龄以后还一直坚持在电脑上打出每篇文章，并大力提倡“分词连写”。在《21 世纪的华语和华文》一书中，周老畅谈全球化、现代化和信息时代，足见其开通明达，以及对语言的跨学科研究的殷切期望。语言学界、计算机学界和其他学界的专家学者要响应周老的倡导，密切关注社会语言生活，更多关心语言文字研究，在中文信息处理、机器翻译等领域不断取得新的成绩。

最后，再次衷心地祝福周老身体永远健康、吉祥如意！也祝各位身体健康、工作顺利！

谢谢！

（袁贵仁，教育部副部长、国家语委原主任）

周有光先生百龄华诞贺辞

江蓝生

尊敬的周有光先生：

各位老师，各位同仁：

今天参加这个气氛隆重而热烈的聚会，庆祝我国著名语言文字学家周有光先生百龄华诞，我感到非常荣幸。周老是我国迄今为止最为长寿的语言学家，还有三天，他将走过整整一个世纪的历程，即将踏上人生第二个世纪的路途。这样的百岁人瑞，不仅在语言学界前所没有，就是在整个学术界也属凤毛麟角。我代表中国社会科学院语言研究所和民族学与人类学研究所的全体同仁，谨向周先生及其家人致以热烈的祝贺！

周先生是我国语文现代化事业的功臣，从新中国成立伊始，他就投身于文字改革、推广普通话、制定汉语拼音方案等语文革新工作，在汉语拼音方案的制定和应用方面贡献尤其突出，赢得了语言学界和社会的尊敬和赞扬。在此，我还要代表中国社会科学院语言研究所和民族学与人类学研究所的同仁，向周有光先生致以崇高的敬意！

我不曾与周先生共过事，在有数的几次接触中，周先生给我的印象是和蔼、通达、淡泊。我对周先生的了解，更多的还是通过读他的著作。

我喜欢读周先生的书。在周先生笔下，枯燥繁琐的语言文字知识变得既明白易懂，又趣味盎然。周先生的叙述深入浅出，简约明了，就像在跟读者促膝谈心；周先生的文字自然朴实，毫无一丝斧凿的痕迹，像清泉在山间流淌，又像行云在天际飘过，给人一种说不出的舒爽和美感。周先生善于概括，无论多复杂的事物，他三言两语尽得其要。比如我国近代以来语文现代化运动的目标，他用“文体的口语化、语言的共同化、文字的简便化、注音的字母化”这四个“化”就准确扼要地标示出来了。关于现代汉字学的发生与发展，周先生是这样描述的：“‘现代汉字学’是个新名称、新事物。它播种于清末，萌芽于‘五四’，含苞于解放，嫩黄新绿见于今日。”寥寥数笔，就把一个学科的历史阶段和轮廓清晰地勾勒出来，而且文字还那么形象生动，这是一般人不容易做到的。

读周先生的书，明显地感到他具有开阔的世界眼光和深邃的历史眼光。他谈语文现代化，决不局限于一时一地，他指出：“语文现代化，并不是中国独有的问题，而是一件世界性的大事”。他说：“为了认识‘汉字’在‘人类文字’中的历史地位，要把汉字放在上下五千年和东西五大洲的‘文字世界’里加以考验。”从他对世界各国特别是汉字文化圈各国语文现代化历程的介绍中，从他对清末以来我国语文现代化的曲折经过的回顾中，我们不仅开阔了视野，获取了人类文明演进的相关知识，而且也从周先生上下五千年、东西五大洲的侃侃而谈之中，认清了世界语言文字发展的共同规律和趋势，从而更加明确了我国语文现代化事业的历史必然性和正确的方向。世界眼光和历史眼光，是一个大学者必备的科学素质，是历史唯物主义和辩证唯物主义世界观的体现，周有光先生在这方面表现得特别突出，所以他的许多见解都带有前瞻性，而且有一种令人信服的力量。

读周先生的书，还能深切地感到他实事求是的精神。他说话总是那样平实、合情合理，从不言过其实、虚发空论。当世界各地因中国经济快速发展而出现了“汉语热”时，一些人推断21世纪将是汉语遍行天下的世纪，周先生对此却保持了相当的冷静。他说：“汉语的国际地位，不可过高估计，也不可过低估计，应当作适如其分的正确估计。”“联合国文件的原文，80%用英文，15%用法文，4%用西班牙文，1%用阿、俄、中文。”而在这1%中，“汉语的国际性最弱，及不上俄语，也及不上阿拉伯语。这是很多中国人不愿意承认的，但是，不承认并不能改变事实。要想改变事实，只有首先改变汉语本身，那就是提高汉语的规范化水平，普及汉语的共同语。”周先生这番话意味深长，既提倡了脚踏实地的务实精神，又反过来说明推进汉语规范化、普及共同语的必要性和紧迫性。

一个人要真正做到实事求是是很不容易的，这需要对实际有全面深刻的了解，需要正确的世界观和辩证的思想方法，有时还需要宽阔的政治胸怀和无私无畏的勇气。周先生就是这样的学者。他一方面积极推动民族共同语的普及，另一方面很早就提倡实行普通话和方言的双语制；他一方面积极推动汉语的规范化、为汉语走向世界而努力，另一方面又从全球化、信息化时代的实际出发，提倡实行汉语和英语的双语制。他说："任何国家想要成为一个现代化国家，必须以英语为第一外国语。英语没有国籍。谁利用它，谁就得益。"这些大实话，是很代表周先生思想风格的语言。

周有光先生是令人羡慕的，他不仅高寿，而且健康、充实，充满了生命的活力。直到今天他仍在思想，仍在读书写作，这更不是一般人能望其项背的。我想这跟他平和宽仁的性格有关，跟他一心向学、充实幸福的人生有关。"宁静致远，淡泊明志"，"仁者寿"，"智者达"，周先生之谓也！

今天我们在这里庆祝周有光先生百龄华诞，既要分享他的荣誉和幸福，更要学习他的品质和精神。要像他一样，积极推进信息化时代我国语言文字的规范化。要从时代的发展和人民群众的社会生活需要出发，加强语言文字规范化建设。既要积极地引导社会遵循已有的各项规范标准，又要根据社会生活和语言发展变化的实际，对已有的标准加以整合、修订和完善，特别是要根据中文信息处理的需要及时地推出一些新的规范。当然，做这些工作都要十分谨慎，务求科学、稳妥。我们推进语文现代化的根本目的只有一个，那就是促进国家的现代化，实现中华民族的伟大复兴。

值此周有光先生百龄华诞之际，我们再次向他和他的家人表示祝贺！恭祝有光先生健康快乐，福上加福，寿上添寿！

2005年1月10日

（江蓝生，中国社会科学院副院长）

在庆贺周有光先生百岁华诞座谈会上的发言

杨　光

尊敬的周老，各位领导，同志们：

我们满怀喜悦的心情，共同庆贺我们十分崇敬的世纪老人周有光先生百岁华诞。

周有光先生是卓越的语言文字学家。半个多世纪以来，他在语言文字学领域里一直进行着广泛的探索和创造性的研究，尤其是在中国语文现代化和比较文字学方面成就卓著。周有光先生是我国语言规划理论的主要奠基人之一，周先生的语言文字学理论对我们实施国家语言规划，推广普通话和语言文字规范化工作发挥了重要作用。

周有光先生对于推广普及民族共同语有全面而详尽的论述。他指出："一国人民，如果语言彼此不通，那是一盘散沙，不是一个现代国家。""推广共同语是国家现代化的一项必不可少的先行工作。"他还说："'文明古国'要想成为'文明今国'，不能不进行现代化的改造。'现代化'必须以'教育现代化'为基础，'教育现代化'必须做好'语文现代化'的准备。"周先生认为"语文现代化"的首要目标就是普及现代共同语，学校、公共场所和集体活动一律说共同语，实行共同语和方言的"双语言"制度。他认为，"语音标准是否确定是共同语'成年'的标志。共同语是否普及，首先在全国学校成为校园语言，是教育'成年'的标志。凡是认真工业化的国家都以普及共同语作为建国大事。"周先生还提出普通话普及的标准，即"全国学校以普通话为校园语言，全国公共活动以普通话为交际媒介"等等。

作为《汉语拼音方案》的主要创制人之一，周有光先生在制定和推行《汉语拼音方案》方面的功绩已载入史册。《汉语拼音方案》以其国际化、音素化的严密设计，使得不能准确表音的汉字有了科学的注音工具，更使扫除文盲、推广普通话、索引排序、工业产品编码、制定旗语、灯语、手语、盲文和少数民族文字有了强有力的工具和凭借。《汉语拼音方案》诞生后不久就成为中文拉丁字母转写的国际标准。特别是计算机应用普及以来，采用拉丁字母的《汉语拼音方案》在中文信息处理技术方面显示出极大的优越性，为汉字信息化、汉语国际化和国民经济发展做出了巨大贡献。

我司的主要任务是贯彻《国家通用语言文字法》，推行国家通用语言文字和《汉语拼音方案》，实际上就是将周先生的理论和设想一步一步地变为现实。1997 年全国语言文字工作会议以来，我们坚持“以城市为中心，以学校为基础，以党政机关为龙头，以新闻媒体为榜样，以公共服务行业为窗口，带动全社会普及普通话和语言文字应用规范化”的工作思路，坚持推进“目标管理、量化评估”、“普通话水平测试”和“全国推广普通话宣传周”这三项基本措施，为 2010 年以前实现新世纪初叶工作目标扎扎实实地前进。目前，已有 13 个一类城市通过评估认定达到了“普通话初步普及，汉字社会应用基本规范”的要求，2005 年内绝大部分一类城市接受考查评估；二类城市、三类城市的语言文字工作评估陆续启动；全国范围内的语言文字规范化示范校创建活动正在开展，大批实现普通话成为校园语言的学校已经涌现；已经建成覆盖全国的普通话水平测试工作网络，拥有 3.4 万多名普通话水平测试员，社会各界接受普通话水平测试的已超过 1300 万人次；推广普通话宣传周活动已在全国开展 7 届，在营造普及普通话和语言文字规范化氛围，增强国民语言规范意识和推普参与意识方面取得了良好的社会效益。普通话的社会声誉越来越高，自觉使用普通话的人越来越多，甚至在广东、上海等推普重点地区普通话也已经成为与当地方言并行的通用语言。此外，对外汉语教学正在迅速扩大发展，汉语逐步国际化的趋势已经形成。我们相信，在党中央和国务院的领导下，有各级党政机关、全国教育系统和各行各业的共同努力，本世纪中叶一定能够如期实现在全国范围内普及普通话和汉字社会应用规范化的目标。

周有光先生具有渊博的学识和近乎完美的人格品质。早年间，为了新中国建设的需要，周先生放弃了本来的专业方向，毅然投入文字改革事业中。半个世纪以来，周先生孜孜不倦地辛勤耕耘，耄耋之年还开辟新的研究领域，至今思维敏捷，信息灵通，笔耕不辍，眼界超前，绝无保守，对从事语言文字研究和管理的后辈是极大的鼓舞和鞭策，几十年前就有不少青年人因为读了周先生的著作，受到周先生人格魅力的吸引而自觉跨入语言文字事业中。唐代白居易有这样的诗句："自静其心延寿命，无求于物长精神。"周先生就是立于我们面前的真实写照。他宁静、善良、热诚、大气，对一切都能持以平常心。我们要学习周先生爱国敬业、不懈追求、坚持真理、严己宽人、淡泊名利的高尚情操，在思想、学业、工作、生活等各个方面以周先生为榜样，努力提高自己的修养，把工作做得更好。

衷心地祝愿周老有光先生健康长寿！

谢谢。

（杨光，教育部语言文字应用管理司司长）

贺周有光先生百岁华诞

曹先擢

尊敬的周老，各位来宾：

大家上午好！

今天我们大家在这里隆重集会，共聚一堂，庆贺周有光先生百龄华诞，我感到非常高兴。首先向周老表示热烈的祝贺，祝周老身体健康、精神愉快！

周有光先生是我国现代语言学的开拓者之一，1906 年 1 月 13 日生于江苏省常州市，1923 年开始就学上海圣约翰大学。1925 年上海发生“五卅惨案”，随同全体同学和华籍教授离校，改读爱国师生创办的光华大学，1927 年毕业。1928 年至 1949 年，任教光华大学、江苏和浙江教育学院；任职新华银行，由银行派驻美国纽约。1949 年上海解放后回国，担任复旦大学经济研究所和上海财经学院教授。周先生 20 世纪 20 年代起就十分爱好语言学，曾参加拉丁化新文字运动。1955 年 10 月参加全国文字改革会议，会后担任中国文字改革委员会和国家语言文字工作委员会研究员，兼任中国社会科学院研究生院教授。参加制定《汉语拼音方案》，提出方案的拉丁化、音素化、口语化三原则，并进一步说明：它不是汉字的拼形方案，而是汉语的拼音方案；不是拼写文言的方案，而是拼写白话的方案；不是拼写方言的方案，而是拼写普通话的方案。方案在 1958 年公布，周先生作出了重要贡献。他主持《汉语拼音正词法基本规则》的制定，基本规则在 1988 年公布。1979 至 1982 年，他出席国际标准化组织的文献技术会议，该组织通过国际投票认定《汉语拼音方案》为拼写汉语的国际标准（ISO 7098）。他参加制定聋人教育用的《汉语手指字母方案》（1963 年公布）和汉语手指音节设计。他 1958 年开始在北京大学和中国人民大学开设汉字改革课程，课程的讲义《汉字改革概论》1961 年出版第 1 版，1979 年出第 3 版，1985 年译成日文在日本出版。1980 年开始，参加翻译不列颠百科全书的中美联合编审委员会和顾问委员会，是中国方面三委员之一。1992 年出版《新语文的建设》，1999 出版《新时代的新语文》，阐述语言生活的历史进程、人类的双语言生活、国家共同语和国际共同语的形成和发展。1992 年出版《中国语文纵横谈》，提出汉字效用递减率、高频字覆盖率 90%，其后效用递减，字频统计 3500 个常用字覆盖率 99.48%，周先生的理论为执行常用字提供了科学根据。他研究汉字声旁的有效表音率，阐述整理汉字的四定原则（定形、定音、定序、定量）。1980 年发表《现代汉字学发凡》，2000 年出版《汉字和文化问题》，倡导研究现代汉字学；上海师大、华东师大、北京大学先后开设现代汉字学课程。1983 年发表《汉语内在规律和中文输入技术》，阐述按词定字的原理和拼音变换汉字的原理，提倡以语词、词组和语段为单位的双打全拼法，使拼音变换汉字技术代替字形编码，1983 年制成软件。1997 年出版《世界文字发展史》，1998 年出版《比较文字学初探》，倡导比较文字学的研究，在世界文字发展史中理解汉字的历史地位；提出六书有普遍适用性、文字三相分类法；对人类文字的发展规律进行新的有重要意义的探索；清华大学等校采用作为教材。1989 年 83 岁离休，继续在家中研究和著述。2000 年出版《现代文化的冲击波》，阐述世界四种传统文化的历史比较和华夏文化的光环与阴影。2001 年选取 90 岁后发表的部分文章编成《周有光耄耋文存》，提倡华夏文化应百尺竿头更上一层，适应信息化和全球化时代。1994 年起担任中国语文现代化学会名誉会长。先后共出版书籍 20 多种，发表论文 300 多篇。

周有光先生是蜚声海内外、德高望重的语言学家和教育家，为我国人文社会科学事业和语言学事业的发展做出了突出的贡献。他把自己毕生的精力都献给了祖国的语言学事业和教育事业。周老不但治学严谨，而且非常开明，从不抱门户之见，历来重视学习借鉴各种流派的理论和方法，他无论写文章还是评论他人之说，从不说过头话，总是心平气和、实事求是地讨论问题，充分显示出大学者的气度和风范。这正是学术界需要大力提倡的，像周老这一辈优秀的知识分子应得到学术界和全社会的尊敬。我们为周老庆贺寿辰，就是要宣传和学习他对学术孜孜不倦的追求精神，学习他热爱华夏文化的精神，我们不仅要学习他多方面的的学术著作，更要学习他崇尚科学、严谨治学、淡泊名利、甘于奉献的崇高品格。

我相信，有周老等前辈专家学者们的带领，有在座同行们的努力，有一大批甘于为语言研究和语言文字规范化工作奉献的语言工作者，我们的语言文字工作在今后一定会创造出更辉煌的成就。

眼下正值新年伊始。看神州金鸡报晓天下春，杨柳吐蕊国运昌，在这大好时代大好时光，我们敬祝周先生身体健康：苍松千寻碧，海屋更添筹。祝周先生精神愉快，福寿绵长，继续指导我们前进！

谢谢大家！

（曹先擢，国家语委原副主任、中国辞书学会名誉会长）

切音字的内涵与外延

李宇明

中国百年语言生活的巨大变化，得益于清末切音字运动首倡语文现代化。“切音字、切音字运动”无疑是中国现代语言学史上的重要术语，然而一般辞书却少收录，即使是语言学的专业辞书和相关专著专文，对它们也是或不收录，或不解释，或解释粗略，或解释不一。本文的任务是从内涵和外延两个逻辑角度对“切音字”进行界定。界定之时，也涉及“切音字运动”的界说和切音字的命名之由等问题。

一、切音字的泛指义

切音字有泛指、专指之别。切音字这一术语，大抵产生于清朝末年，通指世界上一切拼音字（包括非文字性质的拼音方案），这是它的泛指义。此后，切音字的外延窄化，专指清末民初出现的各种汉语拼音方案（包括利用拼音原理为汉语设计的文字方案、速记字和为汉字设计的注音方案等），这是它的专指义。本节先谈泛指义。

1.1 切音字泛指一切拼音字

清朝末年，切音字泛指世界上一切拼音字。泛指义的切音字的外延包括：a）已有的拼音文字，如西方的拼音文字、日本的假名、朝鲜的谚文、清代的满文等；b）当时出现的各种汉语拼音方案。看一些具体用例：

（1）卢戆章《中国第一快切音新字·原序》：“当今普天之下，除中国而外，其余大概皆用二三十个字母为切音字。英美 26，德法荷 25，西鲁面甸 36，以大利及亚细亚之西六七国皆 22。……日本向亦用中国字，近有特识之士，以 47 个简易之画为切音字之字母，故其文教大兴。”①（P2）

（2）沈学《盛世元音·自序》："（欧洲）列国所以强，有罗马之切音字也。……（美洲）与欧洲并驾齐驱者，亦切音字为之。……（俄国日本）二国之自强，其势由上，借本国切音字，翻译泰西富强书，令民诵读者也。"（P10）

（3）《学部咨外务部文》："据称，现今世界文字，大别为二：一为象形字，一为切音字。除中国独用象形字外，余如国书[②]之字头，泰西各国之字母，皆切音也。日本朝鲜虽亦沿用汉字，然日本则有假名，朝鲜则有谚文，用以补汉字之不逮。假名谚文亦切音字也。"（P68）

（4）《学部咨外务部文》："查各国切音字通例，凡声韵相切，无不先写声母后写韵母。"（P71）

以上是清朝末年民间和以学部为代表的官方，将西方拼音文字、日本假名、朝鲜谚文等称为切音字的例子。当时，人们还利用拼音原理设计了几十种汉语拼音方案，或为文字方案，或为速记之字，或如章炳麟之"音表"专为汉字注音用，这些汉语拼音方案也称作切音字。卢戆章、郑东湖将自己的新字径称为"切音新字、切音字"；沈学虽称自己的新字为"盛世元音"或"天下公字"，但仍被时人归为切音字。例如：

（5）朱文熊《江苏新字母·自序》："余读上海沈君之切音新字，直隶王君之官话字母，未尝不叹美而称羡之也。"（P60）

清末的学部，也把这类新字称为"切音字"或"切音字母"。例如：

（6）《学部咨外务部文》："故仿照国书及泰西诸国文字成例，别制切音字一种，以与固有之象形字相辅而行，亦今日不得已之举也。"（P68）

（7）《学部咨外务部文》："今欲造中国切音字母以济象形文字之穷，则宜审求三十六母之本音，稍去其微妙难辨者，以为标准声母若干字。又按四呼四收法，参酌古今韵书，以为标准韵母若干字。声韵既定，或仿日本片假名之例，取原字之偏旁以造新字，或竟用泰西各国通例借罗马字为之。新字成立，乃以《玉篇》《广韵》等书所注之反切，逐字配合，垂为定程，通行全国，不得迁就方音，稍有出入。要使写认两易，雅俗兼宜，然后足以统一各省之方言，徐谋教育之普及。”（P69~70）

当时利用拼音原理设计的汉语拼音方案有不同的名称，如蔡锡勇的“传音快字”、力捷三的“闽腔快字”、王炳耀的“拼音字”、王照的“官话合声字母”、劳乃宣的“合声简字”或“简字”、刘孟扬的“音标字”、马体乾的“串音字标”、刘世恩的“音韵记号”等。虽然名称各异，但一般都把它们统称为切音字。

以上数例，不释可明。清末之时，切音字可泛指中外一切拼音字。

1.2 切音与反切

当时的“切音”，即现在所说的“拼音”。因此，切音字的内涵就是“拼音字”。考之词源，“切音”之“切”实乃“反切”之“切”，切音的本义应为反切。罗竹风主编《汉语大词典》（1997，P975）对“切音”的解释，说明切音具有反切的涵义：

（8）［切$_2$音］汉语注音的一种传统方法。唐以前韵书皆称反，唐元度撰《九经字样》时，因藩镇不靖，讳反而言切，宋人遂沿称切。合称反切。即用两字拼切给另一字注音。章炳麟《訄书·订文·附正名杂义》：“六书之形声，十固七八，自叔然、弘嗣，则有切音。”

理论上说，切音的拼音义是由反切义演变而来。由反切义到拼音义的意义演变，其具体过程尚不清楚，但是演变的条件还较明确，可以从三方面说：

首先，明清两代的学者，如吕坤（《交泰韵》）、潘耒（《类音》）、杨选杞（《声韵同然集》）、李光地（《音韵阐微》）、刘熙载（《四音定切》）等，为改革传统反切的弊端，对反切用字进行研究筛选，以使反切更适用于拼读。③这些反切改良工作，就某种意义而言已经与清末切音字的设计非常接近了。④

其次，切音的办法和“切音”这一词语此前已偶见用于拼音文字。《中国大百科全书·语言文字》（1988，P45）指出，清代满族语文学家达海，天聪六年（1632 年）受清太宗皇太极之命改进老满文，创造了“切音法”，即用两个音节拼合一起来拼写满语的外来音。⑤文中（P412）还指出，成书于 1790 年前后的《五体清文鉴》，是用满、藏、蒙、维、汉五种文字对照的分类词汇集，在其中的藏文栏下附有两种满文注音：一种叫“切音”，用满文字母逐个转写藏文字母；另一种叫“对音”，用满文字母为词标音。如果说达海的“切音法”还与传统语文学的反切相近，那么《五体清文鉴》的“切音”是字母转写，与传统的反切已不一样，“切音”的结果已经类似于拼音文字了。

第三，当时文字学理论还不发达，注音与文字之间的质的不同，传统切音与拼音文字之间的质的不同，还未被时人所认识，因此把传统的反切、世上已有的拼音文字、为汉语新设计的拼音等，常常相提并论。例如：

（9）卢戆章《中国第一快切音新字·原序》：“中国亦有切音字，止以韵脚与字母合切为一音，此又万国切音之至简易者也。……即以两汉文合切而成音，为注明某字当读何音之用，非以简易字母合切为切音字也。”⑥（P2）

（10）林辂存《上都察院书》：“我朝龙兴辽沈，兼用清书，钦定《康

熙字典》，且用切音之法。”（P17）

（11）《资政院特任股员会股员长严复审查采用音标试办国语教育案报告书》：“拼音简字，与我国魏晋以来相传反切之法，作用则一，而繁简不同。反切繁难，故通者较少，简字便捷，故妇孺易知。”（P134）

（12）劳乃宣《江宁简字半日学堂师范班开学演说文》：“简字者，特三十六母之并省，反切之便易者耳。……反切非深通其例不能晓，简字则一望而可知，一呼而即出，合于《音韵阐微》合声之例。”（P56）

（13）沈凤楼《江宁简字半日学堂师范班开学演说文》：“中国旧字，一字数音，一字数义，繁赜精奥，虽宿儒不能悉瞭。今以二音合成一字，最为简明，亦如古之反切，以‘德’‘红’二字切成‘东’字之类。但习六十九字即可拼成三千余字，虽极鲁至愚之人，亦不难于学成，其易知也何如。”（P53）

（14）田廷俊《拼音代字诀·自序》：“环球各国文字，皆以字母相切而成。独我国不然，虽每字有反切，字为字，切为切，人多畏难而不学，即学亦难概也。”（P61）

此外，设计汉语切音字时，不少人也确实借鉴了反切的成果。⑦例如：

（15）朱文熊《江苏新字母·自序》：“上考等韵，下据反切，旁用罗马及英文拼法，以成一种新文字，将以供我国通俗文字之用。而先试之于江苏，名曰江苏新字母。”（P60）

（16）汪荣宝等《“简字研究会”启并章程》：“简字之法，以母韵声为体，以反切为用。”（P111）

由于反切的改进、“切音”在拼音文字中的应用、对注音与拼音文字的质的差异认识不清等，加之汉语切音字借鉴了反切原理与成果，用“切音字”来指称拼音字就是比较自然的事情了，从而使“切音”获取拼音义。

需要补说的是，清末之时，人们已看到了反切与拼音的一些不同：其一，反切是用两个汉字切出一个音节，而不是用字母拼音，其结果是“字为字，切为切”，只能“注明某字当读何音之用”，不成其为文字。事实上，反切和拼音是不在一个学理层面上的。其二，“反切繁难”，“非深通其例不能晓”。至于例（9）卢戆章把反切说成“万国切音之至简易者”，可能是从声韵双拼的角度看的。统观世界拼音之法，说反切是较为笨重的注音工具并不为过。

1.3 表示拼音意义的其他用语

清末之时，表示拼音意义的词语，除“切音”外，还有“合声、拼音”等。王照、劳乃宣的切音字，就分别叫“官话合声字母”、“合声简字”。再看“合声”的实际用例：

（17）王照《官话合声字母·原序（二）》：“夫国书合声之法，为前人所莫及，亦为前人所不知。”⑧（P23）

（18）庆福等《陈请资政院颁行官话简字说帖》：“窃维官话简字，旧名官声字母，本国书合声之制，取首善京音为准，发现于天津，实验于各处。拼音不过两母，故较东西各国拼法为易学易记；四等不分于韵母，故较中国韵学旧法为直截了当。”（P125）

“拼音”一词的使用最应重视。王炳耀有《拼音字谱》，田廷俊有《拼音代字诀》，当时还办有《拼音书报社》，成立了官话拼音教育会。再看些实际用例：

（19）王炳耀《拼音字谱·自序》：“惜今人鄙俗言，弄文字，玩月吟风，胸无实际，何如于文字之外附加拼音之字，拼切方言，使男女易习，立强国无形之实基。……泰西之文，初或起于象形，终则归于拼音。三千数百年前有名摩士者，腓尼基国人也，首创拼音新法，以二十六字为母，拼切相生，始传于希利尼，继而罗马，今遍行欧洲，读书简易，男女有学，其兴有由矣。”（P12）

（20）王照《官话合声字母·原序（一）》：“一日，余方凝坐执笔审音，严范孙先生来，持书一函示余曰，闻君创作拼音字，深恐获罪，盍借此御定《音韵阐微》为根据，以保险乎？”（P20）

（21）严以盛《上直隶总督袁世凯书》：“卑职购阅官话拼音书报，喜其教法简易，口授旬日即能读拼音之书，适有候选县丞李迺庚，谙习拼音，兼通笔算，愿尽义务授教于人。卑职遂就阅报公所内设立官话拼音学堂，兼教浅近笔算。”（P45）

（22）田廷俊《拼音代字诀·自序》：“若教者以此教授，学者不必月余，以能用此拼音字代各字音随笔达意，取不尽而用不竭。如仍欲习文字，仿日本初学书于文字旁，注此拼音字，凡已学此拼音字者，无不一见即知。将来全国男女，安知不借此捷径而皆识字欤？”（P61）

（23）郑东湖《〈切音字〉之说明书》：“夫欧美诸国，皆用拼音之法，各该国之孺子，亦皆乐而习之，安而行之，易如反掌而不觉其难处。况吾国拼音之法比欧美诸国为易（盖欧美诸国，其拼音之法有用三字母以上至十余字母不等。而吾国之拼音法则以二字母为限，无可增减故也。）且吾国人之脑力闻于全球，岂区区拼音之法亦不能习之而甘落人⑨后耶？”（P137）

此外，还有“切、拼、拼切、拼合”等。它们是“切音、拼音、合声”的变化形式，且在词性上也有异变。例如：

（24）《直隶学务处复文》：“刘孟扬所呈天籁痕似较此法更加完密，然细考之，其拼切之音，急读之时或歧混，王金绶等禀中所指摘，试之良然，其谓能拼洋音亦属似是而非。盖以此国之字切他国之音，从来不能密合，观于日文切英音，英文切华音，往往乖异可类推矣！”（P44）

（25）林辂存《上都察院书》：“泰西人才之众，实由字学浅易。考其法，则以字母拼合，切成字音，故传习无难，而浅学自速。”（P17）

（26）刘孟扬《中国音标字书·弁言》：“西国文字简而易明，其字母只二十余，无论何字，皆由此二十余母拼合而成，能熟悉其用法即不难贯通一切之文。”（P84）

表达一种意义的多个词语，相互之间会发生竞争，使术语趋向规范。从这些词语的使用情况看，“拼音”一词已占优势：其一，“拼音”不仅有变化形式“拼、拼切、拼合”等，而且还出现了“拼音字、拼音文字、拼音简字、拼音字母、拼音法、拼音新法、拼音书、拼音书报、拼音学堂”等组合形式，这使得“拼音”的词语家族十分兴旺。其二，“拼音”及其家族词语使用日多，而且出现在当时多数切音字提倡者的笔下。例如《清末文字改革文集》收文 67 件（不计附录），将同一作者的文章合计为一件，则可合为 48 件，使用“拼音”或其家族词语的有 34 件，约占 70%。“拼音”的这种优势，不仅使其最终战胜其他词语成为表示拼音义的最基本的术语，而且，也从一个方面促进了切音字专指义的形成。

二、切音字的专指义

2.1 一些关于切音字的定义

清亡以后，切音字的泛指义逐渐不用，即不再把所有的拼音字都称为切音字。后人所谓的切音字，专指一定时期内产生的汉语拼音方案，即只使用切音字的专指义。下面是笔者见到的一些主要的关于切音字的定义：

(27)《中国大百科全书·语言文字》(1988, P315):“切音字(phonetic Chinese alphabet)清末二十年间在民间产生和推行的各种汉语拼音方案。”

(28)蔡富有、郭龙生《语言文字常用辞典》(2001, P215):“切音字(phonetic Chinese alphabet)清末民间产生和推行的各种汉语拼音方案。”

(29)戴昭铭《切音字运动始末》(1992, P12):“切音字运动是清末民初由中国进步知识分子发起的一场汉语拼音化运动。……‘切音字’是对这一运动中提出的各种类型的拼音文字的统称。”

(30)易之《语文现代化运动100周年纪念文章综述》(1995, P83):“切音字运动是清朝末年到民国初年20年间由中国进步知识分子发起的一场汉语拼音化运动。……‘切音字’是对这一运动中提出的各种类型的拼音文字的统称。”

蔡富有、郭龙生主编的《语言文字常用辞典》这部语文专业辞书，跟随的是大百科全书的定义，易之的《语文现代化运动100周年纪念文章综述》采用了戴昭明《切音字运动始末》一文中的定义，因此上面这四个定义只能算两家。这两家其实也相当接近。内涵上的不同点是，一将切音字定义为“拼音方案”，一定义为“拼音文字”。考之历史，当时的切音字的确多是文字方案，而且那时人们并不刻意区分文字方案与注音方案，所以两家定义在内涵上的分歧并不大。[10]当然从今天的角度看，将切音字定义为“拼音方案”更妥当，因为“拼音方案”可以包括文字方案和非文字方案。这两家外延上的不同点是，一把切音字限定在“清末”的方案，一限定在“清末民初”的方案。但是，两者都强调“二十年”，可见所谓“民初”也就是一两年，时间上的出入并不大。

倪海曙《中国拼音文字运动史（简编）》（1948）未正面解释切音字，但该书“切音字运动”一节最早介绍的是卢戆章1892年发表的“切音新字”，在“清末民初的其他切音字方案”题目下提到的最后一个切音字方案，是烈弗雅（Rev. Alfred E. Street）1919年发表的《海南（岛）土音字母》，还提到了烈弗雅1921年写成的《平民广话字母》和《平民官话字母》。倪海曙的“民初”可是延展到了民国八年甚至十年。戴昭明及其他相关研究者，认为切音字方案有20余种，[11]而倪海曙提到的切音字方案竟达四五十种。对专指义切音字外延的认识，分歧不能算小。

这种分歧主要来自对切音字运动时限的认识。切音字的解释，多依附于对切音字运动的解释。认为切音字运动时间长的，切音字的外延就会大，反之外延就会小。因此，解决切音字的外延问题，有必要讨论切音字运动的时限问题，讨论切音字与切音字运动的关系问题。

2.2 切音字与切音字运动

对切音字运动的描述或定义，除例（29）（30）之外，笔者见到的主要有如下一些：

（31）王均等著《当代中国的文字改革》（1995，P5）：“切音字运动是指一八九二年至一九一一年的拼音字母运动。”

（32）张育泉《向汉语拼音运动开创者学习——读文字改革史札记》（1992）：“1892年，福建学者卢戆章创造了‘切音新字’，出版了《一目了然初阶》。……随后的20年当中，各式各样的拼音方案不断产生，总数多达28种。……方案设计者和一些热心人士还提出许多普及教育和改革语文的主张和意见。这就是清朝末年的汉语拼音运动（又称‘切音字运动’)。”

（33）高天如《中国语言学的发端——清末切音字运动的历史地位》（1992）：“1892年，卢戆章的《一目了然初阶·中国切音新字厦腔》（《中国第一快切音新字》）出版。……至辛亥革命前，在不到20年的时间里，这种由个人研制的汉语拼音方案，已不下二十余种之多，并大都由个人或团体在民间推行，造成一代新潮，因而被称为‘切音字运动’。”

（34）许长安著《语文现代化的先驱卢戆章》（2000，P124）：“清末切音字运动指的是清朝最后21年，即1891年到1911年的语文现代化运动。”

（35）周有光《切音字运动百年祭》（1992）：“从‘中国切音新字’的发表到‘注音字母’的公布（1918），这一阶段的拼音化运动，被称为‘切音字运动’。”

切音字运动自何时始，学界的意见基本一致，那就是卢戆章出版《一目了然初阶·中国切音新字厦腔》（《中国第一快切音新字》）的1892年。卢戆章的切音新字，是国人为汉语设计的第一个拼音方案，在当时朝野有很大影响。该书的《中国第一快切音新字·原序》所提出的“字画简易”、“字话一律”（言文一致）和语言统一等主张，其实也就是整个切音字运动的主要主张，并对中国百年的语文现代化运动有重要影响。事实上不少学者认为，切音字运动的命名，切音字运动的兴起，与卢戆章的切音新字是有关系的。例如：

（36）周有光《汉字改革概论》（1979，P26）：“他（卢戆章）把这种拼音设计称为‘中国切音新字’，因此人们把初期的汉字改革运动称为‘切音字运动’。”

（37）《中国大百科全书·语言文字》（1988，P403）："1892 年厦门卢戆章发表他设计的拼音方案，叫做'切音新字'（厦腔）……根据'切音新字'，清末的拼音化运动被称为'切音字运动'。"

（38）蔡富有、郭龙生主编的《语言文字常用辞典》（2001，P215）："在他（卢戆章）提倡以后，许多人起而效尤，拟订出多种拼音方案，形成了一个切音字运动。"

许长安《语文现代化的先驱卢戆章》（2000）将 1891 年作为"清末切音字运动"的开端，其理由可能是因为这一年宋恕在《六斋卑议》中提出了"须造切音文字"的主张。当时能提出这种主张，的确了不起，但是卢戆章为研究切音新字，"尽弃外务，朝夕于斯，昼夜于斯，十多年于兹矣"。其关于切音字的理论与实践应远早于 1891 年。1896 年蔡锡勇在《传音快字·自序》中说："余久仿其法，合以官音，著为一书，以谂知者，捧檄从公，匆匆鲜暇，因循十有余年，尚未脱稿。"（P4~5）看来，蔡锡勇动手制快字也远早于 1891 年。事实上，一场较大的社会运动，很难绝对说始于何年终于何年，只不过选取有重大影响的事件以便表述罢了。就影响而言，卢戆章切音新字的问世，自然比宋恕提出"须造切音文字"的主张影响大，故而将 1892 年作为切音字运动的开端较为合适。这大约也是多数人以 1892 年为切音字运动发轫之年的缘由。

至于切音字运动终于何年，学术界的看法可就分歧了。主要意见概括为四种：

a）王均等（1995）、张育泉（1992）、高天如（1992）、许长安（2000）和蔡富有、郭龙生（2001）等，把清王朝的最后一年 1911 年，作为切音字运动的终止年。

b）戴昭铭（1992）、易之（1995）等把“民国初年”作为切音字运动的终止年。

c）周有光（1992）将“注音字母”公布的1918年作为切音字运动的终止年。

d）倪海曙（1948）的“切音字运动”一节，如前所述，一直叙述到烈苐雅1919年发表的《海南（岛）土音字母》，他也许是把1919年看作切音字运动的终止年了。

倪海曙《中国拼音文字运动史》（1948，P66~67）和《当代中国的文字改革》（1955，P15）指出：民国元年（1912年）7月10日，“中央临时教育会议”召开，在议决的23件提案中，就有“采用注音字母案”。12月，教育部制定“读音统一会章程”，规定拟召开的“读音统一会”的会议任务是：“一、审定一切字音的法定国音；二、将所有国音均析为至单至纯之因素，核定所有音素总数；三、采定字母，每一音素均以一字母表之。”民国二年（1913年）2月25日，“读音统一会”在北京召开，产生了注音字母方案，并议决《国音推行办法》。

在这次会上也提出了不少新方案，此后陆续又有些方案发表，但从倪海曙（1948）的记述看，民国初年的不少方案已经是注音性质的了，“清末的‘切音字’到民国忽然变成了‘注音字母’”。这些史实表明，一进入民国，注音字母运动就在政府的主导下开展起来，并取代了切音字运动的地位。注音字母当然是切音字运动的直接成果之一，但是，切音字运动和注音字母运动已有很大不同。虽然参加“读音统一会”者基本都是切音字运动的人马，虽然民国初年还有些切音字方案出台或推行，虽然注音字母直到1918年才正式公布，但是从历史的大走势看，将1911年作为切音字运动的终止年，应更合理。

黎锦熙的《国语运动》（1933）曾把国语运动分为四个时期：第一期为切音运动时期（1898年~1907年），第二期为简字运动时期（1908年~1917年），第三期为注音字母与新文学联合运动时期（1918年~1927年），第四期为国语罗马字与注音符号推进运动时期（1928年~？）。分期的理据都是官方的几件大事：1898年7月28日，军机大臣奉上谕调取卢戆章等所著之书；1908年7月14日，劳乃宣进呈《简字谱录》，奏请钦定颁行天下，学部奉旨议奏；1918年11月23日，教育部公布注音字母；1928年9月26日，中华民国大学院公布国语罗马字。依照官方的这些事件作为国语运动分期的理据是否合适，暂且不论，本文在意的是，他的“切音运动”是否等同于后来所说的“切音字运动”？如果等同，切音字运动只有10年，并且不包括王照、劳乃宣等人的简字活动，这与今天人们的看法就相差太远了。

将切音字运动的时限定为1892年至1911年较为合适，但并不意味着这20年之外就没有切音字了。主要的有影响的切音字方案，是在切音字运动之中产生的，但是一场运动结束之后余波犹在，民国初年的一些切音字方案就是切音字运动的余波。余波亦有波峰，民国二年因“读音统一会”的召开集中产生了一批切音字方案，此后也就寥寥无几可以略而不计了。

2.3 切音字专指义的形成

切音字的专指义，是泛指义切音字的外延缩小致使的。泛指义切音字指称一切拼音字，专指义切音字只指称清末民初的汉语拼音方案，外延极大地缩小了。汉语拼音方案是全世界拼音字的一小部分，而清末民初的汉语拼音方案又只是诸多汉语拼音方案的一部分，像注音字母、国语罗马字、拉丁化新文字以及1958年公布的汉语拼音方案等，后人都不再称之为切音字。

造成切音字外延缩小的因素是多方面的。其一，如前所论，在词语竞争中"拼音"一词占优势，逐渐成为表示"拼音"意义的首选词语，西方的拼音文字、东方的假名和谚文等等，都不再用"切音"而用"拼音"。其二，"切音"表示"拼音"的用法虽然逐渐被取代并最后弃而不用，但那一时期的汉语拼音方案，在清末民初之时习惯上通称为"切音字"，习惯的力量不至于使其更名易冠。其三，民国伊始，注音字母运动乘势而兴。注音字母运动的旨趣与切音字运动很不相同，注音字母又只是注音方案，[12]所以注音字母没人叫它切音字。此后的国语罗马字、拉丁化新文字和新中国的汉语拼音方案等，也就不再有切音字之名了。注音字母运动使"切音字"的外延不能伸展到所有的汉语拼音方案。正是这三个因素的相互作用，使"切音字"的外延缩小到今天的范围。外延的缩小带来了切音字专指义的形成，并使切音字的泛指义成为"历史义"。

三、结语

1. 切音字有泛指义和专指义。泛指义切音字指世界上的一切拼音字，这一意义主要在清末使用。专指义切音字指清末民初的各种汉语拼音方案，这一意义是当今切音字的意义。切音字的泛指义与切音的拼音义的获得有关系，专指义是因泛指义的外延缩小导致的。促使切音字外延缩小的因素很多，如"拼音"在词语竞争中压倒了"切音"，切音字运动在清末终止后注音字母运动立即兴起等等。

2. 切音也有两个义项。义项一表示"反切"，义项二表示"拼音"。

切音的拼音义萌芽于清初，成熟于清末切音字运动兴起之时。随着切音字泛指义的消失和专指义的形成，切音的拼音义也成为“历史义”，但作为构词成分至今仍保存在“切音字”这个术语中。切音字的命运制约着“切音”一词的变化兴衰。

3. 切音字运动的时限为清末 20 年，兴起于卢戆章发表切音新字的 1892 年，终止于清王朝灭亡的 1911 年。切音字运动之后还有一些余波，又产生了一些切音字方案。

4. 现代辞书关于切音、切音字的解释义项不全，对切音字运动的解释也不统一。现代辞书存在的此类问题多不胜数，原因是对有清至今的词语（包括科技术语）研究太薄弱。其实，现代汉语是在这一期间形成与发展的，现代科技术语系统是在这一期间孕育并不断完善的，这一期间的词语具有很高的研究价值。此类问题应引起词汇学、辞书学、科技史、术语学史等学界的应有重视。

[附注]

①“面甸”即“缅甸”，“以大利”即“意大利”，“西鲁”不知为何国。此例引自《中国第一快切音新字》，文字改革出版社（1958）。下文引例，凡出自该书者，就只在例后注出页码。

②清代称满文为“国书”。

③参见季羡林等编著的《中国大百科全书·语言文字》(1988，P73)。

④例（7）所言，可看作设计切音字的标准程式。这种程式与反切改良的理想结果比较，极而言之就是选取符号的差别了。反切是选择理想的反切上字和反切下字，切音字是选择理想的符号。

⑤《清史稿》卷二百二十八对此也有记载，并且称达海此法比汉文反切还精当，但是《清史稿》将此法称为“对音”：“达海承命寻绎，字旁加圈点。又以国

书与汉字对音，补所未备，谓：‘旧有十二字头为正字，新补为外字，犹不能尽协，则以两字合音为一字，较汉文翻切尤精当。’”《中国大百科全书·语言文字》（1988，P45）说达海创造了“切音法”，必另有所本。

⑥此例中，韵脚即一般所谓的声母，字母即一般所谓的韵母。

⑦另需注意，也有把切音字同传统的“谐声”关联起来的看法。例如：

（1）汤金铭《传音快字·书后》：“谐声为六书之一，而字居大半，后代递增之字，此类为多，非取其易识耶！……此书以切音为主，蕲合今音，不拘古韵，于音之发收弇侈，辨折（疑为“析”之误）甚微，非亦推广谐声之义乎？”（P5~6）

（2）赖鸿逵《拼音字谱·再版序》：“蒙古字始于元世祖，以谐声为宗，今王君煜初所著新字，亦以谐声为宗，无音不赅，国人推行，将必有无穷利赖矣。”（P16）

谐声也就是一般所谓的“形声”造字法。形声字的声旁具有表音作用，同象形字、指事字、会意字比较，与拼音文字的关系最近。但是，与真正的拼音文字比，两者还是属于不同的文字类型。从传统语文学的角度，将属于拼音文字的蒙文、切音新字等视作“以谐声为宗”，并无不可，但是从“切音”的意义嬗变和许多切音字的产生过程来看，切音字与反切的关系实比谐声紧密。

⑧国书，即满文。满文为拼音文字。

⑨原文为“入”，此根据意义改为“人”。

⑩戴昭铭《切音字运动始末》（1992，P12）虽然将切音字定义为“拼音文字”，但同页又有这样的表述：“在卢氏方案发表后的二十余年中，先后共有27个拼音方案问世，形成了汉语拼音研究史上第一个高潮。”可见他在切音字问题上也不刻意区分“拼音文字”和“拼音方案”。

⑪周有光《汉字改革概论》（1979，P27）、张育泉《向汉语拼音运动开创者学习——读文字改革史札记》（1992，P26）、戴昭铭《切音字运动始末》（1992，P12）、易之《语文现代化运动100周年纪念文章综述》（1995，P83）、王均等《当代中国的文字改革》（1995，P6）、陈永舜（1995，P44）、《语言文字常用辞典》（2001，P215）等，都说切音字方案有28种，不少人都称这一数据来自倪海曙《清末汉语拼音运动编年史》第30页。此外，《切音字运动始末》（1992，P12）又说，由于有些方案兼拼几种方音，所以如果按所拼的语音算，切音字方案应是30多种。

⑫民国十九年更名为“注音符号”。

[参考文献]

[1] 蔡富有、郭龙生《语言文字常用辞典》，北京教育出版社 2001 年。

[2] 戴昭铭《切音字运动始末》，《语文建设》1992 年第 12 期。

[3] 丁方豪《卢戆章在切音字正词法方面的贡献——纪念我国切音字运动一百周年》，《语文建设》1992 年第 4 期。

[4] 胡明扬《北京话初探》，商务印书馆 1987 年。

[5] 高更生《字替代变，趋易避难——读〈一目了然初阶〉有感》，《语文建设》1992 年第 12 期。

[6] 高天如《中国语言学的发端——清末切音字运动的历史地位》，《语文建设》1992 年第 12 期。

[7]季羡林等主编《中国大百科全书·语言文字》，中国大百科全书出版社 1988 年。

[8] 黎锦熙《国语运动》，商务印书馆 1933 年。

[9]罗竹风主编《汉语大词典(上卷)》(缩印本)，汉语大词典出版社 1997 年。

[10] 倪海曙《中国拼音文字运动史（简编）》，时代书报出版社 1948 年。

[11] 苏培成《汉字百年沉浮录》，苏培成主编《语文现代化论丛》第四辑，北京大学出版社 2000 年。

[12] 王均等《当代中国的文字改革》，当代中国出版社 1995 年。

[13]《清末文字改革文集》，文字改革出版社 1958 年。

[14] 许长安《语文现代化的先驱卢戆章》，厦门大学出版社 2000 年。

[15] 易之《语文现代化运动 100 周年纪念文章综述》，王均主编《语文现代化论丛》，山东教育出版社 1995 年。

[16] 张育泉《向汉语拼音运动开创者学习——读文字改革史札记》，《语文建设》1992 年第 2 期。

[17] 赵尔巽等《清史稿》，中华书局，1977 年 1928 年。

[18] 周有光《汉字改革概论》(第三版)，文字改革出版社 1979 年。

[19] 周有光《切音字运动百年祭》，《语文建设》1992 年第 5 期。

（李宇明，教育部语言文字信息管理司司长）

异形词规范刍议

李建国

异形词（又称异体词）的整理问题，自上世纪六十年代初提出，迄今已有四十多年了。其间曾有过小规模的讨论，但未引起学界的普遍重视，致使对异形词的界定、性质、对象及规范的原则方法等问题一直没有共识。直到 2001 年 12 月 19 日教育部、国家语言文字工作委员会颁布《第一批异形词整理表》，才对上述问题有了明确的说法。然而这个标准出台以后，风波乍起，“吹皱一池春水”，学界对于异形词的看法仍不一致。《现代汉语异形词规范词典》所收列的异形词中，除《第一批异形词整理表》中所列的 338 组异形词外，还收有编者认为“普通话书面语中常见又需规范的 1000 多组异形词”①，而在这“又需规范”的异形词中，就有很多突破了《第一批异形词整理表》关于异形词的界定。因此，异形词的问题很有重新审视和讨论的必要。

一、异形词认识上的歧异

上世纪五十年代初，因文字改革之需，国家有关部门出台了《第一批异体字整理表》。此后，连类而及，有人提出“异形词”也需整理，以减少汉语词汇中的冗余，减轻学习汉语和使用汉语的负担。立意是美好的，但在理念上和实践上却遇到种种疑难。首当其冲，什么是异形词的问题就众说纷纭。就后来的讨论情况看，因着眼点不同，对异形词的界定，归纳起来略有三种。第一种认为异形词是“读音相同或相近，意义相同，用法相同而形体不同的一组词语”；第二种认为异形词是“读音不同、意义和用法相同而形体不同的一组词”；第三种认为异形词是“读音和意义相同而形体不同的一组词”。前两种被认为是广义异形词，后一种被认为是狭义异形词，因为音义全同，所以又称“全等异形词”。广义异形词指读音相同、相近或不同，意义、用法相同而形体有别的“一组词”，它与同音词、同义词、同形词相对，着眼于几个词的共性即异形的比较，但因为读音有异，义有交通，所以又称“非全等异形词”（含所谓包孕异形词和交叉异形词两种）。狭义异形词指读音、意义、用法完全相同而形体不一的“一个词”，即一词多形，它与多音词、多义词相对，着眼于一个词的个性即多形的比较、评判和选择，其实称“多形词”更为允当。为便于称说，本文仍沿用以往的称名。狭义的异形词只是文字书写的形式问题，音义不变而写法多种，确实是词汇中的骈枝赘疣，徒增学习的负担，应加整理，立一为正，废弃其余。但是广义异形词不只是书写形式的问题，一组词的几个成员之间或音通音异，或部分意义交通流转，或用法相同而词素构成有别，显属词汇问题。既然是几个词，或义有交叉或义有包孕而词各有形，不是同一个词，就无所谓正体异体之分，社会约定俗成和语言自身“消息相殊，正负相待”②的规律，终会使汉语词汇的常用量在任何时候都保持着一个有限值，总是不多不少、恰到好处地为社会服务，任何人为的增益减损、强分轩轾，都是徒劳的。

二、异形词整理的悖论

全等异形词是一词异形，非全等异形词是数词异形；全等异形词是文字问题，非全等异形词是词汇问题：二者畛域分明，不可混淆。将异形词扩大化，用处理全等异形词的方法对待非全等异形词，实际上是用整理异体字的方法处理汉语词汇问题，这是至今在异形词认识和实践中的悖论，不可不辩。

全等异形词是一词多形，正如多义词之一词多义和多音词之一词多音一样，全等异形词是音义不变而形式多多的同时并存的文字现象。在几种形体中，是可以根据约定俗成、文字理据和使用便捷的原则评判出正体、异体而加以抉择的。这在唐代的字样之学中已肇其端，其“二正并同”，字分正、俗、通三级使用的取法原则，为后来文字发展中楷书的正体地位奠定基础。这也是我们今天在整理异形词时当加参照的。如果从语言的角度来看的话，在以单音词为主的古汉语的发展中，由于文字的通借，字义的渗透和流转，造成同义词、同音词和同形词词与词之间你中有我、我中有你的词义包孕交叉以及字词通同互用的复杂情况；而这种情况随着汉语由单音词为主转向以双音词为主后，就变得更加微妙繁难了。显然，用整理共时性语言中全等异形词的方法来对待历时性语言中的非全等异形词，用整理异体字的方法整理异形词，在理论上是说不通的，在实践上也是绝难施行的。比如有人主张整理异形词时，可用分工并存、精减义项的方法处理之，使词各有义。如“包含”、“包涵”。“包涵”的含义：①里面含有；②请人原谅。“包含”的含义同“包涵”的第一个义项。“栏杆”、“阑干”。“阑干”的含义：①用竹、木、金属和石头制成的拦挡的东西；②纵横交错，参差错落。“栏杆”的含义同“阑干”的第一个义项。这两组异形词的后一词形有一个义项与前一词形的相同，“如用分工并存方法把这一义项从后一词形中精减掉，由前一词形单独承担，那么，既减轻了后一词形的负荷，又划清了两个词形意义的界限，学习和使用就不致混淆。”还有人主张用“合并归一”的方法整理异形词。如“做工”、“做功”，都可指戏曲中的动作和表情，但“做工”又指从事体力劳动。因此可以废掉“做功”，保留“做工”，并二为一，减少异形词数量。[③]这些想法都是美好的，但是汉语词汇的这种交通流转现象是历史地形成的，牵一发而动全身，你将如何面对整个汉语词汇系统？又将怎样处理相承共用了几千年的历时语言事实？语言是一种社会行为，个人的语言行为必须服从于社会群体。在整理异形词时，切忌在悖论中愈走愈远，无限扩大范围，将说法、用法不同的同义词、同音词也当作异形词加以规范。比如拿语素不变、排列顺序改变而形成的一组同义词当异形词，拿一物多名的一组同义词当异形词，意欲立一为正，废除其余，就属于简单化和扩大化的做法。因为这样一来，反映历史文化、地域文化、方俗文化、行业文化、民族文化等等五彩缤纷的词汇都将失去个性，词语单一，汉语也将停滞不前了。

三、异形词规范的思考

2000 年 10 月 31 日第九届全国人民代表大会常务委员会第十八次会议通过了《中华人民共和国国家通用语言文字法》。这是中国有史以来第一部语言文字大法，标志着语言文字的使用和管理进入法治阶段。这部大法在世纪之交出台，具有继往开来的意义。它高瞻远瞩，遵从传统而迎接现代，将传统经验和现实需要结合起来，既有总体的原则性，又有局部的灵活性，充分体现了汉语言文字发展的规律性和它所代表的中华文化和而不同、一体多元的特点。同时，《国家通用语言文字法》的颁行，也预示着自今而后的语言文字规范必须纳入法治的轨道，在法律的框架内运作。正是在这个背景下，翌年底教育部和国家语委发布了《第一批异形词整理表》（以下简称《整理表》）。这是《国家通用语言文字法》颁行后的第一部推荐性试行规范标准。它根据“积极稳妥、循序渐进、区别对待、分批整理”的工作方针，“选取了普通话书面语中经常使用、公众的取舍倾向比较明显的338组（不含附录中的44组）异形词（包括词和固定短语）作为第一批进行整理，给出了每组异形词的推荐使用词形”。[④]总的来说，《整理表》所取方针、原则、方法及所收列的推荐词形是谨慎稳妥的，绝大多数异形词已经社会约定俗成，因而是可行的。但是时隔不久出版的《现代汉语异形词规范词典》（以下简称《词典》）所收列的异形词，不仅大大突破《整理表》的推荐范围，揽入非全等异形词，而且又“酌情收录了一些”“非异形词”“予以必要地辨析”。只是这样一来，所谓“现代汉语异形词规范词典”的收词与《整理表》的推荐标准数量上大相径庭，《词典》之名与《词典》之实也难相符。并且将学界尚无定论的问题纳入规范词典，在实践中容易误导读者，引发新的混乱。之所以如此，原因是《词典》的编纂者对异形词的认识并未完全统一到《整理表》给出的界定上，没有严格遵从《整理表》所推荐的规范标准。

按照《整理表》的说法，异形词是“普通话书面语中并存并用的同音（本规范中指声、韵、调完全相同）、同义（本规范中指理性意义、色彩意义和语法意义完全相同）而书写形式不同的词语”。从这个定义中可以看出，它的界定仅指音义全同而书写有别的全等异形词，也即周有光先生在《异形词的整理和汉语词汇的歧异现象》一文中所说的：“一个词有几种不同写法，词音和词义相同而词形不同，可以任意使用，不分轩轾，叫做异形词。”[⑤]请注意，周先生这里所说的异形词正是我们所主张的狭义异形词，是“一个词”的不同写法，而非几个词的不同写法；是不涉音义的纯文字问题，而非音义有别的词汇问题。尽管非全等异形词词义有重合或交叉，毕竟是几个词词义之间局部相同而非全部对等的问题，与全等异形词不可等量齐观。因此可以说，《词典》的编纂者在理论和方法上恰恰陷入或根本就没有走出以往异形词整理上的悖论。这就是问题的症结所在。

我们赞成周有光先生关于异形词的界说，将异形词严格锁定在狭义的范畴之内加以研究整理，不宜扩大其范围，更不能将词汇问题与文字问题混为一谈。这样有利于专项问题的纵深研究，也便于实际操作。如果此说成立，在异形词整理上应避免重蹈以往异体字整理中同音替代的覆辙，如“后後、余馀、象像、淡澹、复覆”等等的合并处理，一时减少了字数，看似整齐划一，却增加了词义负荷，徒滋纷乱，费力不讨好，以致后来不得不重新调整。也不宜置既往语言事实于不顾，用共时语言代替历时语言，硬性归并义项，将语言流转变化中的千差万别做简单化、片面化的处理。

我国是具有五千年历史的文明古国，语言文字传承有序。一方面，语言文字的共时研究一定要充分考虑历史文化传统，不能割裂历史搞一刀切。异形词是在汉语文字发展中累代积淀而成的，在评判、选取某一形体作正体而废除其他异体词形时，宜严格地限定在历史上这几个词形从无音义的瓜葛、纯属文字形体写法不同的范围内。这样做，就使今日文字的共时研究植根于丰厚的历史土壤上，真正剔除了文字中的赘疣，积极地传承和发展中华文化。另一方面，人类社会已进入 21 世纪信息网络化时代，各种文化打破时空的界域，交融互动日益频繁和迅捷，汉语言文字随同中国的和平崛起而走向世界，其影响日渐广泛而深远，数以亿计的人们共识共享的中华汉字文化已是不争的事实。这种情况，也促使我们在汉字文化的故乡实施语言文字规范时，应面向世界，面向未来，面向现代化，要有全球性的学术眼光和包容大中华文化的气度。因此，异形词的整理工作，一是要充分考虑汉字文化圈用字的实际，慎之又慎，逐步做到科学地统合汉字而不是人为地疏离和扩大其差距。二是整理异形词的方法既要科学化，又要民族化。要突显汉字表义的直观性，尽量做到形、音、义密合无间，见词明义。例如“红通通”与“红彤彤”，前多用表脸色，后多用表花色，不能视同一词而取后废前。三是要考虑汉字的系统性，不能顾此失彼，只见树木不见森林。例如“摹仿、摹拟、摹写”，结构相同，前二者用“模”字，后者却用“摹”字，似无理据。四是使用计算机做词频统计时，选取语料的涵盖面要尽可能顾及汉字文化的方方面面，使之真实可信，并且词频统计只能做参数。五是本着《国家通用语言文字法》的精神，对异形词采用弹性原则，分正、通、俗三级管理，使有主宗也有不同，以便社会约定俗成和抉择。最后，应当指出的是，在目前商潮涌动、人心浮躁、学风不正的氛围中，异形词的整理工作要力避急功近利、操切从事。文字千秋事，当以对国家民族极端负责的精神，为生民谋福祉，替万世开太平。

[附注]

①⑤见李行健主编《现代汉语异形词规范词典》“凡例”和周有光“代序”，上海辞书出版社 2002 年 12 月。

②章太炎《转注假借说》。

③见朱炳昌编著《异形词汇编》，语文出版社 1987 年 9 月。

④见李行健主编《现代汉语异形词规范词典》所附《第一批异形词整理表》，上海辞书出版社 2002 年 12 月。

（李建国，中国训诂学会会长）

周老对汉语拼音的贡献举隅

李乐毅　曹澄方

周有光先生对我国语文现代化事业的贡献是巨大的和多方面的。在长达半个多世纪的时间里，他一直坚持科学精神，高瞻远瞩，又勇于开拓，与时俱进；他坚持理论与实践相结合的正确方向，又善于把宏观与微观研究联系起来；他所涉及的领域既是“全方位”的，即遍及汉字改革、汉语拼音、普通话、语文教学、比较文字学、现代汉字学等方面，又是“全天候”的，即勤奋不息、笔耕不辍、锲而不舍、老而弥坚、高山景行，令海内外语文界人士钦仰不已。

笔者多年来在文字改革委员会和后来的国家语言文字工作委员会工作，主要从事汉语拼音方面的研究。这正是周老为之付出大量心血，卓有成效和占有重要位置的一个方面。周老从汉语拼音方案产生前的酝酿筹备，到方案制定的全过程（例如对字母形式的选择、拼式的设计、主要原则的确立等），到汉语拼音正词法规则的研究，到汉语拼音的广泛应用（例如拼音教学、拼音识字扫盲、信息处理的拼音输入、拼音电报、拼音盲文、拼音手指字母、拼音旗语等），无不亲躬指导或全力参与。周老还撰写了大量的文章和专著，向社会、向群众进行宣传和普及。囿于篇幅，笔者只拟在本文中作一些“散点式”的回忆或记叙，很可能挂一漏万，就权当是我们向周老学习的点滴体会记录或几页读书笔记吧。

一、“民族形式”的独到见解

中国文字改革研究委员会从1952年到1954年主持试制民族形式即汉字笔画式拼音字母方案的工作，但是一直未能取得圆满的结果。社会上不少热心文字改革的人也在潜心探索研究民族形式拼音方案。当时不少人认为，民族形式就是要根据汉字形式创造的、与汉字有一定联系的拼音字母，认为人们在感情上更容易接受这种形式的字母，因而可望在群众中迅速推广。周老针对上述情况，写了一篇《什么是文字的民族形式》①的文章。周老认为，从形声字到拼音文字，是文字制度的进化。文字制度跟民族形式是两回事，不可混为一谈。文字制度没有民族形式问题。周老认为，民族形式主要表现在语言上，语言形式是民族的主要特征之一，它比较不容易变化，变化起来也是一点一滴地渐进的；符号形式则不同，它比较容易改变，有时可在短时间内全盘变更。周老认为，民族形式的形成，往往经过一个习惯培养时期，经过培养，胡琴可以变为国乐，旗袍可以变为汉服，外来字母可以变为民族字母。另外，周老在《字母的故事》一书里也提到民族形式问题。他说，字母的民族形式不决定于它的来源，而决定于它的适应，这是字母史告诉我们的结论。②周老的这些观点，为当时制定拉丁字母拼音方案消除了一些思想障碍。

二、《字母的故事》与汉字改革

《字母的故事》是周老早在 1954 年写的一本书，叙述字母在各国之间流传演变的历史。用周老自己的话来说写书的目的“首先，是为了文字改革”。因为，当时文字改革中有许多问题需要研究，例如拼音文字应当采取双拼制还是音素制？字母应当根据方块汉字来创造还是采用世界已经通用的字母？字母的好坏标准是什么？字母的民族形式是什么？等等。《字母的故事》就是为研究这些问题提供依据和参考。

《字母的故事》讲了字母的历史流传，讲了文字结构的演进，讲了字母形体的演进。在这本书里，周老认为，人类的文字从图画（象形）文字开始，发展成为概念（会意）文字，再进一步就走入记音文字的领域。音素字母是最高阶段。周老还认为，拉丁字母是世界最通用的字母，是国际文化交流的共同工具。拉丁字母在文字的结构上，是最进步的音素制度；在字母的形体上，是最简明实用的符号；在语音的表示上，有非常广泛的适应性。《字母的故事》一书对《汉语拼音方案》最终采用拉丁字母和音素化确实起到了积极作用。

三、"三原则"与"三不是"

在日常研究工作中我们深深感到，周老的头脑无论在何时何地都是那么清晰明察。他往往能把十分复杂纷繁的问题提纲絜领、去粗取精，用高度概括的语言表述出来。

关于《汉语拼音方案》的基本特点，周老写道：

> 拼音方案有"三原则"：口语化、音素化、拉丁化。语音根据规范的口语普通话。音节不用双拼、三拼，用音素（音位）化的四拼。字母用国际通用的拉丁字母。③

针对一些人认为汉语拼音不能像汉字那样把部首表示出来、不能拼写方言、不能拼写文言等说法，周老又说：

> 拼音方案有它的应用范围，不是万能的。它的作用是：给汉字注音，拼写规范的普通话。它不是汉字的拼形方案，它不是方言的拼音方案，它不是文言的拼音方案，这叫做"三不是"。④

这是何等的言简意赅！寥寥数语，胜似千言万语。

四、幼儿的"词感"与正词法研究

汉语同其他许多语言一样，本来是以词作为语言里最小的、可以自由运用的单位的；但是，由于受到几千年来以一个个方块汉字为基本单位的书面语的影响，我们中的许多人的“词感”被削弱了。

为了试验，周老曾经请一位年轻的女同志对她学龄前的孩子说：“妈/妈喜/欢宝/贝”。这句话故意把词儿和词儿之间的间歇说错。孩子听了瞪大了眼，过了一会儿，孩子笑了，说：“妈妈说外国话！”这证明，幼儿有明确的“词感”，因为他们从母亲那里学话，一开头就是以词儿为表意单位的。⑤

虽然，早在上世纪二三十年代的“国语罗马字”和“北方话拉丁化新文字”的倡导者已经提出“词类连书”和“词儿连写”的正确方向；但是，以“分词连写法”为最主要内容的汉语拼音正词法的研制和公布应用，却主要地应归功于从 50 年代以来孜孜不倦探索研究和大力提倡的周有光先生。

周老对汉语拼音正词法的贡献是有目共睹的，有他大量的论著为证。给人们留下极为深刻印象的和深受感动的还有周老的不断思索、试验和自我否定的科学精神。周老在回答“正词法能使‘拼音’变成‘文字’吗？”的问题时坦然写道：

50 年代，本文作者提出这样一个公式：拼音方案+正词法=拼音文字。这个公式是错误的。正确的公式是：技术性（方案+正词法）+流通性+法定性=拼音文字。

技术性的完善化只能使“拼音”向“文字”前进一步，不能使它成为“文字”。⑥

五、Y、W 与隔音符号的配合

Y 和 W 是隔音字母，使多音节词的音节分明，便于阅读。例如“大娘”写作 daniang，“丹阳”写作 danyang，二者决不混淆。如果不用 Y，那么“大娘”、“丹阳”都写成 daniang，就分不清了。在《汉语拼音方案》制定过程中，有人主张取消隔音字母，一律用隔音符号，这样容易学习。有人担心，隔音符号多了，在拼音文中很不美观，有切断多音词的感觉，同时不能连写，书写也不方便。为了提供讨论时参考，当时周老领导一些同志做了一项统计，以 1953—1955 三年中间《语文知识》月刊所刊载的全部拼音读物为统计材料。结果是：两个音节中间会发生混淆的现象，其中后一音节属于 a、o、e 开头的仅 5%，如 dang’an（档案）；属于 i、u、ü 开头的占 95%，如 zhuyi（主义）。采用隔音符号虽然也不太理想，但根据统计材料看，它仅占可混关节中的 5%，群众可以接受。周老主持下的这份统计材料以及他写的论文《拼音文字的音节分界问题》⑦为《汉语拼音方案》最后确定的隔音字母和隔音符号提供了充分的依据。

六、《拼音字母歌》与拼音字母名称

《汉语拼音方案》的第一部分“字母表”规定了汉语拼音字母的顺序和名称。值得注意的是，正如周老所指出的，“字母表”把 26 个字母分为四句排列：“第一、二句各七个字母，第三、四句各六个字母。七字句四字一顿、三字一顿；六字句三字一顿、三字一顿。句末字母都押韵。朗诵起来就是一首朗诵诗，容易上口，容易记住。拉丁字母是外来的，把它读成一首字母诗是我们的民族形式。”⑧周老还不满足于“朗诵诗”的形式，他约请了他的妻弟张定和同志谱写了一首《拼音字母歌》，在孩子们中传唱普及。周老认为“唱歌有两方面的作用：一方面是练习发音，另一方面是练习听音，这是口耳同时并作的。”并说“三岁到六岁的儿童，很快就能够学会下面的拼音字母歌。”⑨的确，自 1958 年以后小学开始拼音，到 1982 年以后“注意识字·提前读写”实验班加强拼音教学，学生通过课前唱《拼音字母歌》从而熟练地掌握汉语拼音字母的实例，充分证明了周老的先见之明。

关于怎样使人们更好地学习掌握汉语拼音字母名称，周老曾多次提出一些方法或设想，这里就不复述了。给我们留下深刻印象的有一个例子，那就是周老针对有些人所持的“‘拼音字母名称’在普通话中大都‘不成词’，写不出汉字来，所以难于推广”[10]的观点指出，‘英文字母名称’在英语中也大都‘不成词’。”[11]他列举出其中“成词”字只有 a、b、c、g、i、n、o、p、q、r、t、u 12 个字母（例如 b［bi:］—bee〔蜜蜂〕），其余 14 个字母都“不成词”。这种反驳是来自对实例的分析综合而不是凭空武断的，所以很能说服人。

七、《声韵母歌诀》及其他

声韵母歌诀是用来学习和记忆汉语声母和韵母的歌诀。古人已拟写了几种，最著名的是明代兰茂的《早梅诗》。

周老谦逊地自谓“东施效颦”，写了声、韵母歌诀各一首：[12]

声母诗（《采桑歌》）

春日起每早，采桑惊啼鸟。

ch r q m z　c s j t n

风过扑鼻香，花开落，知多少。

f g p b x　h k l　zh d sh

韵母诗（《捕鱼歌》）

人 远 江 空 夜， 浪 滑 一 舟 轻。
en uan iang ong ie ang ua i ou ing
儿 咏 诶 唷 调，橹 和 嗳 啊 声。
er iong e io iao u e ai a eng
网 罩 波 心 月，竿 穿 水 面 云。
uang ao o in ue an uan uei ian un
鱼 虾 留 瓮 内，快 活 四 时 春。
u ia iou ueng ei uai uo i i uen

这两首歌诀写得很美，其中“网罩波心月，竿穿水面云”一联平仄协调，对仗工整，尤令人叹绝！

此外，周老还写有《单韵母儿歌》《声母儿歌》《学拼音儿歌》《万荣扫盲吟》以及《新陋室铭》等多首诗歌。一些不了解周有光先生的人可能误以为他是一位“洋”学者；但是，只要读读周老的著述特别是他的诗歌，就不得不承认他是一位“国学”根底极深、文学修养极高的学贯中西、兼通文理的语言大师。

八、“万马（码）奔腾”和拼音输入

周老一直注视着汉字如何进入电脑的问题，关心着输入方法的发展进程。他认为汉字输入的第一步“整字输入”，需要有一个大键盘或大字表，很不方便，这种输入法“已成过去”；第二步“拆字输入”，需要设计各种汉字编码，“规则复杂，记忆困难”，现在“已经有编码1000多种，还在以每月两种的速度不断增加。人们说，这是‘万马（码）奔腾’的

‘战国时代’”；第三步是“拼音输入”，这是“不用字形编码的‘拼音变换汉字’技术。拼音是小学的必修课，不要另外学习”。……

周老明确而坦率地指出，中文信息处理受到了日本的影响：“日本用大键盘，中国也用大键盘。日本用编码，中国也用编码。日本用‘假名变换’，中国也用‘拼音变换’。不同的是：日本很快就放弃了拆字编码，而中国至今盛行编码。”他痛心地指出：“我们还停留在‘万马（码）奔腾’阶段，落后于日本20年”！

“拆字编码”为什么行不通呢？周老指出：“……它的缺点是明显的。拆字编码多而无法统一，你用那种，我用这种。每种都要特别学习，成立‘学习班’，费相当长的时间强记复杂的规则。年轻好学，年长难学；几月不用，容易遗忘。电脑的主要优点是节省脑力。编码的主要缺点是多费脑力。以多费脑力来节省脑力，自相矛盾。”

周老的论断是正确的。当前，绝大多数的中文电脑应用者都使用拼音输入法向电脑输入汉字；“拆字编码”法只在少数职业打字员范围中应用。这已是大势所趋，不可逆转的了。

九、82岁学电脑与榜样的力量

1988年春天，日本夏普公司送给周老一台“中西文电子打字机”，于是时年82岁的周老开始每天用电脑写作。用了七年之后，这台电脑有些老化，周老的儿子又给他买了一台新的“光明夏普文字处理机”。这种便携式电脑完全不用学习任何编码，只要输入汉语拼音，就能自动变成汉字，并且具有“语词输入”、“高频先见”、“打过提前”等功能。周老感到它比手写“爬格子”快五倍，应用便捷，给它起了个爱称：“傻瓜电脑”。[13]

榜样的力量是巨大的。许多人都为周老的这一“现代化”的身体力行而感动，不少学者纷纷“换笔”。当然，首先受到鼓舞的是周老的亲近的家人。1995 年，周老 86 岁的夫人张允和开始在电脑上学习用汉语拼音输入“写”信和编刊物，在亲友中传为佳话。不久，他们 12 岁的外孙女蒋小倩从苏州来北京度假，她刚刚小学毕业，只在周老家看了一天，就学会用电脑给奶奶写信。他们还有一个 13 岁的干外孙女玲玲，也在几小时内学会了电脑打字，她说要写一个倡议书，在同学中提倡用电脑打字。……周老高兴地说：“‘傻瓜电脑’不傻”。⑭

十、ISO 会议的中国代表

1982 年 8 月，“国际标准化组织”（ISO）通过决议，采用汉语拼音方案作为在文献工作中拼写中文的国际标准。这是汉语拼音方案从我国的国家标准发展成为国际标准的重要的里程碑。但是，恐怕不少人都不知道参加那次 ISO 会议的中国代表就是周有光先生。

“国际标准化组织”是规模仅次于联合国的国际组织。它曾在“联合国教科文组织”（UNESCO）的合作下，讨论过中文的罗马字母拼写法的标准问题，但是由于中国尚未参加该组织而迟迟未能作出决定。1979 年 4 月，这个组织在波兰华沙举行“第 46（文献工作标准化）技术委员会（ISO/TC46）会议”。时年 73 岁的中国代表周有光首次参加会议，在会上作了题为《汉语的罗马字母拼写法：历史发展和汉语拼音方案》的发言。在这以后，1981 年“第 46 技术委员会”在中国南京举行会议，审议“提议采用汉语拼音方案作为拼写汉语的国际标准”的草案最后文本，送请 ISO 组织同意；然后用通信方法请各会员国书面投票。终于在 1982 年，会员国投票通过了编号为“ISO—7098”的国际标准，于是，汉语拼音方案成为用罗马字母拼写汉语的国际标准。⑮

十一、百岁老人，壮心不已

许多人都没想到，周老在他的百岁寿诞的“前夕”，2004年12月25日应邀来到位于首都北郊的中国现代文学馆，作了约两小时的有关比较文字学的讲座。面对热情的听众，周老还现场回答了许多问题。当有听众问到“我国的文字改革是否劳而无功”的时候，周老明确地回答：“我觉得我们的文字改革不是劳而无功，应当说是劳而有功。”

周老解释说：“中国叫‘文字改革’，外国叫‘语言计划’。语言计划里面有文字，文字改革里面有语言，这是广义的。”这就针对多年来不少人头脑中的一些误解和偏见，为“文字改革”正了名，周老还谈到了汉语拼音方案的“成功”和“重要”，不过他没有过多地从理论上来阐述，而是用生动活泼的事例，深入浅出地“点睛”。他说：

我们现在定一个拼音方案来给汉字注音，这件事看起来是很小的一件事情，而且拼音是小孩子学的，叫“小儿科”，我的好几个朋友就跟我讲，你不要搞这个了，你搞什么小儿科呵？它是小儿科，但是很重要，今天如果没有汉语拼音方案，你出国去想印一张名片也发生困难。所以拼音方案的制定推广是文字改革的项目之一，这个应当说是成功的，现在全世界都采取汉语拼音。……⑯

周老不老，壮心不已。他在答听众问的时候是这样来描述自己的毕生志趣的：

我的孙女儿在小学的时候就对我讲，爷爷你亏了，你搞经济半途而废，你搞语文半路出家，两个半圆合起来是一个零。我说一点都不错，我就是这么一回事。不过来了以后，我是奉行“既来之，则安之”，既然做了这个工作，我就要认认真真地做，这样一直做到今天。……我常说：

语言使人类别于禽兽，文字使文明别于野蛮，教育使先进别于落后。[17]

我们衷诚地祝愿周老健康长寿，为人类、为国家、为民族继续作出更大贡献！

[附注]

①见《语文知识》1955 年 3 月号。

②参见《字母的故事》，东方书店 1954 年版。

③④《拼音方案和汉字教学法的革新——“拼音进入 21 世纪”之二》，《现代文化的冲击波》，三联书店 2000 年版。

⑤见《汉语拼音正词法的性质问题》，《文字改革》1984 年第 1 期。

⑥同上。着重点是原有的。

⑦见《拼音月刊》1956 年 8 月号。

⑧⑨《字母诗和字母歌》，《语文风云》，文字改革出版社 1980 年版。

⑩参见《关于拼音字母名称的一些资料》，《语文建设通讯》（香港）第 68 期，2001 年 10 月。

⑪《中国语文纵横谈》，《周有光语文论集》，上海文化出版社第二卷。

⑫本节内容参见《应用语言学的三大应用》《中文进入全球化时代》，《21 世纪的华语和华文》，三联书店 2002 年版。

⑬《傻瓜电脑的趣事》，选自《21 世纪的华语和华文》，三联书店 2002 年版。

⑭参见《傻瓜电脑的趣事》；张允和《八十六岁学电脑》，选自《多情人不老》，江苏文艺出版社 1998 年版。

⑮参见《汉语拼音方案和国际标准》，《周有光语言学论文集》，商务印书馆 2004 年版。

⑯⑰参见《百岁老人周有光答客问》，《中华读书报》2005 年 1 月 22 日。

（李乐毅，教育部语言文字应用研究所研究员；曹澄方，国家语委原推普司副司长）

台湾的乡土语言教学述评

许长安

一、乡土语言教学的概况

本文述评的乡土语言教学是指台湾“教育部”于2001年秋季正式开设的乡土语言课程。据2001年11月13日台湾“教育部”公布的“国小乡土语言政策推动与学校实施概况”所述，全台湾地区有九成九的国小（国民小学）每周安排一节的乡土语言教学：闽南语是最多学校开设的乡土语言课程，共有2098所国小开设，其次是客家语的532所，原住民语则有264所，不少学校是同时开设一种以上的乡土语言课程。在乡土语言教学师资方面，共有8289名现职教师担任乡土语言教学工作，其中894人曾接受过“教育部”所办的72小时乡土语言教学种子师资培育课程，3414人曾接受过地方政府自行办理的30小时乡土语言教学研习课程。

台湾的乡土语言教学已经实行三年了。据台湾媒体报道，乡土语言教学实行以后，乱象丛生。有家长向“教育部”反映，某些学校用音标教小一的孩子学习闽南语、客家语课程，尤其只教用英文字母组成的罗马拼音。家长抱怨说，很多孩子才刚学注音符号，先前没学过英语，如今要学和英语音标不同的罗马拼音，课堂上“鸡同鸭讲”，学习兴趣大打折扣。报道又说，2001年从小一开始实施的乡土语言课程，原住民语言种类多，学习人口少，书商出版教科书意愿低；闽南语及客家语则不同，出版社都编印这两种乡土语言教科书。因老师少有自编教材，大都直接采用现成的教科书，但“教育部”又不审定这类教科书，也不规定统一音标，形成一校甚至一个年级多种音标并行的混乱现象。

台湾的语文教学，小学一年级原来只有国语教学。陈水扁上台以后推行所谓乡土语言教学，其中又要进行乡土语言音标教学，加上英语教学下伸，所以现在台湾的语文教学成了多语教学。一个小学生一入学就要学习这么多的语文，真是不堪重负，家长也都忧心忡忡。还有，乡土语言教学排挤国语教学，造成国语水平下降，引起社会各界的严重关切。为此，台北市针对语文教育进行问卷调查，共发出问卷 4852 份，回收 4139 份，回收率 85.31%。据统计，家长对语言政策整体满意度以国语最高 39.53%，英语 35.41%次之，乡土语言只有 22.56%，不满意度以乡土语言最高，为 30.9%。在拼音符号使用上，国语满意度 82.05%，不满意度 3.89%；乡土语言满意度 22.71%，不满意度 56.93%，认为乡土语言不需要学习拼音符号。

二、乡土语言教学的争议

台湾的乡土语言教学由于乱象丛生，因而不断引发争议，归纳起来有三个方面：

（一）家校之争：即回归家庭与学校教育之争，也就是乡土语言教学是提倡在家学习还是列为学校正式课程。现在执政当局是把乡土语言教学纳入学校正式课程，但是许多家长和教师以及社会各界有识之士都持反对态度。台《中央日报》发表文章认为母语教学应回归家庭。文章说，母语原本就应该是从家庭出发，但是现在却演变成要在学校里上母语课。不少家长听到自己的孩子要在学校里学台语，只觉得好笑：“教师咁会晓讲台语？”文章指出，要学母语，最有效的还是应该从家庭开始，不但生活化、最实用，而且随时可以进行对话，不用等到上课时才开始讲。不妨将母语的教学回归自然，让亲子成为最好的师生，家长的日常对话成为孩子学母语最好的教材，母语才能彻底落实在生活上，让母语回归母语，而非外来语！

台中市惠文国小教师林荣梓以自己的亲身经验，写了一本《教改野火集》，受到教育界广泛关注。书中指斥，现在小学的乡土语言教学完全是政治思考产物，非常荒谬。小孩学乡土语言最好的方法是，由父母在日常生活中口耳相传；过去台湾人几乎都是这样学台语，每个人还不是说得呱呱叫？台大教授张文亮、阳明大学教授洪兰也认为，乡土语言其实不该放在学校正规教育里，因为学生在校学习时间实在有限，还是在家庭学习比较好。

台北市长马英九表示，母语本应在家中学，到学校学母语是“事倍功半”，因此他相当赞成“在家学母语”的概念。他还说，学校教母语是很“荒唐”的事，母语本来就是妈妈要教的，妈妈不教、不会说，才要学校来教，但只靠学校短暂的学习是不够的。前“教育部长”吴京也说，母语教学应该是家庭要做的事，由学校教育着手本土化让台湾这艘船就快沉了。

还有许多人指出，乡土语言教学排挤国语教学，造成国语水平下降。台北市国小家长联合会刘威武认为，母语学习的效果，在家自然学习绝对比在学校课堂上课来得有效，乡土语言教学，排挤国语时数，也是现行语言教学政策中面临的困境。台北师范学院副院长陈光宪、教授古国顺也说，虽然家长对国语教育政策满意度较高，却也感受到学生国语能力逐渐低落。

针对马英九的说法，台《自由时报》发表文章指出，母语绝不是“妈妈讲的话”，而与整个族群的历史、文化传承相关，语言消失了，族群也将跟着溃散，学校教母语，拯救濒危的“保育类”语言，非但不是马英九所说的“荒唐”，而且是负责的作为。

而一些人则强调母语的学校教育。由40多个民间母语社团组成的“台湾母语社团联盟”批评政府不重视母语教学，要求增加母语授课时数，还针对目前规定国小必修、国中选修的政策，要求将母语列入国中必修课程。

（二）用字之争：乡土语言教学实施以来，因为教育部门规定教材不必送审，坊间出版的闽南话教材遣词用字各用各的版本，甚至出现自造的字，用字非常纷乱，引起社会各界的不满。据台湾媒体报道，“立法院教育暨文化委员会”曾邀请“教育部长”黄荣村进行“国民中小学九年一贯课程之问题与检讨”的专题报告。“立委”李庆安上台质询时，就拿着“足少侬”、“阿川真悬”等乡土语言教材的课文内容来考黄荣村，黄荣村一个字也答不出来。李庆安说，乡土语言教材已出现自创字一箩筐的怪现象，还要老师拿这些自己都看不懂的字来教学生，这对孩子来说，非常不公平。“立委”洪秀柱也表示，乡土语言教材的怪字，是某一批人搞造字运动，且已流于意识形态之争。对此，黄荣村表示，制造一些奇怪的汉字确实不太恰当，已经失去乡土语言教学的初衷。

台湾师大艺术学院院长张清郎则指出，“立委”质询时提出的“怪”字，例如，“阿川真悬”的“悬”，在《康熙字典》里都可以找得到，是“高”的意思。他认为，这些字眼在闽南话里都是正确而且有根据的，他也相信编者不会乱编、乱造、搞怪而自毁名誉的。他说，追究根本，这都是因为语言未能统一所造成。在今天强调母语教学和乡土文化之际，由于各立山头，所有以“台语文”撰述的文章没有一个能让人从头到尾顺畅阅读理解，而许多积非成是的用语，也因沿用习惯而不以为意了。他认为，在“台湾语文”没有统一之前，是没有什么“错误”可言的，即使有学术性论文研讨或政策性的综合咨询会议，也不会有交集。他说，所谓母语，其实只要“会说”、“会听”就好，不必一定要会“读”、“写”、“义”，否则必然造成更多所谓的“怪”字。

面对这些意见，“教育部”决定对闽南话常用字进行调查，并公布一套闽南话常用字库。“国语会”根据“教育部”的要求，搜集了十几年来的本土字典和专家研究成果，以及18世纪以来既有的“台湾府城教会公报”用过的闽南话书面用语，还有一百多本乡土小说上的用字，再用电脑归纳用字比例最高的字，初步整理出大约三百个常用的闽南话用字；并拟再逐步整理出闽南话常用字两千个，提供一般社会人士使用。

另外，“国语会”表示，闽南话最常用字整理时先以汉字为主，无法表现原意时，再以接近的汉字书写，并再夹杂用罗马拼音标注。此举一出，又引发新的一轮音标争议。

（三）音标之争：主要争论以下两个问题。

1. 要不要先教拼音？

台湾的“九年一贯课程暂行纲要”规定，小一至小六必修的乡土语言课程，闽南语、客家语、原住民语三者都必须从第一阶段（小一至小三）开始教音标，以利学生学习。但不少学者和家长反映母语的学习应从自然的听、说开始，不必先教音标，而且小一学童既要学注音符号，部分县市又从小一开始教英语，如果再教乡土语言音标，同时学三种不同的标音符号，势必加重学生的学习负担，因此建议“教育部”修订暂行纲要，将乡土语言音标的教学往后延，其中，闽南语音标教学改为第二阶段（小四至小六）实施，客家语音标教学则改在第三阶段（国一至国三）进行。

上述建议经九年一贯课程暂行纲要修订委员会通过。但是消息传出以后，引发一些乡土语言教师和学者的反弹。由 162 位“台语”教师联名签署的抗议书说，我们是一群通过“教育部”认证的“台语”支援教师与现职国小“台语”老师，我们认为母语拼音与国语注音符号都是音标，用以协助学童的说听能力之成长。母语拼音与国语注音符号都应该在一至三年级（语言领域的第一阶段）开始教，这样四种国家语言才有平等地位。如果要废除音标教学，那么应该连国语注音符号与母语拼音一起废除，才是合理。

由 71 位客语教师联名签署的抗议书说，我们是一群通过“教育部”认证的客语支援老师，我们一致认为国小低年级客语教学，若有良好的拼音工具，是客语教学的福气。因此我们认为“九年一贯课程纲要”的客语纲要，应在国小一至三年级（语言领域的第一阶段）维持客语拼音教学，至于在一年级、二年级或三年级教，则是教师的自主教学范围，教育课程纲要不必规范。

“台语”纲要修订召集人、新竹师院教授董忠司认为，“台语”纲要可以修订，但不宜进行结构性的大修订，国小一至三年级（语言领域的第一阶段）的音标系统应用能力应该维持原纲要规定。

原“台语”纲要主制定者、台湾师范大学教授姚荣松也不赞成在语言领域的第一阶段完全删除音标能力，表示音标能力若放到第二阶段（小四开始）是违背常理的，因前三年只教听说，无异于放任教学，无异于从前之乡土教学点到为止，这种“短化”学习乡土母语的“进程”，正是把闽南语边陲化的做法。

在乡土语言教师和部分学者的抗议声中，台“教育部”采取折中办法，确定九年一贯闽南、客家语教学原则上自小三才教音标，学校可视学生程度提前至小一或小二；原住民因原住民语无汉文辅助教学，自小一起教音标。

“教育部国语会”主任委员郑良伟则表示，他个人主张小学生应从小一学罗马拼音再学汉字，并将向“部长”提出建议，但九年一贯课程纲要已经确定拼音教学从小三开始，他无法干涉课程委员会的决定。他还希望建立“先拼音，再学汉字”的教学模式。但是“教育部长”黄荣村不同意小一教拼音，他说，不要增加小一孩子负担，不强迫他们学罗马拼音，他主张“直接教学”。

后来，“国语会”在郑良伟的主持下开会达成共识，建议“教育部”从小一开始，仿照现行注音符号教学，在学习汉字前，先实施三个月罗马拼音教学。但是对“国语会”的这项建议，黄荣村一听到就马上表示反对，他说，这不是“国语会”的业务，“国语会”不应该表示意见。他说目前九年一贯课程语文领域，从小三开始教拼音的政策不会改变。

针对乡土语言是否采用音标的争议，台北市长马英九强调，台北市的乡土语言教学是采用“自然教学法”，从学歌谣、演短剧中学习，不会增加孩子的负担，学校原则上不教音标，有特殊必要时才以注音符号补充，在小学阶段搞好几种拼音，只会造成学生的混乱。但是后来，台北市乡土语言教学政策大转弯，马英九表示，对于闽南语、客家语教学，完全采用自然教学法是行不通的，台北市将研究国小三年级以上教拼音，让孩子有复习的依据。因为台北是个移民城市，整个环境都在说国语，大部分的家庭都不说母语，孩子回家后立刻失去学习的环境，即使规划亲子共学的家庭作业，也不能强迫父母说。马英九态度的变化，反映出台湾乡土语言教学要不要先教拼音的矛盾境况。

但是也有一些学校和教师采用看图片、念童谣、不教汉字、不教拼音的“自然教学”模式，他们认为，小一、小二采取系统性念童谣、看图说话的方式教学，不仅教师比较好教，学生也可以建立兴趣，不会因为多语言学习而感到压力，等到小三学好国语后才进入乡土语言拼音或文字教学，多语言的学习与互相结合，也应该可以较为顺畅。

2. 采用哪一种拼音？

台湾乡土语言教学的音标问题，除了客家话已于 2002 年决定采用“通用拼音”外，闽南话和原住民语一直未能定案。目前闽南话音标据说有九种之多，也有的说市面上闽南话音标版本多达二、三十种，其中主要的有四种：一是“教会罗马字”（又称白话字、台湾罗马字、罗马拼音），二是“台湾语言音标方案”（简称 TLPA 托罗巴），三是“通用拼音”，四是“增补式闽南语注音”（即注音符号）。前三种都属于罗马字母，后一种则是国语注音符号的增补式。

自从台湾实施乡土语言教学以来，音标问题一直无法统一。2003 年 1 月，改组后的“国语会”决议撤消国民党执政时期对教会罗马字的禁令，并建议追认教会罗马字作为正式文字，后来又决定把它作为闽南话乡土语言教学的统一拼音系统。这个决定公布以后，立即引发争议。

研发 TLPA 的“台湾语文学会”认为，“教育部”曾于 1998 年 1 月公告 TLPA 为正式“台语”拼音，该版本在国小教科书市场达七、八成以上，现在要把台湾罗马字定为官方版本，这是扰乱教科书市场的阴谋与政治迫害，所以将提出国家赔偿诉讼。对此，“台湾罗马字协会”前任理事杨允言回应说，台湾语文学会宣称 TLPA 的国小教科书市场占八成以上，为夸大之词。台湾语文学会拿台湾罗马字来修改，变成自己的东西，侵犯智慧产权，做法有待商榷。TLPA 问世十余年，台湾语文学会一再强调 TLPA 大受欢迎，实情都是 TLPA 与民间对抗。

台湾《自由时报》2003 年 5 月 9 日发表了一篇连署文章《吁请制定白话字为标准的台语罗马字》，连署者为“台湾罗马字协会”等 44 个单位，执笔者为杨允言。文章指出，白话字是文字，不是音标，又有长久的历史传统、丰富的文献资料、广大的使用人口，通行于海内外。所以要求“教育部”不只是追认其文字地位而已，并且必须确定白话字为“台语”的标准罗马字。文章发表后，引发一些学者的不同意见。日本明治大学教授许极燉指出，教罗（教会罗马字）因为历史包袱沉重，这些年使用教罗的人越来越少。他责问，教罗不合理的规定如不改良，是否配做标准的“台语”文字呢？台北师院翁圣峰也发表文章指出，白话字的历史虽然悠久，但制定“台语”音标及罗马字需与国小的乡土语言教学结合，才能使“台语”教育可大可久，不是光看历史是否久远，如文言文虽有数千年历史，并不宜做为华语的启蒙教材。

2003 年 5 月 31 日，台湾基督教长老会等民间团体的代表到“教育部”陈情，要求“教育部”公布教会罗马字为正式“台语”文字。“教育部长”黄荣村表示，台湾的教会罗马字对过去台湾历史的贡献，确实应予以肯定。但目前“台语”文字有教会罗马字、通用拼音、TLPA 三大系统，由于还没有共识认为某一系统可以定为一尊，所以要行政单位以公权力介入文化语言的定位实在不宜，不如由学术界做较适合，如果学术界支持，行政单位配合即可。

2003 年 11 月 11 日，国民党籍“立委”秦慧珠召开记者会指出，目前大多数国小采用的罗马拼音太过复杂，不但还看不懂英文的小学生学得痛苦，连部分老师自己也学不会。他们呼吁“教育部”，应广泛采用本土注音符号来作为台湾的音标系统。发明“增补式闽南语注音”的陈殿冠表示，相较于罗马拼音，增补式闽南语注音更能让小朋友轻松学习，对已学会国语注音的小朋友而言，大约一堂课就能学会这套拼音方法。

针对“立委”关于采用注音符号的建议，“国语会”主委郑良伟表示，为与国际接轨，“教育部”仍主张应以罗马拼音作为乡土语言音标，且计划于二、三年后要求全台学校统一采用。他强调以罗马拼音与注音符号相较，托罗巴、通用、教会等三种罗马拼音都可与英语互相转换，只有注音符号不行，为考量台湾语言的国际化，在国际接轨的因素下，“国语会”已锁定从三种罗马拼音中选一种，作为未来统一乡土语言的教学音标，注音符号则确定“出局”。

尽管热衷于教会罗马字的郑良伟一再坚持采用教会罗马字，但是“教育部长”黄荣村并不支持，所以一直没有定案。直到新上任的“教育部长”杜正胜上台以后，此事才又有下文。

2004 年 6 月 2 日，杜正胜前往“立法院教育委员会”进行语言教育政策的报告，宣布说“行政院原住民委员会”近日达成共识，原住民教材可望以“教会罗马拼音”作为十一族教材共同拼音系统，部分族群或地区性非普遍性用语，则另订音标符号。而延宕甚久的闽南语拼音系统，最迟将于年底定案。未来可望比照“原住民语”，采取一套共同拼音系统，加上部分特殊发音另订符号的拼音“模组”方式。他还建议以汉罗并用文的方式推动台湾闽南语的用字。

针对杜正胜的报告，国民党籍“立委”洪秀柱抨击说，“教育部长杜正胜及国语推行委员会”力推“教会罗马字”计划，希望以罗马拼音取代注音符号，全力“去中国化”推动闽南语用字，但以罗马拼音与汉字并列的结果，将导致学习错乱、文化空洞，希望“教育部”悬崖勒马。他说，“国语推行委员会主委”郑良伟，本身长居美国，具有双重国籍，对中华文化并没有深入认识，连写一篇中文文章也不通不顺。他质疑，扁政府请外国人来推动国语政策，是不是要全面改换目前正在使用中的文字和语言，转变成“台湾国文字”？

郑良伟回应说，他住在台湾，而且在台湾出版了21本书，以此澄清外界说他长居美国、对中华文化没有深入认识的质疑。他指出，罗马拼音是世界语言之潮流，但有些人却一定要“排除别人、忠实于我”，一定要用自己的才行，他不认同这样褊狭的想法。

台东大学语文教育系副教授张学谦著文说，汉罗就是将罗马字作为汉字的补助文字，以罗马字补充汉字不足之处。他说，著名的中国文字改革专家周有光相当赞成双文字的做法。中国根据拼音字可以提升教育的品质理念，在黑龙江进行教学试验，这个试验就是广为华文教育所称道的“注音识字，提前读写”运动。他说，郑良伟教授曾具体的指出汉罗文的优点，没有一个是从“去中国化”为角度立论，所强调的是台语文字化、现代化以及人性化。

台《中央日报》发表社论指出，“教育部”的目的，并不只是语言的教学而已，而是想逐步建立台湾的文字，发展台湾的文学，这才是问题的真正核心。“教育部”把乡土教学工作放在国语推行委员会中，而且聘请了一位研究闽南语的专家来担任主任委员，其用意难免令人怀疑。更何况在今年的5月21日，颁布了建立闽南语用字的工作计划，岂不是司马昭之心，路人皆知了。闽南语、客语、原住民各族语等等，作为乡土语言，我们相信所有人都会赞成应该要流传、而且互相学。但是如果要将闽南语提升到国语的位阶，恐怕是一种福佬沙文主义的心态，无法得到其他族群的谅解。社论说，洪秀柱委员以“去中国化”来质疑“教育部”，并非无的放矢。我们相信，心中有此问号的人，也不在少数。

三、乡土语言教学的评析

（一）乡土语言教学由来的评析

1. 国语运动的反弹

国民党在台湾推行国语50年，成绩显著，对于台湾社会的发展作出很大的贡献。但是在推行过程中，也有失误，就是采用强制手段。1966年公布的《各县市政府各级学校加强推行国语计划》规定：“各级学校师生必须随时地使用国语；学生违犯者依奖惩办法办理。”1973年公布的一个教育语言法规要求“各县市政府详查各级学校语言不清、发音不正之教员，将其改定其他工作，以免影响教学”。同年制定的《台湾省各界山地乡国语推行办法》还规定：“本省为推行国语，彻底纠正山胞使用日语、方言之习惯，借以灌输祖国文化，增强国家观念。”这些规定，要求学校师生必须随时随地使用国语，否则就要受罚；教师语音不准就要撤换；山胞也不能讲他们的方言。这些规定显然是过分的、错误的。

“台独”鼓吹者抓住国民党政府在推行国语运动中方法上简单、粗暴的错误大做文章，历数推行国语摧残方言的罪恶。他们写道：

1949年国府迁台，推行国语成为外省官员治台的急切需要。1952年省府公布各县市当年施政准则，具体要求：要继续加强国语运动的推行，严禁日语、台语教学。对于当时推行国语手段之强硬，已故主委洪炎秋认为其已近秦始皇霸道主义方式，非消灭六国定于一尊不可。洪惟仁先生在其调查中发现很多不合理的实例：东南工专洪姓讲师以语源学知识，运用台语帮助教学，为该校教务处警告，终遭解聘。另一位台南师专王姓副教授因类似情形，为该校校长训斥。在雷厉风行推行“国语”的年代里，不知多少台湾人因自己的母语而受辱。政府陆续公布学校、办公室必须使用“国语”的法令，甚至规定了广播、电视、电影使用“方言”的限制。在官方扫荡“方言”的政策下，小学生讲方言被罚钱、罚站、挂狗牌等情况层出不穷，校园里学生纠察队四处巡逻，查辑“不法”，手中一本小簿子登记违规名册，台湾人从小就被训练成互相监视、打击方言的习惯，长大后自然视“方言”为低劣的代名词，不自觉地将自己的出身视为耻辱的根源。

他们还说：“在推行北京话将近40年后，也就是才10多年前的1985年，台湾本土语言已经有失传或灭绝危机之际，教育部还完成一项‘语文法’草案（由7人小组草拟）送立法院，该法案规定3人以上的场合不得用台湾‘方言’交谈，违规两次就要罚3千元以上1万元以下，连续违反者得连续处罚。这个著名的‘三人行’条款已经违反原来扫文盲的‘国语运动’的目的，变成是‘消灭台湾语言运动’。”

他们把方言问题政治化，认为国民党政权推行国语是为了消灭台湾话，是把大陆的语言强加给台湾人，是支配、压迫台湾人的工具，是政治控制的一种手段，是“大一统专制心态下的产物”。他们主张全盘否定国语，提出“撤废国语的独尊地位”，废除所有关于国语的规定，要求在学校进行“台语”教学，有意识地在公共场合讲“台语”，以“推崇母语”和“推行国语”相对抗。因此，所谓乡土语言教学实际上是对国民党政权推行国语禁说方言的反弹和对抗。

2. 方言流失的补救

近二三十年来，台湾出现了乡土语言流失的现象。据台湾媒体报道，客家话每年流失 5%，多数客家孩子已经不会说客家话；闽南话是台湾的主要方言，但诸多青少年已经不大会说，20—29 岁的民众能讲得“轮转”的只有 43%；原住民语流失更加严重，原来 23 种语言已经消失半数，现存的 12 种语言有的也在流失。长期研究南岛语言和汉语方言的前台湾“中央研究院语言学研究所筹备处”主任李壬癸表示，台湾的闽南话使用人口众多，并没有消灭的危机，但客家话和原住民语都有危机。像客语，在台湾只要儿童和年轻人不用，几十年后可能就不见了。他指出，台湾南岛语言的流失非常严重，亡羊补牢其实已经太晚，但再怎么样都比完全不去努力好。台湾清华大学人文社会学院院长曹逢甫表示，学者认为，大约要有一万人以上集居，语言才有希望传下去。目前台湾所谓的九大原住民族中，只有阿美、泰雅、排湾、邹族等人口还有一万以上；离岛兰屿的达悟族虽有海洋隔离台湾本岛，但据调查该岛港口附近许多原住民已不会讲族语。曹逢甫分析指出，方言流失主因是电视节目的国语化，闽、客和少数民族的子女都是在看国语为主的电视节目中长大，家庭失去传递族语方言的功能，广播电视的影响力比学校的教学影响力大多了。

另据 2003 年 10 月 29 日“行政院客家委员会”对 1213 个客家家庭的调查，能听懂客语的比例为 78%，能说客语的比例为 65.2%；29 岁为客语大量流失的临界点，13 岁以下流失速度最快，且持续下降。

有的文章指出，从地区来看，在台北市因为都市化程度较高，多数家庭是以国语为主要的沟通语言，但是在其他县市的民众，使用母语的频率远高于国语，尤其是南部地区和客家族群居住较密集的区域。

但是台湾一些人对方言的流失总是无限夸大，说得好像就要濒危的样子。事实是，“原住民语”流失比较严重，主要是人口少的语言；客家话的流失比较明显一些，主要是青少年；至于闽南话仍是相当强势的方言，虽然在青少年中也有所流失。

还有，台湾一些人总是把方言的流失归咎于推行国语对方言的摧残。诚然，国民党政权推行国语禁说方言的做法伤害了台湾人民的感情，对方言的流失也有责任，但不是主要原因。方言流失的主要原因是社会的发展，人员流动、信息交流需要一种共同语，方言不能适应，自然要被共同语取代，因而慢慢流失。这并不是台湾的特有现象，大陆也一样。大陆推广普通话，由于正确处理普通话与方言的关系，并没有发生损害方言的事情。但是随着社会的发展，也出现了方言与普通话自然消长的现象。某些弱势方言已经开始萎缩。改革开放20多年来，由于经济的大发展和人员的大流动，很多城市，方言的通行面已经越来越小。例如现在的厦门市，普通话可以畅行，而厦门话不一定无阻，因为外来人员已经快要超过本地人。厦门话（即闽南话）是一种强势方言，但是青少年不讲或不会讲的人数已经越来越多，已经开始流失。这跟台湾的情况可以说是完全相同的。所以把方言流失归咎于推行国语是片面的。

那么为什么台湾一些人总是要把推行国语咒骂为造成方言流失的罪魁祸首呢？原来他们是要以此为借口来否定国语运动，把国语“妖魔化”，煽动台湾人民对国语运动的仇恨情绪，以达到“去中国化”的目的。

还有一个应该分辨清楚的问题是，方言和族语（少数民族语言，台湾叫做“原住民语”）是有本质区别的。方言是民族共同语的地方变体，是共同语的下属概念，从属于共同语，不是另一种独立的语言，不能与共同语争平等；族语则是一个民族的独立语言，是一个民族的标志，与其他民族的语言是平等的。所以，所谓“乡土语言”这个概念，其实是个模糊的概念，是把方言和族语这两个不同性质的概念混为一谈。对于这两种性质不同的“乡土语言”，所实行的政策和措施也要区别对待。

（二）乡土语言教学争议的评析

1. 关于家校之争：乡土语言教学是提倡在家学习还是列为学校正式课程，许多家长和教师以及社会各界有识之士都主张在家学习，并指出列为学校正式课程会产生排挤国语教学、造成国语水平下降的后果；但是也有一些人主张学校教育，并要求增加授课时数。

这里首先要分清两种“乡土语言”的教学：对于“原住民语”，有条件的应该进行学校教育，因为各个民族的语言都是平等的，都有权利在学校进行民族语言的教学。而对于方言（闽南话、客家话），应该提倡在家学习，不应列为学校正式课程，更不能列为必修课，因为列为必修课，必然增加学生的学习负担，排挤共同语的教学，造成整体语文水平的下降。方言母语本来就是一种地方性的家庭语言，在家学习是很自然的事。

过去，大陆许多方言区的语文教学一直采用普通话（国语）和方言同时并进的教学法，这就是朗读用普通话，解释用方言，以普通话为主，兼学方言，对照学习，一举两得。这种教学法不增加学生的学习负担，事半功倍，是一种有效的教学方法。

2. 关于用字之争：方言用字历来不统一，乡土语言教材用字纷乱，引起社会各界的不满。为了统一方言用字，台湾教育部门整理了一套闽南话常用字。这种字表，作为记录方言的统一用字，并没有什么不好。问题是，方言学习，靠的是口耳相传，只要会听、会说即可，不一定要会读、会写。现在把它作为正式课程，编写教材，才有用字问题。

还有，正如有的媒体指出的，当局统一方言用字，并不只是为了乡土语言的教学而已，而是想逐步建立台湾的独立文字，这才是问题的真正核心，所以有人认为这是为了“去中国化”。

3.关于音标之争：乡土语言教学要不要先教拼音？采用哪一种拼音？这个问题也要区分两种不同的“乡土语言”教学：“原住民语”没有文字，当然开始就要采用音标教学；为了与国际接轨，音标最好是采用罗马字母。至于闽南话和客家话，在家学习，口耳相传，根本无需音标；如果需要编写方言辅助材料，也可以采用音标。

学习汉语，最好的办法当然是一开始就采用音标进行教学，学习汉字更需要依靠音标。注音识字，这是百年来语文现代化的成功经验，也是海峡两岸共同的语文教学成果。汉字和拼音并用，实行双文字，这也是语文现代化的理想措施。但这是对共同语而言的。至于方言，有必要文字化吗？“台语”文字化的深层目的是什么呢？难怪有的文章指出：“母语教学已经是匪夷所思，再来方言文字化更是不可思议。”

（三）乡土语言教学目的评析

对于大多数台湾人来说，他们是有感于乡土语言的流失（主要是青少年不会说方言），所以要求学习乡土语言（主要是要求青少年学习）。这个目的是合理的、无可非议的。

另外有些人是不满于当年推行国语压制方言的政策，其目的是要以

“台语”对抗国语。我们说，压制方言是错误的，但是要以方言来对抗国语也是错误的。

至于执政当局实施的乡土语言教学，联系近年来出台的一系列语文政策：强行通过“通用拼音”，制定“语言平等法”和“语言发展法”，废止“国语推行办法”，考试采用闽南方言命题等等，可以看出，其目的就是要通过乡土语言教学，逐步提升“台语”（闽南话）的位阶，使其逐渐成为“国语”，以取代普通话国语；并计划在几年内实现“台语”文字化，以逐渐取代现行汉字。其深层意图就是以“语文台独”配合“政治台独”，妄想一旦“台独”成功，就有自己的“国语”和“国字”。正如台湾舆论指出的，这是“司马昭之心，路人皆知。”

（许长安，厦门大学中文系教授）

汉字规范的换位思考

费锦昌　徐莉莉

一、现行汉字规范的“正位思考”

国家推行规范汉字。“规范汉字是指经过整理简化的字和未整理简化的字”；[①]“主要是指1986年10月根据国务院批示由国家语言文字工作委员会重新发表的《简化字总表》所收录的简化字；1988年3月由国家语言文字工作委员会和新闻出版署发布的《现代汉语通用字表》中收录的汉字”。不规范汉字“是指在《简化字总表》中被简化的繁体字；1986年国家宣布废止的《第二次汉字简化方案（草案）》中的简化字；在1955年淘汰的异体字；1977年淘汰的计量单位旧译名用字；社会上出现的自造简体字及1965年淘汰的旧字形。”[②]文物古迹、书法篆刻等六种情况“可以保留或使用繁体字、异体字”。[③]

二、“规范汉字”的社会效应

广大群众享受到汉字简化和整理给他们带来的实惠，主要包括：识认的字数减少了，书写的笔画减少了，常用的字音也简化了。在简化字推行的半个世纪中，他们在书面交际中没有遇到大的障碍，他们都说“规范汉字”好。

有些学术文化人士（包括海外学术文化界人士），经常参与跟传统文化有关的书面交际活动，经常使用带有浓重传统色彩的书面语言，则感到在书面语中全方位地使用“规范汉字”，在某些场合和领域会遇到诸多不便，很多场合会带来记录语言不准确甚至歧误的问题。比如“多餘”的“餘”，《简化字总表》简化为“余”。文言文“餘年無多”如果用这个简化字记录为“余年无多”，就会造成语义混淆，“余年”到底是“我的年头”还是“剩余的年头”。再如“体”和“铁”是“规范汉字”里最常用的简化字，但在古代汉语中，“体”却是“笨”的古字，“銕”却是“紩”（音 zhì，字义是索、缝）的“古文”。学术文化界中不少人对汉字简化和整理工作中不遵从字理始终窝有一肚子意见。他们批评有关部门连“规范汉字”的科学定义也下不了，而不得不采用循环论证法：凡收入规范字表予以推行的就是“规范汉字”，而只有“规范汉字”才有资格进入规范字表。对不分时空、不分场合、不分功能地把被简化的繁体字和被淘汰的异体字统称为“不规范字”，许多人在学术上接受不了，在感情上接受不了，在实践中执行不了。

三、当前内地社会用字写真

日常生活中，老百姓使用简化字。他们中的极少数人有时为了追求时髦，也在招牌上、广告中偶尔写写繁体字，但往往用错或写错，比如“歌後（后）鄧麗君”、“亮麗發（髮）廊”、“北京海澱（淀）區”、“大學中文係（系）”；不少人还喜欢使用已经废止的《第二次汉字简化方案（草案）》中的简化字，比如“大亍（街）”、“仃（停）车场”、“歪咀（嘴）”、“打兰（篮）球”；书写错别字有增多的趋势。

由于《第一批异体字整理表》淘汰了一些“非异体字”或有社会特殊功能的“异体字”，使这些字所记录的某些音义或区别功能没有相应的字形承载，给书面交际带来不便。比如留“偷”汰“婾”，“婾”另一读音“yú”和义项“快乐”、“和悦美好的”便没了着落，挺可爱的女孩名字“小婾”在印刷物上变成了“小偷”；留“澄”汰“澂”，会使读者无法判别“吴大澄”是不是清代那位著名的古文字学家。

古文献整理和古汉语教学，基本用繁体字、异体字，但用字水平有待进一步提高。

某些专业刊物，根据实际需要，有的论文用简化字，有的论文用繁体字，人们套用“一国两制”戏称为“一刊两文”，比如内地的《方言》。

收录内容超过日常生活常用词语的大型工具书，在可能引起误解的人名、地名、篇名中迳用繁体字和异体字，在可能造成歧误的复词词目中括注繁体字和异体字，比如《辞海》（1999 年版），“王濬”（西晋大将）条，不用选用字“浚”，而用被《第一批异体字整理表》淘汰的异体字“濬”；以“后”作首字的复词条目共 125 条，在“后”字后括注“(後)”的多达 119 条。据“中国语言文字使用情况调查”的数据，内地有 95.25%的人平时主要书写简化字，3.84%的人简繁字同时使用。我们为了方便运算，使用汉字的总人口以 13 亿计，则同时使用简繁字的几近六千万，而且都是使用汉字的“大户”。

四、学术界开出几张“药方”

为了进一步提高汉字规范化的水平，针对当前社会用字出现的一些问题，学术界的热心人士纷纷献计献策。开出的“药方”，归纳起来大致有三张：

（一）保持现有的“规范汉字”不动。持这种主张的分两类，一部分是认为现有的“规范汉字”好得很，不必动；另一部分是面对已成之局，怕越改越乱，无可奈何，只好听之任之。

（二）下大力气修订《第一批异体字整理表》，同时改进《简化字总表》。异体字整理的对象严格控制在字音、字义都相同或“选用字”的音义多于“淘汰字”音义的异体字。对简化字中用“同音代替”法简化的字要适当调整。（有的主张全部改为一个简化字形对应一个繁体字形；有的主张调整几个最容易混淆的字组，比如：后——后、後，斗——斗、鬥，发——發、髮，干——干、乾、幹）

（三）长痛不如短痛，干脆全部恢复繁体字。

五、“药方”评估

以上三张“药方”都立足于让“规范汉字”全方位地承担书面交际和传承文化的任务，差别仅在于：第一张方子对现行规范汉字的功能估价过高，第二张方子寄希望于修订后的“规范汉字”能够全方位地承担书面交际和传承文化的任务，而第三张方子则对“规范汉字”毫无信心，认为不如干脆“换马”。

假如只限在日常通用层面，只要求“规范汉字”完成日常书面交际任务，我们赞成第二张方子，即基本沿用现有的汉字规范标准，只把“规范汉字”进一步优化，把不适应社会语文生活的内容予以必要的修改。比如在常用字、通用字的边缘地区，对当时制定字表时不够准确的选字予以调整，并增补少量选字，以适应社会语文生活的发展；又如纠正“异体字”的泛化和不适当的淘汰；再比如改正原字表中的低级错误，例如通用字“脑恼垴”的右旁都类推简化了，惟独“瑙”的右旁不简化；用“敝”作构字部件时，它的第四笔“横折钩”，在“撇、弊、憋、瞥”中不变形，但在“鳖、鳖”中却去钩，形变为“横折竖”，等等。半个世纪的书面交际实践证明，这一套“规范汉字”在日常书面交际和传承文化中并没有出现明显不适用的问题。在这种情况下，老百姓不会赞成随便去改动“规范汉字”：我们用得好好的，干吗要改？这不是没事找事，给我们添乱吗？ 1986 年重新发表《简化字总表》时，把合并已久的“象、像”再行分开，造成书面交际不小的混乱，就是例证。有的先生提出，希望“简化字后退半步”，要对跟繁体字不一一对应的简化字动手术，用心是好的，但哪怕是动一个，老百姓都会嫌麻烦，全改了，老百姓非闹翻天不可，因为这些“不对应”在他们的日常书面交际中并没有带来多少不便。而学术界呢，你说要改四个，他认为要动六个，还有的则不全改为一一对应的简繁关系决不肯罢休。结果是，无论老百姓那一头还是学术界那一头都不会说好。至于第三张方子，只是书生们的一相情愿，完全没有可行性。几亿人通行了半个世纪的字形说改就能改过来？那非造成社会语文生活的大地震不可。再说，对于社会日常通用层面而言，繁体字就那么完美？就值得让几亿人改换已经习用了半个世纪的字形符号系统，用这样大的代价去换取？

那么，咱们的汉字规范工作应该怎样前行？这正是我们写这篇文章的目的所在。近年主管部门下了那么大的决心研制“规范汉字表”，现在遇到了一个怎么跟现有规范标准接轨的问题，是大动、中动、小动还是不动呢？这里涉及到对书面交际总体格局的认识问题，对“规范汉字”性质功能的定位问题，对几十年来推行“规范汉字”功过的估价问题，对海峡两岸四地“书同文”的总体设计问题，对汉字未来走向的判断问题。我们吁请语言文字学界都来关心这个大问题，争取在这样的宏观问题上取得共识。

六、换个角度思考如何？

“规范汉字”在日常书面交际中基本上没有遇到障碍，提出问题的多是学术文化界的人士，提出的问题也大多是“学术文化”层面遇到的尴尬和难题。这是不是说明“规范汉字”的职责和功能跟书面交际的不同层面有关？

仔细考察，社会用字应该是分层面的，至少可以区别为“社会通用”和“社会特用”这两个层面。④这两个层面在字量、字形、字音、字义和字用上都有或多或少的差别；也就是说，这两个层面对汉字规范的要求是有差别的。

例一，古今兼收、源流并重的《汉语大词典》收录词目约三十七万条；兼有字典、语文词典和百科词典功能的大型综合性辞典《辞海》（1999年版）收列词目约十二万条；以记录普通话语汇为主的《现代汉语词典》收录字、词、词组、熟语、成语等约五万六千条；以中等文化程度为主要读者对象的《现代汉语小词典》（2004 年版）只收录词目约二万五千条。相应的，《汉语大字典》共收列单字五万六千字左右；《辞海》共列字头约一万七千个；《现代汉语小词典》收录约一万二千字；《现代汉语通用字表》收录七千字；《现代常用字表》收录三千五百字。这是两个层面可能用到的词语和可能用到的字种在数量上的差别。

例二，《第一批异体字整理表》把“鎔”作为“熔”的异体字给淘汰了。但这两个字只在“熔化”（用高温把固体转化为液体）这一义项上构成异体字关系。“鎔”除了“熔化”义外还有“铸造”、“铸器的模型”等义项。如果说，在日常通用层面的书面交际中，由于“铸造”、“铸器的模型”等义项很少用到，所以用“熔”替代“鎔”还不会经常带来麻烦的话，一旦用到特用层面中，用到人名中，麻烦就来了。比如上一任的国务院总理朱 róng 基，是按照汉字规范标准用“熔”呢，还是用他原来起名时定的“鎔”呢？香港有的报纸说，用“熔”，就是熔化基础，而用“鎔”则是铸造国基。显然应该仍用“鎔”。但因为是被淘汰的异体字，电脑通用字库中没有这个字形，报社天天要作特殊处理。直到 1993 年 9 月 3 日，国家语委文字应用管理司专门为这个字发了一个文件《关于“鎔”字使用问题的批复》，摘了“鎔”的异体字帽子，定为规范字，“金字旁”类推简化，在电脑字库中又给安了一个临时码位，这才消除了上述麻烦。这是两个层面在字义、字用上有差别的例子。

例三，“铁”是老百姓最常用的“规范汉字”之一，大家都知道是“钢铁”的“铁”，繁体是“鐵”，但《康熙字典》指明“鉄”却是“紩”的古文，音 zhì，字义是“索”、“缝”。《方言》卷九：“車下鉄，陳、宋、淮、楚之間謂之畢。”清戴震疏证：“各本鉄伪作鐵，非也。”根据《玉篇》，戴震判定：“紩乃本字，鉄即其假借字。”这是两个层面在字音、字义上有差别的例子。

既然两个层面在用字上有差别，在汉字规范的理解和要求上有不同，就不应该用一把尺子去裁断两个层面不同的用字。我们并不认为大陆的“规范汉字”是完美无缺的，只是认为对它的批评和修正都应该立足于“规范汉字”适用的社会日常通用层面上，否则，就没有针对性。两岸四地的许多学术文化人往往站在社会特用层面的立场上，举出一些特用层面才会出现的例子，把“规范汉字”批得漏洞百出。其实，上个世纪五十年代声势浩大地进行汉字简化和整理工作的初衷，就是为了尽快提高工农大众的文化水平，说白了，当初选定简化字，整理异体字，主要就是给社会日常通用层面的书面交际用的。你非要让它全方位地为各个层面的书面交际和传承文化服务，这不是难为它了吗？长期以来，有关部门进行汉字规范工作时，经常用只适合于社会日常通用层面的标准和尺度，去衡量和要求社会特用层面的用字。这就好比是用一把钥匙去开两把不同的锁，在社会特用层面能不遇到障碍和阻力吗？如果这一判断是正确的，我们就不要期望仅对“规范汉字”作一些小修小补就可以使它全方位地同时适用于社会通用层面和社会特用层面的需要。咱们能不能干脆来个换位思考，即：如果确认社会用字是区分层面的，那么汉字规范工作也应该区分层面。

前面提到的界定“规范汉字”时遇到的难题，可以用“两个层面”的理论来解决。王铁琨在《〈规范汉字表〉研制的几个问题》中指出：“规范汉字有层次之分。我们所说的规范汉字，主要是指现代通用于我国大陆一般交际场合的汉字。‘现代通用’、‘我国大陆’、‘一般交际场合’三个要素非常重要，它以‘通用’为标尺给出了国别（地区）、时代、领域、场合等等限制，契合当代汉字通用和应用的客观现实。”⑤费锦昌在《汉字规范工作的层面性》一文中也认为，《中华人民共和国国家通用语言文字法》所推行的“规范汉字”是一个在特定历史条件下产生的，只适用于特定时代和特定范围的约定俗成的术语。由于制定时的背景和宗旨，它的适用面主要应该是“当代”，“（目前是）中国大陆”的“社会通用层面”，而不宜覆盖两岸四地（包括内地）的社会特用层面。⑥我们认为，这样来认识和界定“规范汉字”，就可以基本上化解对“规范汉字”的许多批评和误解。

整理异体字工作遇到的困难，也可以用“两个层面”来化解。《规范汉字表》课题组组长张书岩教授指出，“填写异体字栏时还有两个需要解决的问题：一是异体字栏是否要收入全部异体字；二是‘包容’异体字能否收入异体字栏。运用‘两个层面’的理论，这两个问题同样可以得到合理的解决。”比如“《规范汉字表》要不要把字表内规范字所对应的异体字都收进来？这个问题，随着‘学术研究’与‘应用’两个层面的分开，也就迎刃而解了。”“《规范汉字表》是为了解决当今一般印刷物和手头用字的规范问题，因此《规范汉字表》的异体字栏只收现代、当代有影响的异体字，那些一般人见所未见、根本不会使用的异体字，即异体字中的古字、死字、僻字，就不必收入了。收了，反而徒增人们的负担，或使一些死字死而复生，造成事与愿违的结果。这些字拟收入待整理的《汉字整理表》中。”⑦

翻开汉字规范史可以发现，今天在汉字规范工作中遇到的矛盾古已有之。不区分层面，往往会由于用字目的、所记录的语言、字境的不同，导致规范标准无法一以贯之。结果是两个层面的用字者往往都不满意，“若悉依说文，每诡众难依；若循世从俗，则儒雅惊诃”。(《字样学研究》陈新雄序）可见这一社会用字的实际需要和汉字规范的矛盾，从时间上看，古已有之；从空间上看，各地皆然。从事字样学研究的学者和汉字规范的实践者，根据社会用字的层面对汉字进行分层规范，这在历史上不乏成功的例子。最典型的就是被《字样学研究》的作者曾荣汾（台湾）称为“字样学之重镇”的《干禄字书》，它的作者颜元孙（唐代）在整理汉字的时候，把社会用字区分为俗、通、正三个层面，随之，把用字规范也分为俗、通、正三个层次，把汉字字形也相应地区分为俗、通、正三种字形。曾荣汾评论：“颜氏所持者实乃弹性之原则。”他针对和适应的正是当时社会用字不同层面的实情和需要。可见，古今汉字规范工作都会遇到社会用字中客观存在的不同用字层面的实际情况。历史经验告诉我们，承认社会用字有不同层面的存在，准确确定对不同层面的不同规范要求，有针对性地推行适用于不同层面的规范标准，就能够取得汉字规范工作的良好效果。

反过来看，台湾在上个世纪五十年代初期，也有人发起过声势不小的推行简体字运动，得到具有中等文化程度的许多民众的热烈响应，但被政界和学界的某些人扣上政治罪名和“切断民族文化命脉”这一大帽子，导致该运动流产，然而台湾民间现今还是有不少简体字在流行。抛开政治原因不说，这也是因为反对推行简化字的人不懂得汉字使用是分层面的，而通用层面的交际者乐于使用简体字这一道理的缘故。

有人说，许多汉字规范标准不是都为某些特殊情况开了“窗口”吗？为什么学界对现行规范标准还是窝有一肚子意见呢？笔者认为，这些规定尽管越来越接近周到，但还是没有脱离“日常通用层面是主体、学术文化等只能是‘小窗口’”的格局。在人们心目中，简化字和“选用字”是规范字，繁体字和异体字仍是不规范字。只有把“小窗口”扩展为一个独立的层面，再根据两个层面的现状，确定和推行分别符合这两个层面的规范标准，才能使汉字规范工作跃上新的台阶。

在中国大陆日常通用层面，其用字规范自应按照《国家通用语言文字法》执行，即推行“规范汉字”。具体说来，就是有简繁两种字形的，使用法定的简化字；有异体字形的，使用法定的“选用字”；无简繁和异体字形的，使用传承字；有“新字形”和“旧字形”差别的，使用“新字形”。从层面的通用性到这一层面推行的汉字规范标准都应符合《国家通用语言文字法》的规定。

“规范汉字”以外的、主要供社会特用层面使用的汉字，对学术界而言，主要是整理，而不是筛选，也就是把它们之间的字际关系理清，让号称收录三万、四万甚至六万、七万的特大字库不要成为让人无从下手的一团乱麻，而是在纵横关系上条分缕析、方便适用的汉字宝库。正因为有了这样的分工，主要供社会通用层面使用的汉字规范标准可以称为《规范汉字表》（分一表、二表、三表），而主要供社会特用层面使用的字表可以称为《汉字整理表》（也分一表、二表、三表……）。在学术文化等特用层面上的用字者，都是专业的行家里手，什么地方该用哪个字，他们心中有数，无须汉字规范标准的制定者和推行者在一旁指手划脚。汉字规范工作者的任务只是把数以万计的汉字字形加以整理，让行家里手们用起来更为方便而已。有了《规范汉字表》和《汉字整理表》以后，社会特用层面的用字者可以根据实际需要，有的文本全用规范的简化字；有的文本以简化字为主，在可能引起歧误的地方夹注繁体字；有的文本则全用规范的繁体字。

汉字规范分为两个层面以后，会不会加重人们的负担，让他们既要学“规范汉字”，又要学繁体字和被淘汰的异体字？我们认为，对于书面交际活动仅限于社会通用层面这一范围的大多数人，只要也只应好好掌握“规范汉字”就可以满足书面交际的需要了。至于既要参与大众通用层面的交际活动，又要时而参与传统文化等特殊层面书面交际的“小众”，他们确实需要在掌握“规范汉字”的同时，再学会他们从事某些专业工作时需要的繁体字、异体字等。这应该是他们的能力所能够达到的。现在活跃在社会特用层面的文化人实际上也已经生活在这种“简繁字形并用”的世界里了。那么，在交错参与两个层面的书面交际活动时，用字出现错乱怎么办？在计算机、网络高度发达的时代，他们只能依靠两套汉字系统转换十分准确的软件来避免这类差错在正式文本中出现。至于交际范围相对窄小的日常手写文本中的这类差错，只要不影响语意的交流，不妨忽略。

近年，尽早实现“书同文”的问题已经引起两岸四地有识之士的高度关注。汉字规范区分层面以后，经过较长时期的实践，可能会对海峡两岸四地的汉字统一起到积极的推动作用。比如，在两岸四地的大众日常通用层面，可能也会像大陆一样多用便捷的简化字系统；（1980年台湾出版的《标准行书范本》收录的4000字中有六百多个简化字形与大陆推行的简化字形相同或相似）而在学术文化的特用层面，在某些领域就会主要以繁体字系统为基础来实现两岸四地的“书同文”。用字分层面，汉字规范分层面，各得其所，各效其能，这应该是广大华人都能够接受的。

[**附注**]

①《中华人民共和国国家通用语言文字法学习读本》，语文出版社，2001年版。

②《出版物汉字使用管理规定》，《国家语言文字政策法规汇编》，语文出版社，1996年版。

③同①。

④费锦昌《汉字规范工作的层面性》，李宇明、费锦昌《汉字规范百家谈》，商务印书馆，2004年版。

⑤⑥李宇明、费锦昌《汉字规范百家谈》，商务印书馆，2004年版。

⑦张书岩《〈规范汉字表〉对异体字的确定》，《中国文字研究（第五辑）》，广西教育出版社，2004年版。

（费锦昌，教育部语言文字应用研究所研究员；
徐莉莉，华东师范大学中国文字研究与应用中心教授）

《规范汉字表》研制的几个问题

王铁琨

研制《规范汉字表》是语言文字规范标准建设的一个重中之重的项目。本文围绕《规范汉字表》研制的酝酿过程,《规范汉字表》研制的必要性、可行性,对"规范汉字"的再认识,《规范汉字表》研制的基本构想,以及跟《规范汉字表》研制相关的几项工作等,谈一下有关情况和个人的思考认识。

一、《规范汉字表》研制的酝酿和上马经过

上世纪末,我国语言文字工作的历史上出现了一件引人注目的大事,那就是《中华人民共和国国家通用语言文字法》于 2000 年 10 月 31 日经全国人大常委会审议通过颁布,并从新世纪的第一天起施行。这部法律的颁行,直接促成了《规范汉字表》研制课题立项。

语言文字工作概而言之包括两个方面:语言文字规范标准的制定和语言文字规范标准的推行。其中"制标"工作是"推行"工作的基础,尤显得重要。新中国成立以来,汉字的整理简化以及汉字规范标准的制定工作取得长足进展,不但方便了社会交际,基本满足了教育教学、新闻出版等方面的需求,而且在推进我国中文信息处理技术和信息产业的发展方面发挥了积极的促进作用。当前我国正处在以信息化带动现代化、实现跨越式发展的重要历史时期,语言文字作为信息的主要载体,其规范化、标准化程度直接关系到国家的信息化水平。信息化、现代化使古老的汉字焕发了青春,同时又对汉字的进一步规范化、标准化提出了更高、更迫切的要求。从这个意义上说,加强汉字规范标准建设是直接为国家信息化、现代化服务的基础性工作。

《国家通用语言文字法》以“推动国家通用语言文字的规范化、标准化及其健康发展”为立法宗旨，它的颁行为实现国家通用语言文字的规范化、标准化提供了强有力的法律保障，创造了加快语言文字规范标准建设的良好机遇和条件。该法在“总则”中明确规定：“本法所称的国家通用语言文字是普通话和规范汉字”，“国家推广普通话，推行规范汉字”。①《国家通用语言文字法》颁行后，社会有识之士纷纷呼吁尽快立项研制《规范汉字表》。②经过慎重调查研究和科学论证，教育部、国家语委于 2001 年 4 月批准《规范汉字表》研制课题立项；2002 年 10 月，《规范汉字表》研制课题被国家语委科研规划领导小组明确为语言文字应用研究“十五”科研规划的“重大项目”，予以重点支持；2003 年 1 月，“抓紧《规范汉字表》的研制”列入《教育部 2003 年工作要点》，从而把扎实严谨的学术研究与规范有序的行政运作进一步有机地结合在一起。

其实，酝酿《规范汉字表》研制并非始于今日，早在 20 世纪 80 年代，这项工作就曾提上日程，只不过当时不叫《规范汉字表》，而叫《标准现代汉字表》。1980 年 3 月，国务院发出《关于充实和加强中国文字改革委员会的通知》。同年 5 月 20 日，新一届中国文字改革委员会举行第一次全体委员会议。会议经过讨论，原则通过《中国文字改革委员会 1980 年工作计划要点》，原则通过《关于研究和制定标准现代汉字表的建议》和《制定标准现代汉字表的科研计划》。③当时由于“文革”刚结束不久，拨乱反正的任务很重，调整充实后的文改会忙于研究处理《第二次汉字简化方案（草案）》等更为紧迫的问题，这项工作未能按计划全面落实。

一晃十几年过去。到了 20 世纪 90 年代，研制《规范汉字表》又被重新提起，并曾经两次上马。

一次是 1994 年，根据当时汉字社会应用的需要和社会用字管理工作的需求，国家语言文字工作委员会再一次把研制《汉字规范字表》列入“工作计划要点”，责成语言文字应用研究所组织力量完成，同年该课题被列为语用所重点项目。研制工作得到语言文字学界和中文信息处理界的关注、支持，提出字表编制的许多方案和建议，归纳起来，具有代表性的是三种方案：（1）对现有字表不增不减不改，仅把它们合并编制成一个字表；（2）现有字表基本不动，但对其中十分明显的疏漏和矛盾之处作必要的调整；（3）比较彻底地解决现行汉字规范中存在的问题，制定一份全新的、比较理想的规范字表。课题组权衡利弊，认为在当时情况下只有第二种方案比较可行。随后对《第一批异体字整理表》《简化字总表》《现代汉语通用字表》《信息交换用汉字编码字符集 · 基本集》及其第二、第四辅助集等 6 个字表（字符集）进行比对、梳理、分析，形成字表编制的初步设想。后来由于时机不够成熟、客观条件不很具备以及认识上的某些原因，字表的实际编制工作没有能够进行下去。④

上世纪 90 年代末，随着语言文字立法步伐的逐步加快，《规范汉字表》研制再次提上日程。当时由全国人大教科文卫委员会牵头的《中华人民共和国国家通用语言文字法》起草工作正在加紧进行，草案征求意见过程中，不少同志提出应该对“规范汉字”这一术语进行界定，同时为了配合该法的颁布实施，也需要给公民提供一份统一的用字规范，作为与该法相配套的辅助文件发布。1999 年，经国家语委科研规划领导小组批准，《规范汉字表》研制课题正式立项，傅永和为项目负责人。当时从“稳定”和方便群众使用出发，考虑到过去发布的各种汉字规范需要有一个逐渐消化和巩固的过程，故课题组确定的研制基调是：不做大的改动，将以往发布的各种字表（不含字符集）整合汇编成一个统一的新字表。该字表以7000个现代汉语通用字为标准字头，标准字头下，已简化的字后面标注繁体字，有异体的字在选用字（正体）后面标注相应的异体字，新旧字形有明显差异的在新字形后标出旧印刷字形；对于繁、简体之间不是一一对应关系，正、异之间有读音或意义差别的，另加注释说明。⑤显然，这次研制的是一个以“汇编”为主的“准规范”。2001年3月，字表（草案）按预先设计编制完成。此时《国家通用语言文字法》已经发布施行，语言文字工作形势发生了一些新的变化，研制《规范汉字表》的计划不得不相应作出重大调整，这样，已经编制完成的字表（草案）就没能面向社会征求意见，当然也就无须再进入学术鉴定和审定等程序了。

从上面的回顾不难看出，《规范汉字表》（包括前述《标准现代汉字表》《汉字规范字表》）的研制正可谓“好事多磨”。20几年中，相关课题曾多次被提上日程，三次上马。其中最近的一次“中止”项目，反映了主管部门思想观念的进一步解放，孕育着新的、更大动作的开始；已编制完成的字表（草案）虽被搁置，但其初步成果和基本做法都被新启动的项目吸收并渗透到研制工作中去。所以笔者认为，2001年4月重新立项研制《规范汉字表》，是适应《国家通用语言文字法》颁行后形势发展需要的举措，体现了新世纪语言文字规范标准建设要继往开来、与时俱进的主导思想。

二、《规范汉字表》研制的必要性、可行性

（一）研制《规范汉字表》的必要性

第一，研制《规范汉字表》是对已有汉字规范标准进行维护更新的需要。新中国成立以来，政府在汉字整理简化以及汉字信息处理方面做了大量工作，国务院及其语言文字工作部门和其他有关部门，陆续发布了《第一批异体字整理表》《汉字简化方案》《简化字总表》《印刷通用汉字字形表》《现代汉语常用字表》《现代汉语通用字表》《信息交换用汉字编码字符集》（基本集和第二、第四辅助集）《信息技术通用多八位编码字符集（USC）第一部分：体系结构与基本多文种平面》等规范标准，有力地促进了汉字社会应用的规范化、标准化以及中文信息处理技术的发展。经过近 50 年努力，包括简化字在内的规范汉字已经成为当今社会用字的主流，并对汉字在海外的使用产生巨大影响。这是举世公认的了不起的成绩。

但是也应该看到，过去由于时代和技术条件等限制，一些同志对汉字历史地位和发展前途的认识有些不够全面，对语言文字自身演进发展的规律和复杂性估计不足，某些字表（包括信息处理用字符集）在研制过程中操作欠规范，致使各字表（字符集）之间存在着一些相互矛盾、收字不尽合理或者字形不够规范的现象；加之字表（字符集）发布后长时间没有及时维护更新（标准一般 5 年左右需要修订一次，而汉字的个别字表发布后将近 50 年没有做过正式调整），已经很难满足当今社会用字的实际需要，人们在教学、播音、新闻出版以及进行计算机汉字处理时常常会遇到一些难以解决的问题，从而造成资源上、经济上的浪费；又由于各字表（字符集）制定和发布的时间跨度大，研制人员前后变化频繁，而且字表（字符集）各有侧重、体例不一、难以照应，检索起来十分不便，给使用带来一定的困难。客观地说，限于当时的认识水平和技术条件，前辈们已经尽了最大努力。任何规范标准都需要在应用实践中逐步完善，希求规范标准一出台就十全十美既不可能，也不现实。更何况事物是在发展的，人们对事物的认识总需要有一个过程，不仅规范标准本身需要在实际应用中及时维护更新，人们对规范标准的认识也常常是在不断深化和更新的。比如，人们在用现在的认识去衡量以往制定发布的某些规范标准时，常常会感到有一些不尽如人意之处，即使是现在还在使用的某些规范标准，较后发布的也会与较前发布的在规范理念和处理方式上有所不同。这是正常的，符合事物发展的客观规律。现在重新启动《规范汉字表》研制项目，正是有针对性地对已有规范标准进行维护更新的一种补救措施，虽然迟了些，但经历这样一个过程以后，人们思考问题就比较客观、全面一些了。

第二，研制《规范汉字表》是解决汉字现实应用中提出的问题的需要。当前随着教育的普及，公民受教育的程度和民族整体文化水准显著提高，这给一定范围内（如教育基本用字）字量的确定、《规范汉字表》的分级和收字提供了新的参照系。伴随信息网络时代的到来，计算机成了现代社会人们工作、学习和生活中须臾离不开的工具，由于字符集的收字量早已覆盖了现有规范字表，这就使得信息处理用字的规范化问题愈发显得重要和突出。针对各界反映强烈的语言文字规范标准研制工作滞后和计算机汉字库中不断显现出来的问题，《规范汉字表》研制必须紧紧跟上时代，要兼顾一般社会使用和信息处理的需要，使字表和信息处理用字符集在字形规范化方面保持一致，以方便社会应用。这是信息时代对汉字规范标准建设提出的必然要求，语言文字工作部门和语言文字工作者要顺应形势，把工作做在前头。另一方面，科技、社会的飞速发展也带来语文生活的日趋活跃，社会用语、用字面貌急剧变化，新词术语不断涌现，而且随着时代的前进，文字应用在某些领域的重要性愈发突出（比如解决人名、地名和科技术语用字的规范化问题就比以往更加显得重要和迫切）。这些都需要我们根据变化了的语文生活及时对原有的规范标准做出调整，研制出新的规范字表来。《规范汉字表》作为现代汉语规范字表，要把能够适应当代社会交际需求且通行面较宽、有一定使用频度的现代汉语通用字全部收进来，兼顾有一定使用需求的姓氏、人名、地名、民族、宗教、科技术语等专门用字，以满足现实应用的需要；同时，它所收的字在字形上应该是完全标准的。罕用字、方俗字一般不属于《规范汉字表》的收字范围，这类字的字形规范问题需要通过更大范围的整理工作来完成。

第三，研制《规范汉字表》是贯彻落实《国家通用语言文字法》的需要。《国家通用语言文字法》确立了普通话和规范汉字作为国家通用语言文字的法律地位，对普通话和规范汉字在国家机关、学校、新闻出版、广播影视、公共服务行业以及公共场所、信息技术产品、广告、招牌、企业事业组织名称和在境内销售的商品的包装、说明等方面的使用，作出了规定。该法的贯彻执行，迫切需要有一份字量合适、收字合理、字形规范、排序科学的《规范汉字表》作为依据，使群众有所遵循。这是该项目能够尽早立项启动的直接原因。换句话说，《国家通用语言文字法》颁行以后，根据该法“（国家）推行规范汉字”和“国家颁布国家通用语言文字的规范和标准，管理国家通用语言文字的社会应用，支持国家通用语言文字的教学和科学研究，促进国家通用语言文字的规范、丰富和发展”等规定，国务院及其语言文字工作部门有责任组织力量，在对以往发布的字表（字符集）进行全面梳理、研究的基础上，编制出新的字表，给公民提供一份科学、严谨、统一、实用的规范字表。

第四，研制《规范汉字表》是为实现“全面建设小康社会”奋斗目标创设良好的语言文字环境的需要，对我国民族地区国家通用语言文字的推广普及以及使用汉字的国家、地区的“书同文”具有重要意义。十六大提出了在本世纪头20年全面建设惠及十几亿人口的更高水平的小康社会的奋斗目标。这是一种全面综合的、更加重视人文环境和人民生活质量的发展目标。这一目标的实现对新世纪语言文字工作提出了新的要求，而研制《规范汉字表》显然对创设与“全面建设小康社会”相适应的良好语言文字环境具有促进作用。我们要从国家经济、政治、文化全面均衡发展的宏观大背景出发，从促进社会主义物质文明、政治文明、精神文明的协调发展和可持续发展的要求出发，来观照和认识字表研制工作；既要考虑东部相对发达地区语言文字应用的需要，也要充分考虑“西部大开发”所涉及的民族地区的双语教学等问题，尽可能通过《规范汉字表》研制为民族地区群众学习、使用国家通用文字提供方便。研制《规范汉字表》还关系到汉语、汉字国际地位的提高。中国是汉字的故乡，使用汉字的国家和地区出于切身需要，都很关注我们汉字规范标准如何定，其中有些国家（如新加坡和泰国、马来西亚的华人社区等）原本就采用我们的规范标准，他们自然期待中国首先解决好现行汉字规范标准中存在的问题。从某种意义上说，字表（字符集）中已发现的问题解决不了或解决不好，都可能会在一定程度上影响我国的国际形象和使用汉字的国家、地区人民的“汉字情结”。

（二）研制《规范汉字表》的可行性

研制《规范汉字表》不但是必要的，也是可行的。当前启动这个项目的有利条件是：（1）近50年来，我们有研制多个字表和字符集的实践基础，当年参与过研制工作的老同志有些还健在，第一手资料有些还保留着，底数比较清楚，这是最宝贵的财富；（2）国家语言文字工作部门和学术界针对字表（字符集）中的问题，多年来组织进行的研究工作一直没有间断，获得许多局部的、阶段性的研究成果，这些成果可资借鉴；（3）目前研究队伍比较齐整，一些近年来培养的汉字学博士、硕士年富力强，随着计算机技术的广泛应用，现在研究方法特别是研究手段比过去有了很大改进，我们可以借助计算机和语料库进行字频统计分析和字的跟随率、分布度等的研究，从而使字量、字种的确定更为科学，也更加符合实际；（4）伴随改革开放和经济全球化、国际标准化进程的加快，我国与韩国、日本等国以及香港、澳门、台湾地区汉字学界和信息处理界加强了联系沟通，对这些国家、地区汉字使用和研究的现状有了更多的了解，视野比较开阔；（5）研制《规范汉字表》是近20多年来一直想做而没能做成的事情，现在国家重视社会主义文化建设和人文社会科学研究，加之《国家通用语言文字法》的出台大大提高了公民使用语言文字的法制意识、规范意识，因此重新启动这一项目是适时和可行的。经过努力，有望水到渠成地解决现行汉字规范标准中存在的问题。

三、对“规范汉字”的再认识

研制《规范汉字表》，无法回避“规范汉字”的界定问题。“规范汉字”这一术语出现时间有据可考的也不过十六七年，目前学术界对它的认识还不很一致，出现过大同小异的各式各样的定义。比如1992年7月，新闻出版署和国家语言文字工作委员会发布的《出版物汉字使用管理规定》，就具体说明了什么是规范汉字，什么是不规范汉字。[⑥]于根元主编的《推广普通话，促进语言文字规范化》（语文出版社、学习出版社、中国法制出版社，1998）、傅永和《汉字七题》（河南教育出版社，1993）等著作，都对规范汉字做出过界定。[⑦]《国家通用语言文字法》起草过程中，对要不要把规范汉字的定义写进法中曾有过争论，几经反复，最终还是删去了“定义”。这是因为：现在流行的几种学术定义本身是否科学、严密还值得研究。法律不规定“规范汉字”的定义，并不会造成人们对规范汉字产生误解；而把定义写进法中，使学术定义法定化，则可能会引起许多不必要的争议。当时这样处理“规范汉字”定义问题，应该说是充分留有余地的明智之举。但是，从长远看，还是需要对规范汉字做出界定的，全国人大教科文卫委员会教育室、教育部语言文字应用管理司编写的《中华人民共和国国家通用语言文字法学习读本》，就已经尝试着对这一术语做了相应的解释。

笔者自1999年起参与《规范汉字表》研制的一些工作，时常遇到对规范汉字如何认识的问题；事实上，只有界定清楚了“规范汉字”的内涵和外延，字表编制工作才有可能比较顺利地进行。

以笔者现在的思考，对“规范汉字”的认识似应把握住以下几个要点：

第一，规范汉字事实上客观存在。尽管这个术语出现时间不很长，但它不是文字学家们主观臆想杜撰出来的。事实上，不同时代有不同的汉字规范。比如秦统一六国后，实行“书同文”，基本消除了战国时期各地文字异形的现象，小篆就是当时的规范汉字。中国过去长期以繁体字为正体，以繁体字为代表的正体字也就成了当时的规范汉字。新中国成立以后，国家投入很大力量进行汉字的整理和简化工作，淘汰了一部分异体字，同时把群众长期以来在社会实践中创造的手头字、俗字加以整理，确定其正体字的地位，形成现行规范字。在规范汉字中，整体简化或利用简化偏旁类推出来的简化字占少数，多数还是历史上流传下来沿用至今、未整理简化或不需要整理简化的传承字（如人、山、川、水、火、田等）。

第二，规范汉字有层次之分。我们所说的规范汉字，主要指现代通用于我国大陆一般交际场合的汉字。“现代通用”、“我国大陆”、“一般交际场合”三个要素非常重要，它以“通用”为标尺给出了国别（地区）、时代、领域、场合等限制，契合当代汉字通行和应用的客观现实。这里的规范汉字特指是中国的，不是外国的；是大陆的，不是港、澳、台地区的；是现代的，不是古代的；是通用于“一般交际场合”的，不是“极特殊领域、场合”通用的。实践证明有所限制是必要的。汉字在长期流传中，曾被一些国家“借用”并分别加以改造，因此在使用汉字的不同国家规范汉字的内涵所指并不一样。比如日本现在仍使用一部分汉字，正式文体中实行假名中夹用少量汉字的做法，政府规定法令和公文必须以1981年发布的《常用汉字表》为准，另规定人名用字166个，取名以常用汉字1945个和人名用字166个为限，不得超过；这总计2,111个汉字（内有简化字200多个，约占总字数的12%）就是日本的现行规范汉字。该国现正研究人名用字的扩充问题，有可能经过相应法定程序后扩充500多个汉字作为人名专用字，可见日本对用字还是有严格的数量限制的。汉字有六千多年的历史，我国典籍上出现过的汉字不下五六万之多，排除错讹后仍有34,000字左右。这些字绝大多数在现代社会一般交际场合早已不用，有些甚至成了“死字”，有的只应用于某些极特殊的领域、场合。

尽管这些限于特殊领域、场合使用的汉字也有字种的选择和字形的规范问题，但那是学术或者说专业层面应用的规范问题，该层面的汉字不属于“一般应用场合”的现行规范汉字。

第三，规范汉字是经过整理产生的。这种整理工作，既是汉字自身发展的需要，也是社会发展的需要。历代政府都很重视汉字整理工作，这为服务于他们所处时代的规范汉字的形成和相应标准的确立奠定了基础。历史上，周朝太史籀编纂的《史籀篇》就是周朝进行文字正形的范本；秦王朝在用小篆统一全国文字时，首先对秦文字本身作过一番整理，李斯《仓颉篇》、赵高《爰历篇》、胡毋敬《博学篇》就是这次整理的产物；东汉熹平四年在碑石上刻了《诗经》《易经》《春秋》《尚书》《仪礼》《公羊传》《论语》七种经书，以便于传写、校正经书，这是汉隶的范本，在当时起到了整理汉字、规范字形的作用；唐以后开始出现“字样”之书，如《干禄字书》《五经文字》《九经字样》等，也都起到了刊正经书、规范字形的作用。今天的汉字整理工作，同历史上以“正形”为主要内容的汉字整理举措如出一辙，只不过整理范围逐步扩大到字音、涉及到字义，整理工作的成果形式则更多地表现为字表。如《简化字总表》《第一批异体字整理表》《普通话异读词审音表》《现代汉语常用字表》《现代汉语通用字表》《部分计量单位名称统一用字表》《信息交换用汉字编码字符集·基本集》等等，这些字表成为现行规范汉字的主要依据。

第四，规范汉字是个“历时中包含有共时、共时中包含有历时”的概念。不同时代有不同的汉字规范，同时代的汉字规范又因应用领域、场合的不同而有不同的要求。“共时”和“历时”是相对的。在当代，就“共时”平面而言，收入现行字表中的字即为“一般交际场合”的现行规范字，与之相对应的字（如已简化的繁体字、已淘汰的异体字和旧印刷字形）在“一般交际场合”应该被视为不规范字。汉字规范化、标准化是一个渐进的过程。汉字的使用，除“一般交际场合”外，还有许多特殊的需要。就汉字在“特殊领域、场合”的应用而言，法律规定“除外”的情形，即在某些允许保留或使用繁体字、异体字的领域、场合，也有一个用字规范与否的问题。但这里的“规范”主要限于专业学术领域或其他特殊场合，同“一般交际场合”汉字应用的规范化要求不属于同一层面。《国家通用语言文字法》第十七条对允许繁体字、异体字保留或使用的“特殊”情形做出了规定：（一）文物古迹；（二）姓氏中的异体字；（三）书法、篆刻等艺术作品；（四）题词和招牌中的手书字；（五）出版、教学、研究中需要使用的；（六）经国务院有关部门批准的特殊情况。⑧这样规定是实事求是的，代表了我国现阶段的文字政策，较好地体现了语言文字主体化与多样化的关系。再就“历时”平面而言，繁体字、异体字是祖先留下来的，曾经在历史上的某一时期以规范正字的面貌出现过，为传承中华文化做出过不可磨灭的贡献，有些字至今还在一些领域、场合使用着。因此，按照同时代的汉字规范因领域、场合的不同而有不同要求的理念，我们在做好《规范汉字表》研制工作的同时，还需要分批进行《规范汉字表》之外汉字（包括繁体字、异体字）的全面研究整理工作，编制出相应的“汉字整理表”，以满足古籍整理、出版印刷、信息处理等领域使用汉字字量较大时的特殊需要，满足使用汉字的国家和地区特别是两岸交流的现实需要。这是在当今信息时代传承和弘扬中华文化不可或缺的基础性工作。

从上述四点认识出发来看待和解释“规范汉字”，某些困惑我们多年的“结”似乎就可以解开了。笔者把这四点认识和盘托出，希望能引起大家对“规范汉字”概念更深入的思考和讨论。

四、《规范汉字表》研制的基本构想

《规范汉字表》研制是一项继往开来的重要工作，学术性、政策性强，影响面广，工作量大，要汲取历史经验，务求科学、慎重。《规范汉字表》的研制，历经20多年的多次提出和三次上马，工作目标、研制设想和研究手段各有不同。2001年10月前后，在以往工作的基础上，课题组形成新的研制设想。为慎重起见，课题组通过走访和召开座谈会等形式，在北京、上海等地就字表框架和研制设想听取汉字学界、中文信息处理界和主要用字部门的意见，同时按设想体例编写出样条，进一步征求意见。2002年5~8月，针对字表编制中难于处理的异体字整理原则问题、简化字同音代替造成的“一对多”关系问题、类推简化问题以及汉字印刷字形问题等，教育部语言文字信息管理司和教育部语言文字应用研究所联合有关单位，分别召开了三次专题学术研讨会，就关键而敏感的上述三个问题集思广益，展开了热烈的讨论，从而对其中一些问题的处理初步达成一致意见。⑨随后，课题组吸收高校几位学者参加字表初稿的编纂工作，又在实践和广泛听取意见的基础上，对研制《规范汉字表》的总体设想进行了局部调整（主要限于字表的收字量及字表分级等方面的调整，研制目标、总体框架、编纂体例和研制原则等方面未做大的变动）。这里把字表研制的基本构想简介如下：

（一）研制目标和成果预期

研制《规范汉字表》的目标是：从当代社会语文生活的实际出发，以主要满足“一般交际场合”社会“通用”的需要为主，在现有多个字表

（字符集）的基础上，尽可能消除现行规范标准之间的矛盾和不合字理之处，通过定量、定形、定音、定序等工作，集原有若干规范标准为一体，力求做到科学性、历史延续性和可行性的最佳组合，从而研制出能综合反映简繁字、正异字和新旧汉字字形对应关系，兼顾汉字形、音、义组合关系的规范字表。

该字表符合现代汉字社会应用的实际需求，是对现代汉语通用字进行形、音、义全面整理研究和定量、排序研究成果的集中反映。预期该字表将基本满足汉字在现代社会各一般应用领域（如教育基本用字，新闻出版基本用字，人名、地名专用字，民族、宗教用字，行业专用字，科技术语用字，信息处理基本用字等）的需要，不但适用于现代汉语印刷出版物，也适用于普及性的古汉语出版物。字表发布后，通过一定过渡期的试用，将会在一个较长时期内保持“一般应用场合”汉字的稳定和规范，最终实现现行通用汉字的标准化。

（二）总体框架及编纂体例

《规范汉字表》拟收规范汉字12,000个左右。这12,000个规范汉字，按使用频度和跟随率、分布度等分为三级：一级字，基本上是高频字，3,500字左右；二级字，基本上是次高频字，4,000字左右；三级字，基本上是低频字，预计4,500字左右（均以字表最终的实际收字量为准）。一、二级字相当于现代汉语基本用字，总字量约7,500个左右，是《规范汉字表》的主体，其中一级字与教育基本用字表大致相当。一、二级字中包含不了的姓氏、人名、地名、民族、宗教和科技术语等专门用字，计划在三级字内基本解决。根据有关部门利用计算机对近一百年来共7,000万汉字均衡语料的统计分析，确定这样的收字量是合适的。《规范汉字表》之外的罕用字、方俗字等，将通过收集和整理工作，形成20,000~30,000字的“汉字整理表”。此项工作也已在进行中。

《规范汉字表》的编纂体例：以12,000个规范汉字为标准字头，同一字种有简化字的在已简化的字后面标注相应的繁体，有异体字的在选用字（正体）后面标注相应的异体，新旧印刷字形有明显差异的则通过另附的“新旧字形对照详表”来解决。对于简、繁体不是一一对应关系，正、异体之间有读音或意义差别的，另加注释说明；但此类注释说明宜少而精，非注释不可时再注。《规范汉字表》还标注有每个汉字的笔画数和主要读音等相关信息，附录中除列有“新旧字形对照详表”外，拟另附“常用外族汉字表”等，将现代出版物和日常交际中不时出现的少数日、韩等国人名、地名专用汉字（如“辻、椥”等）列入，以方便国际交流和社会使用。

（三）研制《规范汉字表》的原则

经反复斟酌，课题组确定以下7条作为研制工作必须遵循的原则：

1. 兼顾一般社会使用和信息处理的需要，使字表编制和信息处理用字符集尽可能趋于一致；

2. 坚持科学严谨的作风，全面、历史地看问题，不回避、掩盖矛盾；

3. 力求稳定，尽量不出现或少出现新造的字形；

4. 从整个汉字系统着眼，处理问题时把汉字的形、音、义结合起来考虑；

5. 立足于现实应用，兼及汉字的源流演变和字理；

6. 坚持群众观点，充分尊重教师、语言文字学家、辞书专家、书法家、信息处理界和其他汉字使用者的合理意见；

7. 尽可能兼顾海外华人的用字习惯，不人为扩大与使用汉字的国家、地区现行汉字字形的差异，为最终实现汉字文化圈的“书同文”打下基础。

这 7 条是贯穿于《规范汉字表》研制工作全过程的总原则。要统筹兼顾地贯彻总原则，不可顾此失彼，单纯、片面地强调其中某一条原则。涉及重要且比较专门问题的处理时，比如异体字的整理、类推简化问题和同音代替造成的“一对多”关系问题的处理、印刷字形的统一问题等，课题组还分别拟订了一些便于操作的具体的处理原则。这些比较微观的处理原则，与上述 7 条总的编制原则在精神上是完全一致的，是总原则的细化。

五、与字表研制有关的几项工作

（一）及早进行《规范汉字表》研制的行政运作。研制《规范汉字表》不单纯是学术行为，也是一项明显带有政府行为色彩的工作。这是因为研制《规范汉字表》是对汉字进行的一次总清理，对整个汉字系统的国家标准化、国际标准化都将产生一定的影响，同时也在一定程度上代表着国家的文明形象和管理水平。所以，几届政府主管部门都把它列入“工作要点”，作为一件大事来抓。在教育部（国家语委）的重视、支持下，目前《规范汉字表》的研制工作进展比较顺利。但这项工作涉及的部门很多，为了保证研制工作的权威性和广泛代表性，需要成立一个由主管部门牵头的、能够有效协调各方面意见的领导小组。领导小组的职责是：负责对字表研制的方向性、政策性问题进行把关，并充分调动相关部门（单位）的力量支持字表研制工作。该领导小组拟由 15 个相关部门（单位）的有关负责同志组成，具体研制工作则可继续由教育部（国家语委）组织进行。《规范汉字表》不是一般意义的标准，作为贯彻《国家通用语言文字法》的举措之一，经国务院法制办同意，它将由国务院审定颁布。《规范汉字表》发布后，将自然取代《简化字总表》《第一批异体字整理表》等 5 个不同用途、不同使用范围的字表，而《简化字总表》本来就是国务院批准发表的，其前身《汉字简化方案》也是国务院发布的，宣布这 5 个字表不再使用，自然也必须经过相应的法定程序。《规范汉字表》由国务院审定颁布后，即由国务院语言文字工作部门和其他有关部门依据《国家通用语言文字法》的相关规定推行。

（二）认真抓好与《规范汉字表》研制有关的配套规范标准的建设工作。研制《规范汉字表》是一个系统工程，涉及到汉字的方方面面，可谓牵一发而动全身，要特别注意相关规范标准研制的照应衔接。比如列入语言文字应用“十五”科研规划的“汉语母语教育基本字表、词表”（含基础教育基本字表、扫盲教育基本字表等子课题）项目，就与《规范汉字表》的一级字几乎重合，“汉语人名规范”（含汉语人名用字规范、汉语外来词语人名汉字音译转写规范、人名排序规范等子课题）和“少数民族人名汉字音译转写规范”（含六个不同民族的子课题）项目，又与《规范汉字表》的三级字密切关联，等等。为了加强相关项目的配合，国家语委科研规划领导小组在课题设计与评审立项时，已尽可能统筹考虑，在人员和科研力量的配置上做了相应安排，以避免出现新的不该发生的矛盾。此外，配合《规范汉字表》研制，教育部（国家语委）还启动了汉字检索、汉字笔画、汉字部首、汉字结构、汉字部件名称和汉字字体等规范标准研制项目，着手建立汉字属性多功能应用平台，为两三年内形成汉字基本属性规范体系打好基础。上面提及的这些项目，或者本身就是《规范汉字表》的必要组成部分，或者从某一方面可以作为《规范汉字表》研制的基础或补充，因此做好这些配套项目的研制，与重大项目《规范汉字表》的研制相辅相成，不可或缺。

（三）继续积极参与并主导汉字国际标准化工作。当前汉字国际标准化工作中与研制《规范汉字表》密切相关的，主要是ISO/IEC10646“CJK国际基本子集”制定的有关工作。该子集拟收汉字10,000个左右，是CJK统一汉字及其扩充A（目前CJK统一汉字收字已逾7,000个）中那些在当代社会生活中最基本、最常用的汉字的集合，是为满足CJK汉字的实现者和使用者降低成本，在较为经济的基础上实现国际信息交流以及推动有关各国、各地区采用国际标准的需要而提议制定的。中国两岸四地是这一提案的共同发起成员。海峡两岸这一举措，体现了炎黄子孙在中文数字化方面的共识和合作意向，有利于汉字的国际标准化和在更为广阔的背景下弘扬中华文化。从“CJK国际基本子集”的制定缘起和编制原则看，与我国大陆《规范汉字表》的研制有许多共通之处。换句话说，《规范汉字表》中的绝大多数汉字（特别是其中的一、二级字），应当是“CJK国际基本子集”制定的基础。所以我们研制好《规范汉字表》，也是间接地支持汉字的国际标准化工作。这是作为汉字故乡的中国人义不容辞的责任。

半个世纪前，周有光先生曾提议编制《现代汉语用字全表》。[10]周先生这一设想与现在的《规范汉字表》虽然并不等同，却是有一定关联的。今天我们重温“世纪老人”周先生的论著，仍然受到很多启发和教益。近20多年来，立项研制《规范汉字表》几上几下，可见要做成一件事情并不容易，尤其当这件事情是一个系统工程的时候。现在，字表（草案）的编制工作即将告一段落，虽然取得了一些成绩和突破，但其中一些问题的研究思考远没有结束，这从一个侧面说明《规范汉字表》研制的许多理论和实践问题还需要继续探索。尽管限于篇幅，笔者这篇文章对有些问题的讨论没有能展开（尤其是一些微观的、技术上的问题），有些想法可能没有完全谈清楚，我还是愿意把它拿出来，以求教于专家、读者。希望借助大家的智慧和力量，帮助我们把问题想清楚、弄明白，以便共同做好《规范汉字表》的研制工作。

[附注]

①分别引自《国家通用语言文字法》第二条、第三条，见《中华人民共和国国家通用语言文字法学习读本》，第 4 页，语文出版社，2001。

②苏培成《要有一张〈规范汉字表〉》，载《语文建设》，2001 年第 3 期。

③费锦昌主编《中国语文现代化百年记事》,366 页、368 页,语文出版社,1997。

④详见费锦昌、魏励《有关制定〈汉字规范字表〉的几个问题》，载《语言文字应用》，1994 年第 3 期。

⑤参见拙文《略论汉字规范化涉及的几个问题》(署名王铁昆)，载《天津师大学报》，1999 年第 5 期。

⑥该文件第三条规定:“本规定所称的规范汉字，主要是指 1986 年 10 月根据国务院批示由国家语言文字工作委员会重新发表的《简化字总表》所收录的简化字；1988 年 3 月由国家语言文字工作委员会和新闻出版署发布的《现代汉语通用字表》中收录的汉字。本规定所称不规范汉字，是指在《简化字总表》中被简化的繁体字；1986 年国家宣布废止的《第二次汉字简化方案（草案)》中的简化字；在 1955 年淘汰的异体字（其中 1986 年收入《简化字总表》中的 11 个类推简化字和 1988 年收入《现代汉语通用字表》中的 15 个字不作为淘汰的异体字)；1977 年淘汰的计量单位旧译名用字；社会上出现的自造简体字及 1965 年淘汰的旧字形。”见王均主编《当代中国的文字改革》附录二“文字改革工作重要文献选编”，第 715 页，当代中国出版社，1995。

⑦傅永和给出的定义是:“规范汉字包括经过整理简化的字和未整理简化的传

承字。”

⑧同①，第7页。

⑨这三次会议分别为：2000年5月在江西省井冈山市召开的“异体字问题学术研讨会”，2000年6月在合肥市安徽大学召开的“简化字问题学术研讨会”，2000年8月在山东省烟台师范学院召开的“汉字印刷字形问题学术研讨会”。三次会议上的主要学术观点和论文，分别收在由商务印书馆出版的三本论文集中；另有《汉字规范百家谈》，也已由商务印书馆出版。

⑩周先生这一设想后来刊载于他的《汉字改革概论》，312页，小标题是“现代汉语用字全表的研究”，文字改革出版社，1961。又见于他的《汉字和文化问题》第二编“现代汉语用字的定量问题”，213页，辽宁教育出版社，2000。

（王铁琨，教育部语言文字信息管理司副司长）

纳西东巴文地契研究述要

喻遂生

周有光先生是我国比较文字学研究的先驱，先生的大作《字母的故事》《世界字母简史》《世界文字发展史》《比较文字学初探》等博大精深、泽被后学。笔者研究东巴文字，从先生著作中受益匪浅。谨以此文，庆贺先生百年大寿。

纳西东巴文地契是过去时代纳西族土地所有权的主要凭证，是东巴文应用性文献的重要类别，对于研究纳西族政治经济、历史民俗、语言文字有很高的学术价值，但以前未见刊布和研究，最近几年才开始启动。本文略述笔者近年研究东巴文地契的点滴心得，以期求得学界同行的重视和帮助，从而推动东巴文地契的研究。

本文的研究工作，得到了丽江东巴文化博物馆李锡馆长、和继全先生、东巴文化研究所李静生先生、丽江古城区政协牛耕勤先生、迪庆州方志办杨正文先生、地契提供者和许多纳西族朋友的热情帮助，在此谨致以深深的谢意。

一、收集和刊布

纳西东巴文献的收集和研究已经有上百年的历史了，但长期以来，未见有人提到东巴文地契。李霖灿先生曾说："么些文字的日常应用，大致不出谱牒、记帐、书信三项，谱牒、帐目，我曾在么些地区着意搜求，毫无所获。书信则只见到几封最近军人的家书，这可见么些文字在日常应用上份量的稀少。"[①]1995 年 12 月 10 日，我在丽江东巴文化研究所访问，谈到学习东巴文，和即贵东巴（时年71岁）说："各人的出发点不同，有的学来记帐，写借贷契约，有的是崇拜宗教，要祭自然神。"我这才知道有东巴文契约存在，同时激发了我对东巴文地契的兴趣。1998年12月某日，在丽江县政协访问牛耕勤先生时，牛先生说，他见过一份鸣音的地契，竖写，从左到右，100多字，逐词记录四至和买卖双方，是解放前的。1999年10月，我在《纳西东巴文应用性文献的语言文字考察》[②]一文中提出应重视对东巴文应用性文献的研究，并把契约列为其中的一类，但因未见到地契实物或影本，未能展开具体的研究。2000年，丽江东巴文化博物馆李锡先生在《丽江教育学院学报》上刊布了1998年出土于丽江宝山乡本卡村的残砖契，[③]这是学界刊布的第一件东巴文地契。2003年3月，郭大烈先生主编的《中国少数民族古籍总目提要·纳西族卷》（以下简称《总目提要》）[④]著录了东巴文地契7件（包括上述残砖契，仅以汉文简述地契大意），并刊布了两件地契的照片。同年10月，我们在丽江和中甸白地见到3件未经著录的地契，并先后在学术会议上公布了其中的两件。[⑤]2003年11月，李静生先生向我们提供了一件丽江朋友收藏的地契复印件。

以上总共11件，除一件未见图形外，我们对经眼的10件进行了初步的释读和研究，其中有买卖土地契约8件，赎地、分家契约各一件。简介如下：

1. **宝山残砖契**。

1998年出土于丽江宝山乡本卡村，存残砖两块，A块17cm×10cm，B块12cm×11cm，均厚5cm，现存丽江东巴文化博物馆。拓片和释文刊布于李锡《丽江宝山纳西象形文字砖初考》，文字又分两件著录于《总目提要》413页，喻遂生《丽江东巴文残砖契重考》[⑥]进行了缀合、重考。据《重考》，译文为：

"A乙＋B甲"块（存22字）：皇朝光……七月……日，……买了满古湾高重地方上下的田地，……书写……。

“A甲＋B乙”块（存36字）：……十九年花甲……七月二十日……塔买了高重地方的大小三块地。地款已给了，纯银二两一钱……。中介人、见证人是……，书写人是……。

砖契两面时间、地点相同，又为同一人所有，疑是同一契约的复本，按照甲骨文残辞互足的办法，可将两面互相补充为：

皇朝光（绪）十九年花甲（水蛇年）七月二十日，（×）塔买了满古湾高重地方的上下大小三块地。地款已给了，（给了）纯银二两一钱。中介人、见证人是（某某），书写人是（某某）。

2. **白地卖拉舍地契约**。

2003年10月喻遂生发现于中甸白地。东巴纸，竖长26.5cm，横宽20.5cm，两面书写。封面13字，正文112字，下端有半截吉祥结，为地契一式二份的分合标记。⑦据地契提供者说，此件在他爷爷前已传了3代，至他已6代，而他的爷爷2003年82岁。地契中的地名、户名，至今还能实指。摹本及释文刊布于喻遂生《白地卖拉舍地契约译释》。译文为：

封面：是卖拉舍地方土地的。祝长寿无疆。

正文：花甲木虎年十月二十日的契约，卖地并保存。拉舍地方威古古恒和阿古斯保存。地款是这样，纯银二十七两五钱已给了。见证担保人是丹肯家的杜日若，伯色家的阿塔、肯若，阿普勒家的杜日若朋友四个。约定抽头的银子五钱已给了。以后，一定不要又说不是这样。又说不是的时候，要赔银块一两，用阿布侧家的戥子。

3. **白地买古达阔地契约**。

与上一件同时发现，为同一人保存，据说在他爷爷前已传了5代。东巴纸，竖长 28cm，横宽 21.5cm，两面书写。封面 14 字，正文 138 字。摹本及释文刊布于喻遂生《白地买山契约译释》。译文为：

封面：是古达阔的地契。祝长寿无疆。

正文：花甲火马年二月二十五日，当初是这样：水甲村阿嘎家威吉让吴树湾村威古家古恒购买古达阔山坡，这样古恒就买了。地款纯银十八两已给了。以后的一天，一定不要又说不是这样。世世代代一定不要再说这块地的话。如有再说这块地的话的一天，要摆出五钱金子。见证人担保人是木瓜家的哥恒、威吕家的古恒、纳布若三个。到了以后如说东说西，由威吉负责。要给二毫办事情的银子。

4. **光绪三十年卖格罗地契约**。

现藏丽江东巴文化博物馆。东巴纸，横长 60cm，竖宽 19.5cm，两面书写。封面 7 字，正文 178 字。格式规整，内容丰富，文字清秀，保存完好。部分字句待考。未见著录。译文为：

封面：是格罗地的契约。

正文：皇朝光绪满三十年的那年花甲木龙年七月十四日虎日。吉吉米把格罗的地二丘卖给了能干的汉人莫独和。地款已给了。给了金子一两一钱。东面到沟边，南面到苏勒的地边，西面到沟边，北面到阿普侧的地边。……卖主是吉吉米。买主是莫独和。中间说合的人是比日莫普嘎，给了大麦款金子五毫。比日纳吉见证了，给了麻布一块。吉吉米的……，给了氆氇一块。契约书写人是阿侧伊，给了笔墨钱麻布一块。

5. **鸣音民国十八年分家契约**。

只见到正面的复印件，背面不详。似绵纸，竖长 58cm，横宽 20cm，237 字，内容丰富，保存完好。部分字句待考。未见著录。译文为：

正文：皇朝民国十八年，这年的花甲鼠月木牛日分了家产。田地的划分是这样：西面的那块给了阿突米。听清楚土地的四至是这样：西面至水沟，东面至汉人的火烧地，北面至岔路口，南面至泉眼边。四至听清楚了。兄弟间不要吵闹争斗。财产的分配是这样，……阿突米看到了，所有的财产都分了，不要说东说西。家族间分了，给了茨初茨勒、纳恒、和开余三个。今后兄弟间不要吵闹争斗。茨勒……见证人是勒窝古嘎，给了茶叶一饼。纳恒……（见证人）是希古突嘎，茶叶饼给了。和开余……（见证人）是古吾伊余，茶叶饼给了。

6. **赎柯伟铺地契约**。

本色绵纸，竖长 41.5cm，横宽 24cm，两面书写。封面上部为 1 行藏文，内容待考。正文上部为藏文，内容待考，下部为东巴文。东巴文部分高 15cm，95 字，有红色印章 2 处、手印 3 处。部分字句待考。著录于《总目提要》419 页，照片见图版 37 页。译文为：

正文：花甲火鸡年八月初八日，嘎提从余柯尤、崇古父子两个赎回柯伟铺的土地。因为土地的契约不见了，……。柯尤如果再见到文书，一定不要再说了。嘎提的见证人是鲁格格、罗巴格格、阔赫纠嘎若三个。是柯尤父子两个的小手指印。

7. **卖古书地契约**。

东巴纸，竖长 27.5cm，横宽 19.2cm⑧，两面书写。封面 7 字，正文 94 字，下端有半截吉祥结。著录于《总目提要》419 页，照片见图版 37 页。译文为：

封面：是古书地的地契。

正文：花甲铁羊年十一月二十四日分割并保存契约。最初是这样，伊德纠把古书的地卖给吾树湾的都若。地价是这样，银子二十两已给了。以后的一天，一定不要又说不是这样。再说的一天，中间见证担保人是米吉的里嘎、吾树湾的阿嘎两个。今后用更多的银子，可以将地赎回。

8. **卖米坡契约**。

东巴纸，横长 30.5cm，竖宽 20cm，右部略残，两面书写。封面 9 字，正文残存 76 字。著录于《总目提要》419 页。译文为：

封面：是米坡一块地的契约。

正文：皇朝十八年蛇年七月二十八日龙日，红上湾……共恒、杨都恒两个卖米坡一块，进实湾伟塔伟嘎买了米坡一块。地款纯银二两五毫已给了。文书书写人是依恒阿莫塔。……人是阿都莫普嘎……。

9. **卖格都争坡契约**。

东巴纸，横长 30.2cm，竖宽 20.4cm，两面书写。封面 7 字，正文首行约残 3 字，存 80 字。个别字句待考。著录于《总目提要》419 页。译文为：

封面：是格都争坡的地契。

正文：皇朝……年……月十四日，阿巴古恒卖格都争坡，拉莫塔购买。争坡地款已给了，给了金子一两三毫。经办人是纳恒人和斯伟，经办费小麦五升已给了。契约书写人是纳恒人吉塔，小麦三升已给了。

10. **拉莫塔地契约**。

东巴纸，横长 32cm，竖宽 20.2cm，两面书写。正面右部有约 10×12cm 的残孔。封面有标题 7 字、契约正文 21 字，左部边沿画有半截牦牛；正面存正文 134 字，右下部有半截宝花，牦牛和宝花都应是地契一式二份的分合标记。疑难字句较多。著录于《总目提要》419 页。译文为：

封面：（标题）是拉莫塔地的契约。（正文）进实村……是伟吉威买的。纸墨钱粮食二升已给了。

正文：……鼠年……猪日……那莫拉莫塔两个米一升已给了……古坡地上段地价是这样……以后两个不要说东说西……。

二、译释举例

要让东巴文地契成为可以利用，特别是非东巴文专业研究者可以利用的材料，必须对东巴文地契进行逐字逐句的释读和翻译，并将图版和释读同时发表。遗憾的是现在很少有人从事这项工作，在刊物和学术会议上发表出来的论文只有李锡先生的 1 篇和笔者的 2 篇。地契中疑难字词和句式较多，如何释读和翻译东巴文地契，是一个新的课题。下面摘录笔者《白地卖拉舍地契约译释》和《丽江东巴文残砖契重考》的片断以示例，体例和译释是否恰当，请各位同行指正。

1.《**白地卖拉舍地契约译释**》

封面摹本　　　　正文摹本

（1）封面

字释：① la²¹ 手。 ♣↔²¹，哥巴字。两字连读作 la³³ ♣↔²¹ 拉舍，地名。

 l∝⁵⁵ 牛虱，借作 l∝³³ 土地，引申作地方。

 l∝⁵⁵ 牛虱，借作 l∝³³ 土地。

 τ丿hi³³ 刺，借作卖。

 o²¹ 谷堆，借作是。

 me³³ 雌阴，借作语气词。

全句标音：la³³ ♣↔³³l∝³³l∝³³τ丿hi³³o²¹me³³。

拉舍 地方地 卖 是 （语）

汉译：是卖拉舍地方的土地。

字释：②草，z□³³ 借作寿命。♣↔ρ³³ 七，借作♣↔ρ²¹ 长。 ha³³ 饭，借作 ha³³ 日子。 i²¹ 漏，借作 i³³ 有。四字连读作 z□³³♣↔ρ²¹ha³³i³³，意为长寿无疆，为纳西语常见的祝福语。

 ho²¹ 肋骨，借作表祝愿的语气词 ho⁵⁵。

 me³³ 雌阴，借作语气词。

全句标音：z□³³♣↔ρ²¹ha³³i³³ho⁵⁵me³³。

寿 长 日有（语）（语）

汉译：祝长寿无疆。

（2）正文

字释：①卷首符号。

 mbu²¹ 山坡。 tho²¹ 靠。两字连读作 mbu²¹tho²¹，是用五行和十二生肖相配为六十以纪年的方法，或译为花甲。

s↔ρ^{33} 木。γ↔^{21} 上，借作定语助词 γ↔^{33}。la^{33} 虎。khv^{33} 收获，一般写作，以镰刀割物，借作 khv^{55} 年。连读作 s↔ρ^{33} γ↔^{33}la^{33}khv^{55} 木虎年。按木虎年即甲寅年，离现在较近的甲寅年有 1794 年、1854 年、1914 年。地契提供者说，其爷爷现年 82 岁，此件在其爷爷前已传了 3 代。按每代 20 年计，则此件至少有 140 年以上，如果地契提供者所说属实，在上述甲寅年中，可能只有 1854 年即清咸丰四年最合适。

tse^{21} 十。

me^{33} 雌阴。he^{33} 月。两字连读作 me^{33}he^{33} 月。

②/ι^{33}τσ↔r^{21} 二十。

/i^{21} 日。

te^{33}⊗∝^{33} 文字、文书。不完全标音的形声字，从 te^{33}⊗∝^{33} 书，te^{33} 旗子声。

1∝^{55} 牛虱，借作 1∝^{33} 土地。

τ丿hi^{33} 刺，借作卖。

le^{33} 獐子，借作副词又。

t丿i^{55} 羊毛剪，借作安置、收藏、保存。

me^{33} 雌，借作语气词 me^{55}。

全句标音：

①mbu^{21}tho^{21}s↔ρ^{33} γ↔^{33}la^{33}khv^{55}tse^{21}me^{33}he^{33}②/ι^{33}τσ↔r^{21}/i^{21}te^{33}⊗∝^{33}，

花甲 木(助) 虎 年 十月 二十 日 文书

1∝^{33}τ丿hi^{33}le^{33}t丿i^{55}me^{33}。

地 卖 又 存(语)

汉译：农历木虎年十月二十日的契约，卖地并保存。

③ la^{21}。 ♣↔^{33} 哥巴字。两字连读作 la^{33}♣↔^{33} 拉舍，地名。

 l∝^{55} 牛虱，借作 l∝^{33} 土地，引申作地方。

 u↔^{33} 村庄。 kv^{33} 蒜，借作头。两字连读作户名 u↔^{33}kv^{33} 威古，意为村头，当以居于村头而得名。

 ku^{21} 生姜。 h↔r^{33} 风。两字连读作人名 ku^{21}h↔r^{33} 古恒。

 n∝^{33} 心，借作连词和。n∝^{33} 多用作主语助词，用作连词不见于有关语法书，但经典中确有作连词者。如《刺母孟土》上卷：phv^{33}n∝^{21}kua^{21} 锅与灶、Nv^{21}n∝^{21}hΘ^{21} 银与金、a^{21}n∝^{21}t♣hu^{21} 碧玉与墨玉。⑨

④ ↔^{33} 呵。 ku^{21} 姜。 s□^{55} 茅草。三字连读作人名↔^{33}ku^{21}s□^{55} 阿古斯。

 le^{33} 獐子，借作副词又。

 t丿i^{55} 羊毛剪，借作安置、收藏、保存。

 me^{33} 雌，借作语气词。

全句标音：

③la^{33}♣↔^{33}l∝^{33}u↔^{33}kv^{33}ku^{21}h↔r^{33}n∝^{33}④↔^{33}ku^{21}s□^{55}le^{33}t丿i^{55}me^{33}。

拉舍　地方　威古　古恒　和　阿古斯　又　存（语）

汉译：拉舍地方威古古恒和阿古斯保存。

⑤ l∝^{55} 牛虱，借作 l∝^{33} 土地。

 phv^{33} 雄阴，借作价格。

 l∝^{55} 牛虱。 o^{21} 谷堆，借作是。两字连读 l∝^{55}o^{21} 意为是这样，l∝^{55} 词义待考。

Nv^{21} 银子。

♣ u^{21} 铁，以斧头表铁，借作 su^{21} 纯粹。

/i^{33} ts↔r^{21} 二十。

♣↔r^{33} 七。

lv^{21} 举，借作 lu^{33} 两。

ua^{55} 五。

lv^{33} 石头，依字形读音当借作 lu^{33} 两。此字在白地帐本中常和（lv^{21} 举，借作 lu^{33} 两）连用，应读作量词η∝^{21} 钱。具体原因待考。

be^{21} 铁冠，借作 be^{33} 做。

se^{21} 山羊，借作表完成的助词了。

me^{33} 雌阴，借作语气词。

全句标音：

⑤l∝^{33}phv^{33}l∝^{33}o^{21}，Nv^{21}su^{21}/i^{33}ts↔r^{21} ♣↔r^{33}lu^{33}ua^{55}η∝^{21}be^{33}se^{21}me^{33}。

地 价 是这样 银 纯 二十 七 两 五 钱 做（助）（语）

汉译：地款是这样，纯银 27 两 5 钱已给了。

⑥  do^{21} 见，此读作 do^{21}丿i^{33} 见证人。

bu^{21} 山坡，借作负责。丿i^{33} 人。两字连读 bu^{21}丿i^{33} 意为担保人。

ndΘ^{21} 祭祀木桩。kh∝^{33} 狗。两字连读借作户名 ndΘ^{33}kh∝^{33} 丹肯。

dv^{21} 鬼名。 |□^{21} 蛇。zo^{21} 瓮。三字连读借作人名 dv^{21}|□^{21}zo^{21} 杜日若。

mbe^{33} 雪。se^{21} 岩羊。两字连读借作户名 mbe^{33}se^{21} 伯色。

↔^{33} 呵。tha^{55} 塔。两字连读借作人名↔^{33}tha^{55} 阿塔。

kh∝^{33} 狗。zo^{21} 瓮。两字连读借作人名 kh∝^{33}zo^{21} 肯若。

↔^{33} 呵。phv^{33} 雄阴。

l↔ρ^{21} 喊。三字连读借作户名↔^{33}phv^{33}l↔ρ^{21} 阿普勒。

dv^{21} 鬼名。|□^{21} 蛇。zo^{21} 瓮。三字连读借作人名 dv^{21}|□^{21}zo^{21} 杜日若。

dz□^{33} 围墙，借作朋友。

n∝^{33} 心，借作助词。

lu^{33} 四。

kv^{33} 蒜，借作个 kv^{55}。

o^{21} 谷堆，借作是。

me^{33} 雌阴，借作语气词。

ndz↔r^{21} 树，借作 ndz↔r^{55} 抽出来。

Nv^{21} 银子。

ua^{33} 五。

h↔ρ^{21} 风，借作量词η∝^{21} 钱。

k∝^{21} 胆，借作称。

k∝^{21} 雨，借形作|υ^{21} 夏天，再借作约定。

be^{21} 铁冠，借作 be^{33} 做。

se^{21} 山羊，借作表完成的助词了。

me^{33} 雌阴，借作语气词。

全句标音：

⑥do²¹ ʃi³³bu²¹ ʃi³³ndΘ³³kh∝³³dv²¹|□²¹zo²¹, mbe³³se²¹↔³³tha⁵⁵、kh∝³³zo²¹,

见 人负责人 丹肯 杜日若 伯色 阿塔 肯若

↔phv³³l↔ρ²¹dv²¹|□²¹zo²¹dz□³³n∝lu³³kv⁵⁵o²¹me³³。ndz↔r⁵⁵Nv²¹ua³³η∝²¹k∝²¹

阿普勒 杜日若 朋友（助）四个 是（语） 抽 银 五 钱 称

|υ²¹be³³se²¹me³³。

约定做(助)(语)

汉译：见证担保人是丹肯家的杜日若，伯色家的阿塔、肯若，阿普勒家的杜日若朋友四个。约定抽头的银子五钱已给了。

字释：⑦⑧（略）

全句标音：

⑦mΘ⁵⁵δ∝²¹/i²¹，m↔³³o²¹μ↔³³ng∝21le³³♣↔⁵⁵|υ²¹μ↔³³be³³se²¹me³³。

以后 一 日 不 是 不 真 又 说 约定 不 做(助)(语)

⑧le³³♣↔⁵⁵δ∝²¹/i²¹，Nv²¹ba³³δ∝²¹lu³³d ˥ y²¹me³³，δ˥↔³³ma²¹↔³³mbu²¹tshe²¹

又 说 一 日 银 块 一 两 有（语） 戥子 阿布侧

i³³o²¹me³³。

有 是 (语)

汉译：以后，一定不要又说不是这样。又说不是的时候，要赔银块一两，用阿布侧家的戥子。

2.《丽江东巴文残砖契重考》

《丽江宝山纳西象形文字砖初考》的释读方式是按A甲＋A乙、B甲＋B乙的顺序释读，而且每一块都是按竖行向下，从左至右的顺序释读，具体释文见原文，不赘述。笔者认为A、B两块实为一砖之残，A甲和B

乙、A 乙和 B 甲可分别缀合，A 甲＋B 乙应是竖行向下，从右至左，A 乙＋B 甲则是竖行向下，从左至右。下面是缀合图的摹本：

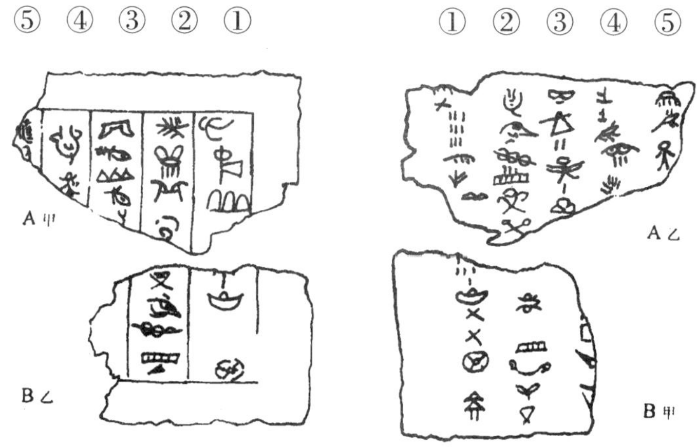

（1）A 乙＋B 甲。释读顺序，竖行向下，从右至左。

字释：① a^{33} 呵，像口出气之形。此混用作 kha^{33} 苦，借作 kha^{21} 王、皇帝，为“可汗”的借词。 ga^{33} 将帅、胜利，借旗帜表示。$kha^{21}ga^{33}$ 连读，表示帝王、皇上之意。东巴文契约、记事文字常以此二字开头，后接年号、年数，可译为皇朝。

kua^{21} 灶，像放锅的三块石头，繁体作 、 ，此当是借作“光绪”之“光”。 “光”下当残“绪”（一般借 sy^{55} 锡字表示）及“某年”约三四字。《光绪三十年卖格罗地契约》篇首即

$kha^{21}ga^{33}kua^{33}sy^{55}s□^{33}tsh↔r^{21}khv^{55}$ 皇朝光绪三十年。《初考》以此行為地契末行，释上三字为人名“阿高广”，失之。

东巴文四作 ，故此必为 $↔r^{33}$ 七之残字。 $he^{33}me^{33}$ 月。

两字连读作 sΘ^{33}me^{33} 七月。

/i^{33} 日。上文数字模糊不清。

② mΘ^{33} 尾巴。 kv^{33} 蒜。 u↔^{33} 村庄。三字连读作满古湾，村庄名。

字残不识。

me^{33} 雌阴，借作语气词。上残约二三字。

k↔^{55} 老鹰。 t♣hu^{21} 珠子。两字连读 k↔^{55}t♣hu^{21}，当是地名，《初考》译作高重，可从。

l∝^{33} 田地，地方。

《初考》释作 na^{21} 黑。因“A 甲 + B 乙”块也有三字，其下并无，故此可能是砖的裂痕，此存疑不释。

③ g↔^{21} 上面。

l∝^{55} 牛虱，一般写作，借作 l∝^{33} 田地。

mi^{33} 火，借作 mi^{21} 下面。

l∝^{55} 牛虱，一般写作，借作 l∝^{33} 田地。

④ n∝^{33} 心，借作主语助词。此字上应残缺了主语，买地人的名字。

hΘ^{21} 金子，一般写作，引申作买。

⑤ ph↔r^{55} 梳子，借作写。

全段标音：

①kha^{21}ga^{33}kua^{33}……sΘ^{33}me^{33}……/i^{33}，②mΘ^{33}kv^{33}u↔^{33}……me^{33}k↔^{55}

皇上　光　七月　日　满古湾　（语）

t ♣ hu^{21}l∝^{33}③g↔l∝^{33}mi^{21}l∝^{33}……④n∝^{33}hΘ^{21}……⑤ph↔r^{55}……

高重　地方上地　下 地　（助）买　写

汉译：皇朝光……七月……日，……买了满古湾高重地方上下的田地，……书写……。

（2）A 甲 + B 乙。释读顺序，竖行向下，从左至右。

字释：（略）

全段标音：

①tshe^{21}gv^{33}khv^{55}bu^{21}tho^{21}……sΘ^{33}me^{33}/i^{33}ts↔r^{21}/i^{21}……tha^{55}②n∝^{33}k↔^{55}

十九 年 花甲　七月 二十 日　塔 （助）

t ♣ hu^{21}l∝^{33}s□^{21}d∝^{21}t⌡i^{55}……hΘ^{21}。l∝^{33}phv^{33}i↔^{55}me^{33}。③Nv^{21} ♣ u^{21}/i^{21}lu^{33}δ

高重　地 三 大小　买　地 款　给（语）　银 纯　二两

∝^{21}η∝^{21}……④♣↔^{33} ♣↔^{55}⌡i^{33}do^{21}……⑤p↔r^{55}⌡i^{33}……

一钱　说人见　写人

汉译：……十九年花甲……七月二十日……塔买了？高重地方的大小三块地。地款已给了，纯银二两一钱。中介人见证人是……，书写人是……。

两面可能为同一地契的不同版本，按照文残辞互足的办法，可以互相补充为：

皇朝光（绪）十九年花甲（水蛇年）七月二十日，（×）塔买了满古湾高重地方的上下大小三块地。地价已给了，（给了）纯银二两一钱。中介人、见证人是（某某），书写人是（某某）。

三、地契研究

对东巴文地契的研究，严格地讲还没有正式展开。其原因之一是材料刊布太少，二是尚未引起学术界的重视。就我们的初步探索来说，其研究工作今后至少可以从以下几个方面进行。

1. 文献、文体的研究

首先应该确认地契（或范围扩大为契约）是东巴文献的一个类别，它有不同于其他文献的文献学特征。如东巴经皆用东巴纸[10]，多页，两面书写，页面大小多为 30cm×10cm，册页装。地契多用东巴纸，有时用绵纸；单页，一般应为一式两份，有的地契留有标志裁剪的半截吉祥结或宝花；两面书写，一面为标题，一面为正文；页面大小多大致为 30cm×20cm；经折装，多为对折，也有多折的。

东巴文地契的格式有相当的一致性，一般由时间、买卖人、土地名、地价、付款情况、中介人、见证人、书写人、酬金、违约条款等组成。通常的话语是：某时间，某人与某人买卖了何处土地，地款若干已给了。中介人、见证人、书写人是谁，酬金若干已给了，云云。所使用的语词和文字也比较一致，如：

皇上，借苦、将帅字：（《光绪三十年卖格罗地契约》）、（《鸣音民国十八年分家契约》）、（《宝山残砖契》）

田地，借牛虱字：（《白地卖拉舍地契约》）、（《白地买古达阔地契约》）、（《宝山残砖契》）

价格，借雄阴字：（《白地卖拉舍地契约》）、（《白地买古达阔地契约》）、（《宝山残砖契》）

纯银，“纯”借铁字：（《白地卖拉舍地契约》）、（《白地买古达阔地契约》）、（《宝山残砖契》）

两，借举字：（《白地卖拉舍地契约》）、（《宝山残砖契》）

钱，借石字：（《白地卖拉舍地契约》）、（《宝山残砖契》）

中介人：（《光绪三十年卖格罗地契约》）、（《宝山残砖契》）。

见证人：（《白地卖拉舍地契约》）、（《白地买古达阔地契约》）、（《宝山残砖契》）

书写人：（《光绪三十年卖格罗地契约》）、（《宝山残砖契》）

但各契在内容、语序、词句、文字等方面也有较大的差异，有的字词还很费解，需要继续研究。

2. 语言、文字的研究

地契的语言文字和东巴经有一定的差异。东巴经大都没有完全记录语词，只是记录关键字词，提示情节，启发记忆，假借字较少。地契事关经济大事，不能有半点含糊，因此都完全地记录了语词。如《白地买古达阔地契约》连封面共152字，记录了154个音节，因有两字读双音节，故记录了全部的语词；152字中有哥巴字6个，东巴字146个。东巴字中有假借字117个，占东巴字总数的80.14%。其他地契也大致如此。

东巴经由于年代古老，师法严格，语言文字比较保守。地契因是应用文献，比较生动活泼，有不少新词新字，可以补经书之不足。如：

氆氇，藏语读作pu⁵⁵ru⁵¹，纳西语的读法各辞书均标为phv⁵⁵，而《光绪三十年卖格罗地契约》则写作（phv³³ 雄阴）（lo²¹ 鹿

子），说明纳西口语中确实有 phv^{55}lv^{55} 一读。

bu^{21} 猪，在地契标题中常见。在我们见到的 10 个地契中，有 7 个有标题，其中 1 个直接写出书字，5 个在相同位置写猪字。猪在此肯定是借为文书、契约的意思。《东巴跳舞规程书（东巴舞谱）》写作 tso^{33}mu^{21}（ tso^{33} 跳。 mu^{21} 簸箕，借作规程）⑪，又写作⑫，比较可知，相当于，义为规程、文书之类。但遍查所有的东巴文字典，都未见有此记载，bu^{21} 的文书义可能是一个古词。

na^{21} 黑，例见 m∝^{55}na^{21}phv^{55} 笔墨钱（《光绪三十年卖格罗地契约》《拉莫塔地契约》），此字不见于各东巴文字典。黑一般写作●，又写作，李霖灿先生《么些象形文字字典》1595 号解释说："原画一黑点以示意，恐人忽略，视为无意之墨点，因于其外加一圈线。"此字又写作，省掉墨点即作。

川，地契中有字，川诸字典失载，不得其解。通过与各地契的比较，可证明此字是哥巴文（se^{21} 完结、了）的异体。其演变过程是：→（增加曲折）→（添加"人"字笔画）→（折画拉直，《卖格都争坡契约》）→（"人"字两笔稍微分开，《买米坡契约》）→、川（"人"字两笔完全分开，《买米坡契约》、《鸣音民国十八年分家契约》）。

↔^{55} 为哥巴文，借用汉字"上"的形音，《纳西象形文字谱》收有、、（449 页），《么些标音文字字典》收有、、、、（48 页）共 8 个字形，但还不完全。地契里还有（《白地买古达阔地契约》）、（《卖古书地契约》）、（《鸣音民国十八年分家契约》），应该补入。

《纳西象形文字谱》数目字一[Dongba glyph]、二[Dongba glyph]、……[Dongba glyph]九，字下未收异体，有学者得出结论说，因为交际时要求数量准确，不能出现差错，所以东巴文的数目字没有异体。但实际上在文献中一至九有无钩形[Dongba glyph]、直钩形[Dongba glyph]、弯钩形[Dongba glyph]三种形式，在《卖格都争坡契约》中九写作[Dongba glyph]，由此可以推知可能其他数目字也还有横写的形式，值得关注和探寻。

3. 社会、历史及其他方面的研究

地契内容都是纪实的，是当时纳西族社会生活的直接反映，这比东巴经多为神话传说更加贴近现实生活，在政治、经济、社会、历史、民俗等方面具有重要的史料价值。这些方面需要研究的问题很多，如：

（1）币制问题。明中叶以后白银成为中国主要的货币，清代银钱兼用，这种状况在偏远地区一直延续到民国年间。地契中记载地价都是用的金银，如：

《宝山残砖契》：（给了）纯银二两一钱。

《白地卖拉舍地契约》：地款是这样，纯银二十七两五钱已给了。

《白地买古达阔地契约》：以后的一天，一定不要又说不是这样。世世代代一定不要再说这块地的话。如有再说这块地的话的一天，要摆出五钱金子。

《光绪三十年卖格罗地契约》：地价已给了。给了金子一两一钱。

《卖古书地契约》：地价是这样，银子二十两已给了。

《买米坡契约》：地价纯银二两五……已给了。

《卖格都争坡契约》：争坡地款已给了，给了金子一两三毫。

有学者认为地契中的银子是指银元，此说有一定的道理，因为在一些纳西族的偏远地区，至今还把钱称为银子。2006 年 3 月我们在四川木里县俄亚纳西族民族乡调查时，发现东巴木瓜仁青写在经夹板上的一则账目，全文是："牛年大队打米的电费给了，给了银子四十二万八千。""银子"泛指钱，"四十二万八千"即42.8元，当地仍用上世纪50年代初的币制来称现在的人民币，1元称为1万，1角称为1千。但是，地契中不仅用银子，还用金子，单位有两、钱、毫，《白地卖拉舍地契约》说如果反悔"要赔银块一两，用阿布侧家的戥子"，这证明确实是用的银子。当然，也不能排除在土地买卖中有使用钱币的情况。

（2）物价问题。所有地契都没有标明土地的面积，无从计算土地的价格。但有的地块据说还可以实指，如能进行深入的社会调查，也许还可以有所作为。又给中介人的酬劳，有实物和金银两类，如：

《白地卖拉舍地契约》：约定抽头的银子五钱已给了。

《白地买古达阔地契约》：要给二毫办事情的银子。

《光绪三十年卖格罗地契约》：中间说合的人是比日莫普嘎，给了大麦价金子五毫。比日纳吉见证了，给了麻布一块。吉吉米的……，给了氆氇一块。契约书写人是阿普侧，给了笔墨钱麻布一块。

《鸣音民国十八年分家契约》：见证人是勒窝古嘎，给了茶叶一饼。

《卖格都争坡地契约》：经办人是纳恒人杨伟，经办费小麦五升已给了。契约书写人是纳恒人吉塔，小麦三升给了。

《拉莫塔地契约》：纸墨钱粮食二升已给了。

通过这些酬劳的价值以及与地价的比值，从中可以看出当时中介费的情况，特别是"笔墨费"，可以反映作为知识分子在东巴的价值和社会地位。

（3）衡制问题。纳西族民间的衡制，各书所述不一。如《纳西语简志》为tʃi^{21}斤、lu^{33}两、tshia^{21}钱、fe^{33}分、x∝^{21}毫，x∝^{21}毫为斤的万分之一。而《纳西语基础语法》和《么些标音文字字典》以 h∝^{21} 为分，则为斤的千分之一。⑬也有学者认为 h∝^{21} 是钱，则为斤的百分之一。《白地买古达阔地契约》说要给办事情的银子 /i^{21}h↔r^{21}（二毫）， 是风 h↔r^{33}，借作毫 h↔r^{21}，从语音上讲没有问题，但其实际重量，还难以确定。又《宝山残砖契》说给了纯银 （二两一钱）， 是举 lv^{21}，借作 lu^{33} 两， 是石头 lv^{33}，依字形和读音亦当借作 lu^{33} 两，但按实际位置只能读作 tshia^{21} 钱（或η∝^{21} 钱），与本字读音相去甚远，原因何在，尚难解释。衡制问题涉及金银的重量和土地的价值，是一个必须弄清楚的问题。

（4）习惯法。旧时民间很多问题是靠法律之外的民俗和习惯来解决。东巴文地契反映的民俗习惯有：

1）中人见证。10 个地契除《拉莫塔地契约》待考外，无一例外的有中介人、见证人、担保人等。这些中人有一定的报酬也要承担相应的责任。如《白地买古达阔地契约》：“到了以后如说东说西，由威吉负责。”《卖古书地契约》：“以后的一天，一定不要又说不是这样。再说的一天，中间见证担保人是米吉的里嘎、吾树湾的阿嘎两个。”

2）违约惩罚。《白地卖拉舍地契约》：“以后，一定不要又说不是这样。又说不是的时候，要赔银块一两，用阿布侧家的戥子。”《白地买古达阔地契约》：“以后的一天，一定不要又说不是这样。世世代代一定不要再说这块地的话。如有再说这块地的话的一天，要摆出五钱金子。”

3）高价赎回。《卖古书地契约》：“今后用更多的银子，可以将地赎回。”

4）指定衡器。《白地卖拉舍地契约》：“以后，一定不要又说不是这样。又说不是的时候，要赔银块一两，用阿布侧家的戥子。”

5）用东巴文。《总目提要》著录了一件汉文《雍正丽江胡吴氏卖地基契约》，可能因为买地人是江西客商，所以用了汉文，而且《总目提要》中仅此一件。在纳西族社会，买卖土地这种大事，主要还是使用东巴文，犹如直至现在，纳西族书写祭文仍然使用纳西语一样。[14] 10 个地契有 5 个标明了书写人或笔墨钱，说明东巴除了从事宗教活动外，还将东巴文用于世俗事务并收取报酬。

4. 和其他文字地契的比较研究。东巴文地契的特点是什么，只有通过与其他民族文字地契的比较才能看出。初步的印象是没有汉文地契那样详细，如没有土地面积等。有的地契相当潦草，甚至有涂改。很晚的时代还使用金银，而且指明要用某家的戥子等。

纳西族农村作为小农经济社会，在旧时代地契应该是很多的。农民视地如命，即使经过多次政治运动和土地所有权变动，也可能悄悄地将地契保存下来。我 1965 年至 1978 年在四川南江县当知青，在那种人民公社极度“一大二公”的政治气候下，在地里干活的时候，农民（包括一些地富分子）也常情不自禁地要说哪块土地原来是我家的。2003 年 10 月我在白地和一位农民小伙子交往才两天，他就拿出两份地契给我们看，这是东巴文地契在纳西族民间还有相当数量留存的明证。大力收集和整理东巴文地契，落实和复原地契中反映的社会内容，挖掘地契中蕴藏的历史内涵，将地契变成真正可以利用的史料，还有许多艰苦的田野调查和研究工作要作，有待于有志者的进一步努力。

［附注］

①李霖灿《么些族文字的发生和演变》，《么些研究论文集》65 页，台湾故宫

博物院，1984 年。

②喻遂生《纳西东巴文应用性文献的语言文字考察》，《玉振金声探东巴——国际东巴文化艺术节学术研讨会论文集》，社会科学文献出版社，2002 年。

③李锡《丽江宝山纳西象形文字砖初考》，《丽江教育学院学报》2000 年 2 期；又收入《丽江东巴文化博物馆论文集》，云南人民出版社，2002 年。

④郭大烈主编《中国少数民族古籍总目提要 · 纳西族卷》，中国大百科全书出版社，2003 年。

⑤喻遂生《白地卖拉舍地契约译释》，中国语言学会第十二届学术年会论文，2004 年 6 月；《白地买山契约译释》，中国历史汉字整理与研究国际学术研讨会论文，2003 年 12 月。

⑥喻遂生《丽江东巴文残砖契重考》，中国民族古文字研究会第七次学术研讨会论文，2004 年 10 月。

⑦东巴文纸本地契多为两面书写，一面为标题，我们称之为封面，另一面为正文。

⑧《总目提要》419 页为 27.5cm×9.2cm，可能为打印错误。

⑨《纳西东巴古籍译注（二）》144、145 页，云南民族出版社，1987 年。

⑩也有例外。文革中东巴纸造纸技术曾一度失传，有的东巴人只好用生产队废账本写东巴经。2006 年 3 月，我们在四川木里俄亚纳西族乡看到数本用账页书写、用春城牌香烟盒做封面的经书，被我们戏称为春城牌东巴经。

⑪和志武主编《中国原始宗教资料丛编 · 纳西族卷》附《东巴经目录》411 页，上海人民出版社，1993 年。

⑫《中国少数民族古籍总目提要 · 纳西族卷》405 页，中国大百科全书出版社，2003 年。

⑬和即仁、姜竹仪《纳西语简志》66 页，民族出版社，1985 年。和志武《纳西语基础语法》81 页，云南民族出版社，1987 年。李霖灿《么些标音文字字典》75 页，与《么些象形文字字典》合订本，台湾文史哲出版社，1972 年。

⑭参见喻遂生《丽江黄山乡纳西语汉字祭文译释》，载《音韵论集》，中华书局，2006 年。

（喻遂生，西南大学汉语言文献研究所所长、教授）

关于"字"这个术语的几个不同概念

——兼论语言学的"字"与文字学的"字"的异同

连登岗

一、"字"这个术语的多义性及其在使用中的混乱

在语言文字学界，人们常常要用到"字"这个术语，可是这个术语却承担了许多不同的概念。在文字学中，"字"主要有以下几种不同的含义：1. 指字符，即用来准备与一定的语言单位相结合的视觉图形。2. 指文字，即一定的视觉图形与一定的语言单位的结合体。3. 指字形，一定的视觉图形与一定的语言单位的结合体的书写形式。在语言学中，"字"主要有以下几种含义：1. 指音节，即单纯的语音音节。2. 指口说的字，即概念与音节的结合体。3. 指书面语的字，即口说的字与视觉图形的结合体。

由于缺乏必要的术语来明确区分这些不同的概念，同时由于人们在使用中，未能对"字"这个术语的不同概念（意义）加以严格区分，因而常常引起概念的混淆和逻辑的混乱。这种混淆和混乱主要集中在两个问题上：一是字的构成成分。二是文字的字与语言的字。先说第一个问题。

（一）对字的构成成分看法的分歧

对此问题，语言文字学界存在着两种不同的看法。一种看法认为，文字只包含形体。唐兰先生说："文字学本来就是字形学，不应该包括训诂和声韵。一个字的音和义虽然和字形有关系，但在本质上，它们是从属于语言的。严格说起来，字义是语义的一部分，字音是语音的一部分，语义和语音是应该属于语言学的。"①王凤阳也说："科学的文字学的建立的基础之一就是分清字与词的区别，物归原主，把被字篡夺来的'音'和

‘义’，归还给音义的结合物的词，仅仅把记词的字形留下作为文字学的专门研究对象。”②这就是说，文字只包含字形。受这种观点的影响，许多语言文字学著作，在讲文字时，一般只讲字形，而不讲字义、字音。这就是说，在他们看来，所谓字，就是去掉音义的字形。

另一种看法认为，文字包含形音义三种成分。例如，吕叔湘先生说过：“汉字以外的文字都是形和音的结合，只有汉字是形、音、义三结合。”③王力先生说：“汉字有字形、字音和字义。这三方面是互相联系的。”④高明凯认为：“无论哪种文字，都是以不同的形体去记录语言中的各个成分（即记录它的发音和意义）的，因而任何文字都具有字形、字音和字义三个方面。”⑤此外，大多数语言文字学专著、教材和语文工具书也都持这种说法。这就是说，字是形音义的统一体。

两种看法都有一定的合理性。唐兰的观点，有助于把文字与语言分开，这是十分需要的，因为文字与语言毕竟是不同的两种事物。但是，把文字仅仅看作字形，那么，这种仅有形体的、去掉音义的字还是不是字？关于文字，有一个最基本的规定，赵元任先生说：“凡是视觉的符号，用来代表语言的就是文字。反之，直接画事物，只是画儿，直接做事物的符号，是一般的符号，还不是文字。”⑥既然要代表语言，它就必须有音义，否则就无法代表语言。如果把文字的音义都去掉，只剩下形体，那么它怎么去代表语言？这时候，它还是不是字？

吕叔湘等人的看法，符合中国传统的文字观，也符合人们对于文字的直觉感受，因而被大多数人所认可，但是，其难点在于：文字的字与语言的字（词）的界限在哪里？唐兰说：“一个字的音和义虽然和字形有关系，但在本质上，它们是从属于语言的。严格说起来，字义是语义的一部分，字音是语音的一部分，语义和语音是应该属于语言学的。”王凤阳认为，中国传统的字有形音义三要素的说法，“其影响所及是把语言的研究也归为‘字’的研究，用文字学代替了语言学。”他们的说法也不无道理。

这两种观点，相互对立，不能并存。而且困难还在于，这两种不同的观点，都来自于相同的推理。第一种观点说：文字是记录语言的，音义是属于语言的，所以，文字不应具有音义，只能是形体；第二种观点说：文字是记录语言的，语言是有音义的，所以，文字也就获得了音义，因而成为形音义的统一体。

这种情况有时也造成了逻辑混乱。例如，高名凯、石安石所著《语言学概论》，一方面认为“文字是记录语言的书写符号的系统”；但同时又说：“无论哪种文字，都是以不同的形体去记录语言中的各个成分（即记录它的发音和意义）的，因而任何文字都具有字形、字音和字义三个方面。”这就使自己陷入了自相矛盾之中。因为，按照定义，文字只是“书写符号”，也就是说，它只是形体，不包括字音、字义；可是谈到文字的构成要素时却说“任何文字都具有字形、字音和字义三个方面”。

又如，《基础语言学教程》中：（1）“文字有字音、字义和字形三个方面。”（2）“文字还可以借用，借用文字不等于借用语言。现在日本、韩国在文字中夹用汉字，并不是讲日语、韩语要夹用汉语。”⑦这两个句子中的“文字”所指并不相同，（1）中的文字，指的是形音义统一体的字；（2）中的“文字”则指的只是形体，它不包含字音、字义。日语、韩语借用汉字，借的只是形，或者说是与汉字原来的字音、字义脱离了的形，他们是把这种视觉符号作为字符去与他们的语言相结合从而构成他们的文字的，而不是把形音义相统一的汉字借了去。

（二）字是文字单位，还是语言单位？

从唐兰开始，把字和词作了区分。唐兰说："'字'是书写的单位。一个方块只代表一个音节。……'语'（相当于现在所说的"词"，笔者注。）是语言的最小单位。"⑧从此，在一般的语言文字学著作中，"字"被看作文字单位（书写单位）。

近十多年来，徐通锵教授创立了字本位语言学理论，又把"字"作为语言的基本结构单位。他认为"'字'是汉语的基本结构单位"，他对语言的"字"的说明是："语言学研究口说的字，也就是《文心雕龙》'因字而生句'的字和赵元任的'在中国人的观念中字是中心主题'的'字'，通俗地说，口说的字就是汉语中由一个音节表达一个概念的那种结构单位。"⑨可见，作为语言单位的"字"是一定的语义和一定的语音的结合体，它不包含形体在内。而文字的字则与此不同。徐通锵教授还说："语言的基本结构单位包含音和义两个方面，而记录这种结构单位的文字还必须有自己的书写形体，所以文字有字音、字义和字形三个方面，其中的音和义与语言的基本结构单位一致，而字形则是文字所特有的，就是用'形'记录'音'去表达'义'。形、音、义三者的关系体现文字的结构特点。"可知，文字的"字"与语言的"字"最大的区别在于有无形体。语言的"字"是口说的，因而，只有音和义；文字的字必须是写下来的，因而，它除了具备音义而外，还必须具有形体。

"字本位"理论的创立，为探索汉语的独特规律，为补充、修正普通语言学创出了一条新路，做出了卓越的贡献，其成果学界共知。然而，智者千虑，难免一失，徐通锵教授在对于"字"这个术语的具体运用过程中，也出现了文字的字与语言的字相混淆的的现象。例如：“汉语的基本单位是字，形、音、义三位一体，既是文字学的研究对象，也是语言学必须研究的结构单位。”这里，语言学的“字”即音和义的结合体却与文字学的“字”，即形音义的统一体混同为一了。他在论述语言的“字”义的结构时，还用形声字作材料。他说：“义场和义素的理论产生于西方语言学，而且时间比较短，但其广泛而有成效的实践早就开始了，这就是汉语字义的研究。书写汉语的汉字绝大部分都是形声字。形声字是文字，不是语言，但由于它从一个特殊的表义性角度如实地反映了汉语的结构原理，因而人们可以从中窥知语言结构的信息。形声字的构造，人们一般的看法是‘形’表义，‘声’表音。这种看法不准确。‘形’固然表义。但‘声’不仅表音，而且表义。‘形’义和‘声’义有重要的区别，‘形’义只表示某一类具体的现象，而‘声’义表示的是一种抽象、宽泛、而带纲领性的义，抓住了它，就等于抓住了语义结构的纲，纲举目张，人们可以据此把握一批字的意义。……由‘声’与‘形’提示的字义结构的纵、横两轴，其中的‘声’是义纲，‘形’是义目。……汉语字义的上述结构原理是汉语的特点，但它所隐含的理论意义却不限于汉语，具有相当的普遍性。”形声字是文字单位，而不是语言单位。文字的义，是以形为载体，通过形来显示的，而语言的字则是以音为载体，通过音来显示的。从文字分析出来的字义结构，只能是“文字”的意义结构，而不是语言的意义结构，它表现的是文字的特点，而不是语言的特点。无疑，上引论述，犯了偷换概念的错误。又如：“汉语的基本单位是字，单音节，形成‘1个字·1个音节·1个概念’的结构，这种特点有利于汉字一字一形的书写形式。”其中“字”这个字出现了四次，可是它们的所指又各是什么呢？指的是语言的字？是文字的“字”？还是文字的形体呢？实在不容易弄明白。

由此可见，在目前的使用中，“字”这个字，承担了过多的内容，人们对它没有加以严格地区分，因而在使用中常常造成概念混淆。

二、对于“字”这个术语的几个不同概念的区分和界定

（一）对文字的“字”所包含的几个不同的概念的区分和界定

在文字学中，“字”具有不同的含义，这些意义分别属于不同的三个层面，现试用不同的术语来指称它们，并赋予其定义，以资区别。

（1）字，指形音义三要素或者形音二要素相统一的符号。从汉朝以来，人们常说的字，指的就是形音义三要素或者形音二要素相统一的符号。字必须是这样的符号，这是由文字的本质决定的。所谓文字，必须是用来代表语言的视觉符号，否则，它就不是文字。赵元任先生说：“凡是视觉的符号，用来代表语言的就是文字。反之，直接画事物，只是画儿，直接做事物的符号，是一般的符号，还不是文字。”⑩既然是代表语言的视觉符号，那么文字就必须具备形音义三要素：形是文字的首要因素，因为它是文字的存在形式，如果没有形，就无“文字”可言。但是，如果只有书写形体，而不具备语言的音或义，那也同样不能成为文字，因为文字是代表语言的视觉符号，一旦去掉了语言内容，那么这个形体就成了“画儿”或者“一般的符号”。拼音文字中的字（字母）只代表一定的读音，因而它是形与音的统一体；汉字中的字（方块字），代表的是语素，因而它一般都具有形音义三要素。

（2）字形，指字的形体，也就是在形音义三要素的文字中，视觉能够感知的部分。当然，作为用字的基本单位，字是形音义三要素的统一体，在记录表达语言时，这三要素是作为统一体整体发挥作用的。但是，作为独立的个体事物，在字的内部，字形、字音、字义又各自具有相对的独立性。

由于字和字形是通过同一形式来表现的，因此，人们往往把二者混为一谈，认为字与字形是同一事物。通常把字形也叫做字。朱骏声《说文通训定声·字部》："名者，声也。字者，形也。"其实，字与字形是两个不同的概念。首先，二者的性质不同。文字是记录语言、表达语言的工具，而字形则是字赖以存在、赖以表现的外在物理形式。其次，二者的构成不同。字，是形义音三者结合或者是形音二者结合的整体；字形，只是字的构成要素之一。第三，二者的作用不同，文字的作用在于记录语言、代表语言；而字形的作用则是用来表现字义、义音。

（3）字符，指可以用来记载语言的音义但尚未与语言的音义结合的视觉图形符号。例如，原始绘画和刻绘符号中那些后来成为文字的视觉图形在未与一定的语言单位结合之前，就是字符。

字符与字有着密切的关系，它们都具有一定的视觉图形，然而它们却是两种不同的事物。首先，二者的性质不同。字符是用来充当语言的一定片段（例如语素）所用的材料，它指的是还未与一定的语言单位结合之前的视觉图形符号。它只是一种潜在的可能的文字，而不是现实的文字；而字则是已经记录了语言的一定要素的、与语言的一定单位结合在一起的书写符号。其次，字符和字存在着构成要素的差别。字符仅仅是由笔画构成的视觉图形；字却不仅包含着字符，而且还包含着来自于语言的字音和字义，具有形、音、义三要素。显然，这是两个不同的概念。

字符与字形密切相关，它们都是视觉图形符号，然而二者却存在着本质的不同。首先，性质不同。字符是用来造字的材料，它处于原料状态，还没有与一定的单位语言结合起来，而字形则是字的形体，它是一定的字符与一定的语言结合以后而形成的字的存在形式，是一定的字的音义的物质承载者。其次，它们与语言的音义的关系不同。字符与语言的结合是自由的。例如，拉丁字母本来是希腊人创制的用以记录希腊语的字符，可是后来却被欧洲、美洲、澳洲、非洲许多民族用以记录他们的语言，就连我国的汉语拼音方案也采用的是拉丁字母。又如，汉字的字符，既可以与汉语结合，用来记录汉语，又可以与其他语言，诸如日本语、朝鲜语等语言结合，去记录他们的语言；在记录汉语的时候，字符也具有这种自由，例如，通假字、异体字、古今字、繁简字，就是不同的字符与同一个词相结合所产生的文字现象。而所谓字形，只能是一定的字的形体，它和一定的语音与语义的结合是固定的，不容改变，如果改变了，就是所谓错别字。再次，它们处于视觉图形符号与听觉语言符号结合的不同阶段。字符是构成字形的原材料，它只是一种潜在的可能的字形，而不是现实的字形；而字形则是字符与词结合以后的产物，是字符的价值的体现。⑪

当然，字符、字、字形三者可以互相转化，一种视觉图形符号在未与一定的语言结合之前，只是一种可以用来记录语言的材料，这时，它就是字符；当它被用来记录一定的语言，与一定的词语结合，就成为字；当对这个字进行内部分析时，这个图形就是一定的字的存在形式，这时它就变成了字形。这种过程也存在着逆向运动。

（二）对语言的“字”的几个不同概念的区分和界定

在语言学中，“字”具有不同的含义，这些意义分别属于不同的三个层面，现用不同的术语来指称它们，并赋予其定义，以资区分。

（1）字音，即不表示意义的单纯的语音音节。《汉语大字典·字》解释“字”的第一项为：“指字音。如：字正腔圆。明沈庞绥《度曲须知·四声宜忌总诀》：‘顿字者，一出字即停声。’”《新华字典》：“字音。咬字清楚，字正腔圆。”徐通锵也说：“‘字正腔圆’‘吐字清楚’的‘字’指音节。”语言是语音和意义的结合体，语音是语言的物质载体，也是人们的听觉器官可以直接感知的对象。汉语的语音是以音节为单位的，音节就是所谓“字”。在语言中，语音是一定的意义的代表者，人们可以听音而知意，然而，语音又具有相对的独立性，它可以成为纯粹的听觉对象，可以成为语音艺术，这时，就有所谓字音。因而字音的字，指的就是单纯的语音音节。

字音的“字”，是语音单位。语音可以是本来就不表示语汇意义的人的声音，例如，人们无意识发出的声音、发泄情感的无语汇意义的声音等等。语音也可以是去掉语义的单纯的语音，例如，对于所不懂的话语，听到的只是语音。如果以单位计算的话，这种纯语音的一个音节，就是一个“字”。

（2）言，指口说的字，即口语中“一个音节·一个概念”的语言单位，它是语言的基本结构单位。赵元任：“如果我们观察用某一种语言说出的大量话语，例如英语，考虑一下这些话语中小片段的情况，并拿它们跟汉语中同样的小片段作个比较，我想‘字’这个名称（这样说是因为我希望先避免把 word 这个词用于汉语）将和 word 这个词在英语中的角色相当。也就是说，在说英语的人谈到 word 的大多数场合，说汉语的人说到的是‘字’。……‘字’这个词，严格地说，就仅仅是指那个在学校里教授的、在语文工具书里被揭示的、书写上作为独立的单位而被分开的、人们意识到语言里的微小变化时最常谈到的那个普通的、短短的话语成分。”[12]徐通锵说：“语言学研究口说的字，也就是《文心雕龙》‘因字而生句’的字和赵元任的‘在中国人的观念中“字”是中心主题’的‘字’，通俗的说，口说的字就是汉语中由一个音节表达一个概念的那种结构单位。”可见，作为语言单位的“字”是一定的语义和一定的语音的结合体，它不包含形体在内。

口说的“字”是语言单位，语言是以语音为载体，表达着一定的意义（概念的符号）。它包含着两种成分：音，义。二者缺一，都不足以言“语言”。有意义而无语音，那不是语言；有语音无意义，也不是语言。徐通锵：“‘字’是汉语的基本结构单位。”“从语言编码的机制来说，字相当印欧语言的词，而不是语素。”为了便于区分，口说的“字”这个单位应该称作“言”。赵元任：“为了不改变汉语通行的用法，我想或许可以建议，在用汉语的学术讨论中，用‘言’来指口说的音节词。”

（3）字，指书面语的字，即书面语中用视觉图形符号所表示的“一个字符 · 一个音节 · 一个概念”的语言单位，它是形音义的结合体。

书面语言是一种相对于口语的语言。连登岗：“文字的出现使语言出现了新的种类——书面语言。自然语言是一种声音形态，当这种语言被文字记录下来之后，就被转换成了图形形态，从而成为书面语言。……所谓书面语，正是文字与口语结合的产物。”徐通锵：“书面语与口语相对，通俗的说，口语是‘说’的语言，书面语是‘看’的语言，是用文字写下来的语言。”书面语言既然是一种相对独立的语言形态，那么，它就也应该有自己的单位。赵元任先生说：“‘字’这个词，严格地说，就仅仅是指那个在学校里教授的、在语文工具书里被揭示的、书写上作为独立的单位而被分开的、人们意识到语言里的微小变化时最常谈到的那个普通的、短短的话语成分。”这里所说的“书写上作为独立的单位而被分开的”“短短的话语成分”指的就是书面语的字。徐通锵：“汉语的基本单位是字，形、音、义三位一体，既是文字学的研究对象，也是语言学必须研究的结构单位。”形音义三位一体的作为语言的基本结构单位的“字”，只能是书面语的字，而不是口语的字。

字是书面语的单位。它与口语的字，最大的区别在于形体，口语的字的形体是听觉语音符号；而书面语的“字”的形体则是视觉图形符号。口语的字的构成是“一个音节 · 一个概念”，书面语的字的构成是“一个字形 · 一个音节 · 一个概念”。

三、用不同的术语区分不同的概念，可以有效地防止表述不清的现象

前面列举了“字”这个术语所表示的不同概念的混淆所造成的逻辑混乱的事例。如果把“字”这个术语所担负的不同概念，作了严格区分之后，上述矛盾就可以获得合理的解决：

（一）“文字是记录语言的符号”这个命题

其实，仔细分析一下，“文字是记录语言的符号”，在以上两种说法中，其具体含义并不相同，而“字”这个术语，在不同的语境中，其所表示的概念也是不相同的。

第一个过程是初始记录过程，即文字产生的过程。我们知道，语言与文字是物理形态不同的两个符号系统。语言是声音符号系统，而文字是图形符号系统。它们本不同源，语言发源于生理的声音，而文字发源于视觉图形。文字的产生就是一定的视觉图形与一定的思维语言符号相结合的过程。从图形的角度来说，就是用一定的图形（原始绘画、刻绘符号等）来记载一定的思维语言单位，从而使视觉图形获得一定的音义的过程；从思维语言的角度来看，就是把思维语言单位转化为视觉图形形式，从而使之获得视觉形式的过程。在这个过程中，用来记载语言，做语言的视觉代表的“文字”，指的只是视觉图形，严格的说，它是字符而不是文字。又，人们用字符所记的语言单位，也只是基本结构单位，诸如词（字）。

第二个过程是文字的运用过程，即人们拿已经具有形音义三要素的符号来记录口语，以便把口语转化为书面语的过程。这个过程中的文字，当然是形音义三要素的统一体了。作为记录语言的工具的文字必须具备形音义三要素。如果说文字是记录语言的工具，那么，文字必须首先是这样一种东西，即，它必须首先是语言的等价物，这样，它才能记录语言。所谓记录语言，实际就是转化语言的存在形式。因而，在记录语言之前，我们就得首先赋予文字以语言的功能。因此，在创制文字之初，人们就赋予了它语言的职能。如同货币，人们在使用它时，就首先约定它具有一般商品的价值，把它作为一般商品的等价物，然后才能使用。文字作为记录语言的工具也是这样。刘伶：“不管怎样，文字在标记语言时，字和词是相对应的，它们之间的关系是稳固的。文字三要素的统一是文字标记语言的前提。”[13]这时候，人们用字来记录的语言单位，可以是各种不同的单位，诸如，词（字）短语，句子，语段，篇章等等。

第三个过程是人们对字这个事物进行内部分析的过程。把一个具有形音义的统一的符号，分析开来，进行研究，这时，针对其音义，可以说“文字是记录语言的符号，语言是音义的结合体，音义属于语言，文字只是形体”云云，这时，文字指的只是字形，而不是成分齐全的字。由此可解唐兰与吕叔湘的纠纷。唐兰所说的“字”，指的是第三个过程的字，他说的字实际上只是字形。吕叔湘所说的字指的是第二个过程的字，指的是形音义俱全的字。同一个“字”，在他们那里使用的是不同的概念。

（二）形声字的结构可以反映汉语的结构原理

如前所述，文字的结构单位的字，与语言的结构单位的字，不是一码事。按照逻辑，从文字结构中得出的只能是文字的结构原理，而不可能是语言的结构原理。可是，徐通锵教授还是从文字的字的结构中分析出了汉语的结构原理。问题出在什么地方呢？我认为，还是出在基本概念上。

徐通锵先生把“字”作为语言的基本结构单位，用来代替西方语言学中的“词”，这是很有道理的，也得到了语言信息处理的支持，具有重大的现实意义。但是，这里忽略了一个关键的问题，这就是口语和书面语的区别，口语与书面语有着巨大的不同。口语的“字”当然只能包括音和义两种成分；而书面语的“字”，就应该包括形音义三种成分了。计算机所处理的汉语，实际上是书面语。徐通锵教授用来分析汉语的结构特点的形声字，从语言的角度来看，实际上也是书面语的字，而不是口语的字。鲁川教授说：“汉语基本结构单位是字。”⑭实际上指的也是书面语的字，而不是口语的字。如果把口语和书面语加以区分，把“言”和“字”加以区分，他们的逻辑错误就可以避免了。

四、文字是视觉图形符号与语言符号结合的产物，它既是文字的用字基本单位，也是书面语言的基本单位

这里又涉及到一个更为根本的问题，这就是：字是什么？是文字单位，还是语言单位？按照一般的说法，语言是思维的符号，文字是语言的符号，它们是不同质的事物。那么，对于“字”的研究，就不应该进入语言领域，所谓“字是语言的基本结构单位”的说法，在语言领域内，就缺乏合法性。按照徐通锵先生的定义，字具有两重性，第一，“‘字’是汉语的基本结构单位”，第二，“文字是记录语言的书写符号系统”。那么，作为语言单位的“字”和作为文字单位的“字”是如何统一起来的呢？他说：“语言的基本结构单位包含音和义两个方面，而记录这种结构单位的文字还必须有自己的书写形体，所以文字有字音、字义和字形三个方面，其中的音和义与语言的基本结构单位一致，而字形则是文字所特有的，就是用‘形’记录‘音’去表达‘义’。形、音、义三者的关系体现文字的结构特点。”这里只是解决了语言的字（语音形态的字）与文字的字（视觉图形形态的字）二者的音义如何统一的问题，至于，“形、音、义”三位一体的字，如何在语言研究中取得合法地位的问题，并没有解决。这样，所谓“字本位”的理论，就只能停留在口语的地界，如果进入书面语，那么，它就是非法的，时刻有着被驱除的危险。然而，我们已经看到，“字本位”的理论早就侵入了书面语的领地。

如何解决这个矛盾呢？古人云“赍象穷白，贵乎反本。”当对一个问题的研究陷入不可克服的矛盾时，解决问题最好的办法是返回到最初的出发点，重新审视迈出的第一步。要解决长久以来存在于文字的“字”与语言的“字”的纠缠和纠纷，就必须重新审视汉字，对于什么是汉字这个最基本的问题做出新的阐释。

关于汉字的性质，人们一般从“文字是记录语言的书写符号”这句话出发，演绎出“汉字是记录汉语的书写符号”的命题，当我们追根溯源，重新追究什么是汉字的时候，获得了两点新的发现：第一，这个命题并不是最初的出发点，这个命题中的“文字”已经是抽象了的事物，它是从已经确定为“文字”的这种事物出发，从功能方面对汉字所做的界定。比之更根本的问题是“什么是文字”。第二，“文字是记录语言的书写符号”，这种定义是语言中心主义的产物，它并不完全符合语言文字的事实。因而，“文字是语言的符号”，这个命题并未从根本上回答什么是文字的问题。那么，什么是文字呢？我们认为，文字是视觉图形符号与听觉语言符号相结合的产物，它是人工制作的以视觉图形为存在形式的主要充当语言符号，同时也兼备思维符号、物象符号、艺术符号、文化符号等功能的以系统为其结构形式的社会交际和表达的不断发展变化的认识和交际工具。既然如此，那么，对文字的视觉图形与语言的听觉形象结合的过程，就可以从不同的角度来看待：

从视觉图形的角度来看，字最初是单纯的视觉图形，后来成为认识、交际符号，成为制作文字的材料（字符），再后来它吸收了语言的音和义成为形音义的统一体的字。按照上面的说法，文字的产生过程可以图示如下：

视觉图形→一般符号→字符（可以作文字的视觉图形符号）→文字（形音义的结合体）

从语言的角度来看，字最初是语音音节，后来具有了语义成为口语的字，再后来，找到了视觉图形符号作为它的书面形式，于是变成了音义形相统一的字。这个过程可以图示如下：

音节（单纯的语音）→口语的字（音义结合体）→书面语的字（形音义的结合体）

可是这样一来，文字的“字”与书面语的“字”就重叠了，变得不可分了，成为这样一种态势：

视觉图形→一般符号→字符→文字的字（形义音的结合体）·书面语的字（音义形的结合体）←口语的字←音节

总之，字的产生过程可以从两个不同的角度来看，从视觉图形的角度来看，是视觉图形符号给自己填充了音义内容，从而从单纯的视觉图形变成了形音义三要素的统一体；从语言的角度来看，是语言为自己找到了视觉图形的表现形式，从而使自己从语音形式变成了视觉形式（音义形的统一体）。[15]二者殊途同归，成为同一个事物了。

以上是分别从视觉图形符号与听觉语音符号的角度出发来看待“字”的形成的，如果从形音义相统一的字的角度来看，文字的“字”与书面语的“字”本来是二而一、一而二的事物：它既是文字单位，又是书面语言的基本单位。就文字记录语言的角度来看，它是文字，但是，从文字代表语言的角度来看，它又是书面语的基本单位。这个观点的合理性也可以从人们的使用中得到证明。赵元任：“在处理音节词时，有个很诱人的想法是以它的书写形式来确定它的同一性，尤其是因为‘字’这个术语本身所指模糊：既可以指口说的音节，又可以指它的书写形体，还可以兼指两者。”这里的“它的书写形式”指的是文字的字，这个“兼指两者”的字，就是书面语的字。当然这样说的时候，不应该忘记：

第一，不管书面语言的字，还是文字的字，它们的存显形式都是一种视觉图形符号；它的音和义都是一种心理过程。字音字义都是一种约定，它与语言的语音语义不同。如果说，语言的音和义是第一次约定，那么，字音字义就是字形与语音语义的第二次约定了。

第二，文字的字和语言的字，虽然有重叠，但是它们仍然是两种不同的事物，各自都有自己的领域。如果站在不同的立场上，就会发现文字和语言的功能各不相同。

[附注]

①唐兰《中国文字学》，上海古籍出版社，1979年。

②王凤阳《汉字学》，吉林文史出版社，1989年。

③吕叔湘《汉语文的特点和当前的语文问题》，上海教育出版社，1987年。

④王力《正字法浅说》，《王力汉语散论》，商务印书馆，2002年。

⑤高明凯、石安石主编《语言学概论》，中华书局，1987年。

⑥赵元任《语言问题》，商务印书馆，1980年。

⑦徐通锵《基础语言学教程》，北京大学出版社，2001年。

⑧同①。

⑨同⑦。

⑩同⑥。

⑪详见连登岗《汉字理论与实践》2~5页，甘肃教育出版社2000年5月。

⑫赵元任《汉语词的概念及其结构和节奏》，《赵元任语言学论文集》，商务印书馆，2002年。

⑬刘伶、黄智显、陈秀珠主编《语言学概要》，北京师范大学出版社，1984年。

⑭鲁川《信息时代关于汉字的思考——面向知识处理的汉字基因工程》，《汉字规范百家谈》，商务印书馆，2004年。

⑮当然，视觉图形所具有的音义是一种心理现象，详见连登岗《汉字理论与实践》。

（连登岗，南通大学中文系教授）

汉字文本汉语词式书写改革的认识心理障碍研究

彭泽润　马庆株

文本是指一种语言用一种文字或者不同文字书写的时候通过具体的书写方式形成的书面语的版本面貌。汉语普通话现在使用汉字和汉语拼音两种文字或者准文字，各自内部又分词式书写、字式书写和其他书写方式。词式书写是指用文字书写语言的时候，按照词的单位把词和词分开书写的方式。（彭泽润、李葆嘉《语言理论》2003）

从1958年国家颁布《汉语拼音方案》以来，汉语拼音是拼写汉语和给汉字注音的工具，用于汉字不便或者不能使用的领域。（《中华人民共和国国家通用语言文字法》，2001）汉语拼音给汉语插上翅膀，被外国人当做准文字，利用它快速学习汉语口语。（赵金铭《跨越与会通——论对外汉语教材研究与开发》，2004）汉语拼音和汉字一个也不能缺少，只有它们合作才能共同帮助汉语走向新世纪，走向世界。（马庆株《著名中年语言学家自选集·马庆株卷》，2002）。

在汉语拼音中推广汉语正词法应该是在对外汉语教材中做得非常成功。但是在对内汉语教材中，无论是拼音文本还是汉字文本，无论是教材还是一般读物，推广正词法还是在实验阶段。虽然人们一般已经在观念上能够接受汉语中有词，甚至已经努力编写出标注词性的汉语词典，虽然上海《语言文字周报》等报刊一直坚持拼音文本的汉语词式书写，但是要在汉语文本中全面执行正词法，实现汉语全面的词式书写，人们还有不少心理障碍。只有逐渐解决这些心理或者认识障碍问题，我们才能自觉地在技术上研究支持词式书写的排版软件，解决有关实际问题。只有推行汉语词式书写，进一步改革汉语书写方式，才能使书面汉语适应信息时代的需要。

一、词式书写浪费纸张

浪费是指资源没有得到使用价值或者没有得到最有效的使用价值就丧失了，否则就不是浪费。一般来说表音文字比表意文字浪费纸张，词式书写比字式书写浪费纸张。但是词式书写的表音文字成为现代语言生活的主流。这说明这种“浪费”是获得收益的代价，是一种必要的投资。

事实上，计算方法也值得研究。比较应该在相同条件下进行。汉字文本字内部的笔画密度大，拼音文本字内部的笔画密度小，怎么能够简单地放在一起比较呢？如果要比较也要确认笔画密度大致相同才能进行。使用汉字的中国比使用表音文字的国家近视眼多得多。这不能说与汉字的字笔画多、笔画密度大，又采用传统的字式书写没有关系。汉字记录的文献黑乎乎的一片，能够跟笔画清晰的表音文字记录的文献有比较的基础吗？如果要求达到的视觉效果一样，还会是表音文字和词式书写浪费纸张吗？为了节约纸张不惜眼睛近视，值得吗？

请允许我们比较一下索绪尔（Ferdinand de Saussure）的汉语版本《普通语言学教程》（北京：商务印书馆 1980）、法语版本 *Cours de lingguistique générale*（Paris: Payot1986）和英语版本 Ferdinand de Saussure *Cours in General Linguistics*（London：Peter Owen Limited 1960）。汉语 307 页，法语 305 页，英语 232 页。汉字记录的汉语版本似乎没有什么节约的优势。

即使我们想获得词式书写效益又不愿意比过去多付出成本，也可以在技术上做到。我们的《语言理论》全部采用词式书写，表面增加了页码，其实是因为增加了“语言学评论”等内容导致的。相同内容没有增加任何篇幅，因为我们把词内部的字和字的距离缩小了，这样节约出来的空间用来支付词和词之间需要的空间。因此我们的成本计算过程和结果是：1=1-1+1=1。北大方正专业电子出版系统用［JP5］（紧排 5 级）可以实现这个目标。WORD 编辑系统也可以做到。我们指导的中文专业国家文科基地班的学年论文都这样由作者用 WORD 排版发表。如果排版软件将来能够设计适应词式书写需要的自动化紧排格式就更加方便了。

二、词式书写延长阅读时间，妨碍阅读的连贯性

词式书写的本意是节约阅读时间，促进阅读的连贯性。但是现在不少人都说，词式书写延长阅读时间，妨碍阅读的连贯性。为什么词式书写给人的感觉是事与愿违呢？这是旧习惯和新习惯衔接中的惯性给人造成的错觉。

词式书写可以消除歧义。消除歧义的能力强了，应该是节约时间了。但是，不习惯词式书写的人，开始遇到这种词的空格，就会感到奇怪和不适应，就会在空格中停留相对长的时间。时间的延长又会破坏快速阅读的连贯性。这就好像习惯了平时走路没有节奏约束的人，突然要他跟着音乐节奏走，反而不会走了。

笔者尤其是彭泽润，现在只要使用汉字，无论写文章，还是写信，还是上课写板书，无论使用汉字还是使用拼音写汉语，都坚持词式书写。我们感到无论是书写还是阅读，都很方便，不影响原来的速度。就像用电脑写英语一样，遇到一个词结束了，不需要动脑筋，顺手敲一个空格键就实现了。阅读更加方便，尤其是找关键词语很快。

这就是新旧习惯的矛盾和对立统一。没有谁会说英语单词之间的空格会影响阅读的连贯性，会延长阅读时间，因为阅读英语没有旧习惯的经历，也没有旧习惯的暂时优势的对比。任何改革和创新都会面临旧习惯的暂时优势的诱惑。

当然除了习惯问题，在目前文字处理技术条件下，还存在一些消极影响。由于汉字文本一个词只有 2 个字左右，如果词之间的空格大，会导致零碎的感觉。现在一般输入一个空格最小是“半角”状态产生的 1/2 个汉字的字宽度，视觉上太明显，大家适应 1/4 个汉字的字宽度。因此，我们还可以在技术上做一些改进，从而提高在心理上对新习惯的接受程度。我们建议紧缩词内部字之间的距离，同时减少词之间的空格距离。紧缩字距可以通过 WORD 的“格式——字体——字符间距——紧缩”来实现。调整词之间的空格大小我们目前做了一个专用的软件安装在 WORD 上可以实现。

三、词式书写要放宽对词的“最小”要求，缓和改革坡度

有人赞成改进汉字书写方式，但是采取一定妥协策略。例如有人主张在发生歧义的结构中采用类似标点符号的方式隔离部分词（胡百华《汉文需要“隔词号”》，1998）。这种应急的办法既没有彻底解决问题，反而把问题搞复杂了。有人赞同用空格的通用方法隔离词。但是他们主张按照现在电脑输入汉字的方式实行词式书写，就是把经常在一起使用的词和词组当做一个“词”来处理。这种按照语言节奏段落确定词式书写中的“词”的做法，在我们的电脑汉字输入中非常通用，可以提高汉字输入效率，甚至有人认为汉字在电脑输入中比表音文字更加有优势，即使付出的代价再大也被人们忽视了。汉字编码的目标是为了帮助输出字式书写的汉字文本，为了提高效率当然可以那样做。但是，如果要输出词式书写的汉字文本，那就是帮倒忙了。因为输入方法只是得到一种字式书写汉语文本的手段，跟我们要得到词式书写文本有本质的不同。

还有人提倡减少词的空格密度，也就是放松对词的“最小”的要求，把一些经常在一起使用的词组当作词或者作为“书写词”书写。例如：“为了缓和改革的坡度，开始阶段的基本划分单位可以不是‘词’，而是更大的句子成分，例如一个句子分成‘主语，若干状语，动词，宾语，补语’等几大块。又例如，所有固定专有名词，不管多长，都可以当作一个复合词来处理，‘中华人民共和国’全部连写，而不必写成‘中华 人民 共和国’。这样可以减少空格，便于适应。以后可以再逐渐深入、细化。”（陆丙甫《增加汉字书写系统的语法信息》，2003）我们认为作为一种改革策略，在汉字文本中在词式书写的初级阶段不妨尝试。但是在拼音文本中或者在汉语词式书写的成熟阶段没有必要这样放松要求。拼音文本的汉语词一般会有 6 个左右的字（字母），词的整体长度会延长，文本的零碎感觉会大大降低。成熟的词式书写还是应该尽量尊重词的科学定义，使词在总体数量上尽量有限。

“德语的‘词’概念比较适合汉语。空格可以减少一些，眼睛看了就舒服一点。英语不行。”（Nishishei，北大中文论坛，2004-11-28）请看下面的比较：人民共和国=Volksrepublik（德语）——人民共和国=People's Republic（英语）；巴士站=Bushaltestelle 德语——巴士站=Bus stop（英语）；激光打印机=Laserdrucker（德语）——激光打印机=Laser printer（英语）；化学工程=Chemieingenieurwesen（德语）——化学工程=Chemical engineering（英语）；数码科技=Digitaltechnik（德语）——数码科技=Digital technology（英语）。

Nishishei 的比较很有启发作用。这充分说明在一定音节范围内词的长度是有主观性的，词和词组可以根据习惯自由选择。但是相同概念在不同语言中情况可能不一样。例如“主义”在英语中是绝对不自由的词缀-ism，但是在汉语中可以自由作词，例如“只要主义真……”，因此《现代汉语词典》把“社会主义”分成“社会+主义”两个词拼写，但是又当作一个词条。但是根据德语的习惯也可以把“社会主义”写成一个词。英语“数码科技=Digital technology”中的“technology”肯定是词。如果德语“数码科技=Digitaltechnik”中的“technik”词素不是词，那么自然要把 Digitaltechnik 写成一个词了。翻译中也会出现一种语言的词对应另外一种语言的词素的关系，例如不少人会把英语中的“The history of ……”（……历史）在汉语中翻译成不成词的词素“……史”。

四、汉语的“词”是模糊的甚至不存在

有人认为因为汉语书面语使用习惯中还没有形成系统的词意识习惯，甚至《现代汉语词典》出版几十年以来一直没有给词全部标注词性，就认为汉语的词是模糊的，甚至否认汉语有词的存在。我们认为应该澄清事实，防止这种观念给汉语研究带来消极影响。

词是语言中内容和形式结合的最小又自由的基本单位。《汉语拼音正词法基本规则》是怎样贯彻这个定义的？我们应该怎样理解正词法中的“词”？

我们认为词的确认最根本的原则是在现代语言中“最小”基础上的“自由”约束。一个语素不自由，伴随他的另外一个也被牵连不自由。例如“习”导致“学习”的“学”不自由，“否”导致“是否”的“是”不自由，“化”导致“现代化”的“现代”不自由，“性”导致“不科学性”的“不科学”不自由。这种情况不允许分开成不同的词。这是绝对词。如果都自由就可以适当考虑节律。一般 2-3 个音节，尤其是 2 音节的单位，即使内部语素都自由，可以考虑当作一个词，例如“教学”、“是不是”，也可以分开成不同的词，允许一定的自由。这是相对词。相对词还包括跨越语法层次的连读词，例如：英语的“it is—it's”，汉语的“的话”、“之后”、“甭”、“这是”等。

从汉语节律词或者韵律词的角度认识汉语的词，最突出的学者是冯胜利（《从韵律看汉语“词”“语”的分流之（的）大界》，2001）。我们认为他系统阐述了一个确认词的重要的辅助标准，但是他对韵律作用的相信有些过分。我们认为对这种节律的利用是有限制的，这是词在“自由”基础上的“最小”原则的约束。超过 2-3 个音节就要考虑把词组按照一般的词分解，即使是固定词组。例如汉语的“中华人民共和国”、“社会主义”，英语的“The United States of America（America 联合国家——美国）”、“in order to（为了）”。

应该防止把概念和词等同。一个概念可以用一个词表达，也可以用一个词组表达。一般使用频率高的概念或者简称概念用词表达，相反使用频率低的概念或者全称概念用词组表达。

“自由”控制词能够独立工作，方便信息的表达和传递，“最小”控制词的数量相对有限，方便人们掌握。因此词的切分主要根据词的定义中“最小又自由”的标准，音节数量和概念完整只能作参考，不能把他们放在一个层次考虑。采取放松标准的做法只是一种过渡时期的策略。语言学者应该根据语言学规律研究具体的词的切分标准或者指导性方案，并且通过基础教育逐渐普及。

五、拼音文本需要词式书写，汉字文本不需要

王开扬《汉字现代化研究》（2004，第172~174页）说"汉字词式书写文本的'词'难以做到定型化"，因此反对汉字词式书写。但是又说："要用'汉语拼音文本'，只能是'词式书写'的文本……只有与语言中的'词'这一级语言单位对应起来以后，语义表达才清爽起来"。

有这种观点的人不少。很明显这里存在矛盾，既然承认汉语中有词，既然汉语的词用拼音书写容易定型，那么用汉字书写不是一样可以定型吗？改变书写形式并没有改变被书写的口语。不过用汉字书写一个词只要2个左右的字，相反用拼音书写一个词需要6个左右的字。因此汉字文本词式书写，仍然显得跟字式书写没有太明显的不同，显得文本比较零碎，但是这不影响词式书写带来的巨大语言效益。

拼音文本本来也经历过不留词之间空格的阶段。古代拉丁文铭文，古代俄语用的斯拉夫文字，都是没有词距的字和字（或者字母和字母）连续排列成一串。也就是只有字距，没有词距。汉字文化圈内的文字一般保留这个旧习惯。除了汉语以外，不仅继续夹杂使用汉字的日语，而且使用表音文字的藏语、越南语等都是这样。

拉丁文字、斯拉夫文字后来都实行词式书写，在字距的基础上增加词距，这是一种进步。词式书写按照词的单位书写口语不仅方便人阅读书面语，而且是计算机理解语言的必要前提。汉字文本不采用词式书写，所以在机器翻译处理汉语文本的时候遇到的最大问题是分词问题。计算机使人们进入信息时代，但是旧的书写习惯不能适应计算机的要求。书写习惯也应该适应时代的要求，与时俱进。

汉语拼音在制定、推广过程中始终注意方便词式书写，正式颁布作

为国家标准的《汉语拼音正词法基本规则》，就不能不说是汉语学者顺应文字书写进步的重要觉醒和进步。但是，在赞同《汉语拼音正词法基本规则》的人中间，也有不少人反对汉字文本的书面汉语采用正词法。这在理论上是矛盾的，既然我们承认正词法，那么就承认汉语中存在词，词是汉语的重要单位。如果用拼音可以把汉语的词表现出来，用汉字为什么就不允许表现汉语的词？何况我们的汉语信息处理当前和今后会长期主要处理汉字文本的汉语！

当然有这种顽固心理的不只是汉语使用者。日语也一样。不过日语同时采用汉字和假名两种体制的文字，可以具有划分词的界线的一定作用。越南语废除借用汉字记录自己语言的制度以后，几乎采用跟汉语拼音一样的文字，但是没有采用严格的词式书写。越南语现在的书写方式是音节式书写，除了字之间的距离还有音节之间的距离。但是越南语如同古代汉语的音节基本上和词是一致的，所以也可以说它基本上属于词式书写。请比较现代越南语和现代汉语的语音结构要素：

现代越南语：6 个声调×19 个声母×175 个韵母=19950 个音节（理论数量）（《越南语教程》，1989）

现代汉语：4 个声调×21 个声母×36 个韵母=3024 个音节（理论数量）

现代汉语的韵母由于包括儿化韵这个一般人认为可以忽略的重要部分，导致它在理论上只有 3024 个音节，只有越南语的大约 15%的音节数量。因此在这个问题上，比较越南语和现代汉语的关系，如同比较现代汉语和古代汉语的关系。音节数量多，用一个音节表达意义构成词的资源就越丰富，单音节词就多。所以，越南语和古代汉语相对没有现代汉语那么迫切需要词式书写。

同样的现代汉语为什么拼音文本比汉字文本迫切需要词式书写，原理跟上面几乎一样。汉字文本的字基本上对应语素，然而拼音文本的字基本上对应音素。一种语言的语素总数量绝对多于一种语言的音素的总数量。所以记录现代汉语需要的汉字多到 7000 个字，然而需要的拼音字只需要 25 个。但是记录一个特定语言单位需要的字的数量正好相反，构成反比例关系。记录一个现代汉语的词在汉字文本中平均需要大约 2 个字，在拼音文本中平均需要大约 6 个字，例如“喜欢” 2 个字，“xihuan” 6 个字。所以，在人工阅读领域汉字文本相对没有拼音文本那么迫切需要词式书写。

总之，越南语、古代汉语、汉字文本的现代汉语虽然比较起来对词式书写的需要不迫切，但是这不能成为不需要词式书写的理由，尤其是在现代信息处理时代，几乎成为机器理解汉语的必要条件。

六、讨论词式书写不要讨论汉语文字表音化问题

有人主张，讨论汉字词式书写或者汉语书写系统改进的时候，不要讨论“汉语文字表音化”问题。这是务实和重视现实的需要，也是避免汉语表音文字反对派阻力，减少不必要的麻烦的需要。但是不讨论汉语拼音正词法，就是说可以讨论用汉字书写的汉语文本的词式书写，不允许讨论用拼音书写的汉语文本的词式书写。这样把实质一样的事物的两个方面分开了，能够做到吗？有必要吗？

这个观点似乎跟有人赞同汉语拼音正词法，实行词式书写，但是不赞同汉字文本的汉语实行词式书写正好相反。它们分别走两个极端，都是把密切相关的事物的两个方面强行割裂开来了。

无论拼音文本还是汉字文本的词式书写，都是根据汉语的词进行，因此它们的正词法规则应该是一致的。这就好像无论你用什么材料或者式样做衣服，都要适合你的身体尺寸，这个尺寸应该一样，没有必要分别去量尺寸。我们应该在拼音正词法的基础上，完善汉语书写中的正词法，同时从拼音文本应用扩大到汉语文本，虽然国内小学语文教材在拼音汉语文本中一直到现在也拒绝采用作为国家标准的《汉语拼音正词法基本规则》。

中亚东干语是汉语的一种方言，使用了大约 50 年的音素文字，而且采用词式书写。（林涛《中亚东干语研究》，2003）我们应该好好总结它的词式书写的经验教训。这样不仅可以促进汉语拼音词式书写的理论研究和实践，而且可以探索汉语普通话文字音素化的技术问题。因此，如果忽视策略原因，我们应该把词式书写改革跟汉语文字表音化联系起来研究，而不是回避。

七、结语

以上针对程度不同地反对汉字文本词式书写的观点进行了心理障碍分析。这些分析是事实呢还是我们的偏见呢？我们想提出自己的一些想法，请大家来思考和检验。其实这些反对的人一般是拥护汉语拼音正词法的，所以我们更加需要他们的理解和支持。我们的目标是一致的，都是在汉语书写从“字式书写”向“词式书写”的汉语书写改革的道路上前进，都是在促进中国语言及其文字的现代化。我们相信，有周有光、王均、冯志伟等著名语言学专家的提倡和试验（《周有光、王均、冯志伟等关于中文分词书写的通信》，2001），只要不断破除思想和心理障碍，就能够很好地实行汉语词式书写改革，不断推进汉语现代化。

[参考文献]

[1] 傅成吉力、利国《越南语教程》，北京大学出版社，1989。

[2] 冯胜利《从韵律看汉语“词”“语”的分流之（的）大界》，《中国语文》，2001，(1)。

[3] 胡百华《汉文需要“隔词号”》，香港：《语文建设通讯》，1998，(10)。

[4] 林涛主编《中亚东干语研究》，香港：香港教育出版社，2003。

[5] 陆丙甫《增加汉字书写系统的语法信息》，《南昌大学学报》，2003，(4)。

[6] 马庆株《著名中年语言学家自选集马庆株卷》，安徽教育出版社，2002。

[7] Nishishei.http: //chinese.pku.edu.cn/bbs/. 北大中文论坛→语言文字漫谈→词式书写、语言规划和评论《语言理论》，2004-11-28。

[8] 彭泽润《汉语拼音正词法和汉语的“词式书写”》，《语文建设》，1998，(4)。

[9] 彭泽润《“词式书写”与“隔词号”》，香港：《语文建设通讯》，2000，(1)。

[10] 彭泽润、李葆嘉《语言理论》，中南大学出版社，2003。

[11]《中华人民共和国国家通用语言文字法学习读本》，语文出版社，2001。

[12] 王开扬《汉字现代化研究》，齐鲁书社，2004。

[13] 赵金铭《跨越与会通——论对外汉语教材研究与开发》，《语言文字应用》，2004，(2)。

[14] 周有光等（彭泽润整理）《周有光、王均、冯志伟等关于中文分词书写的通信》，《现代语文》，2001，(3)。

（彭泽润，湖南师范大学教授；马庆株，南开大学教授）

中国比较文字学研究的回顾与展望

邓章应

比较文字学主要比较各种文字的形体和结构、传播和发展、应用功能、历史背景，从而得到人类文字的发展规律。正如周有光先生所言："比较文字也是在19世纪开始的，可是还停留在初步阶段。"[①]适时总结百年来比较文字学的研究成就，展望以后的研究方向，是促使学科不断发展的重要工作。本文拟对百年来中国比较文字学的研究作一些回顾，在此基础上提出一些想法。

中国比较文字学的发展历程

文字的比较研究，必须要在多种文字的基础上开展。但过去的中国，不仅有地处中原的地域优越感，而且在文化上更是有着一种强烈的自尊意识，长期以来，只专注于汉字研究，而对于汉字以外的少数民族文字和外国文字常常是不愿意理睬的，所以中国比较文字学的形成历程是比较漫长的。

一、准备期

（一）梵文等的介绍

应该说，异族文化间进行交流就会有文字的传播与影响，但汉人介绍外族文字是从僧人介绍与佛教有关的天城体梵文和悉昙字开始的。随着佛教在中土的兴盛和译经事业的发达，译经中开始有梵汉对照的字典和梵文的介绍，唐代沙门智广撰《悉昙字记》一卷，另外还有《梵字悉昙字母》并《释义》一卷。

在宋代，有了关于契丹字的记录，《说郛》卷三八引宋人王易重编《燕北录》，抄录了几个契丹字。②

（二）夷字翻译

除了宗教的原因，因为外交的原因而开始将汉字与其他文字进行对照应算华夷译语。

明余继登《皇明典故纪闻》卷十三："永乐间，翰林院译写番字，俱于国子监选取监生习用。"清杨守敬《日本访书志》卷六谈到一本《四夷考》，所对照语言甚多，"明茅伯符辑。首有朱之蕃《序》，称伯符领大鸿胪时所辑《四夷考》，凡山川、道里、风俗、物产，无不备具。则此乃《四夷考》中之一种，而标目直题《华夷译语序》，岂转钞者之所为与？其书首朝鲜，次琉球，次日本，次安南，次占城，次暹罗，次鞑靼，次畏兀儿，次西蕃，次回回，次满剌加，次女真，次百夷。分天地、时令、花木、鸟兽、宫室、器用、人物、人事、身体、衣服、声色、珍宝、饮馔、文史、数目、干支、封名、通用诸类，或有合并，则各国详略不一也，大抵皆日用习语。"

清代亦有续作，张之洞在《书目答问》卷一"经部"中提到一本《钦定西域同文志》，二十四卷，"乾隆二十八年敕撰。殿本。国书、汉字、蒙古字、西番字、托忒字、回字。"

此类译事馆的工作，虽然本意并非文字学研究，但也产生了不小影响。徐珂的《清稗类钞·文学类》③曾经记录了猓夷字，"猓夷字，大约袭爨字而为之。汉时，有纳垢酋之后阿呵者，为马龙州人，弃职隐山谷，撰爨字，字如蝌蚪，二年始成。字母一千八百四十有奇，夷人号为书祖。"甚至明代陶宗仪写作《书史会要》时也介绍并临摹了少量民族文字样本，这部书的主体部分是元代以前书家的小传，但在卷九附带介绍了前代的几种少数民族文字，并摹有少量文字样品。

（三）"开眼看世界"中的西方文字介绍

19 世纪中期鸦片战争的失败，使中国认识到"师夷长技以制夷"的重要，开始出现了"开眼看世界"的风气，并且始有国人出使或留学。在对国外新奇事物的眼花缭乱之余，不少人也记下了他们的见闻。其中也有不少关于外国语言文字的介绍。

斌椿《乘槎笔记》："（大金字塔横石刻字）如古钟鼎文。"④张德彝《航海述奇》："（埃及文）字如鸟篆。"⑤在光绪初年，郭嵩焘出使英法路经埃及时，还派人将埃及文字做了图录，并在日记中写到"绝类钟鼎文及古篆籀"，"文字之始，不越象形、会意。麦西始制文字与中国同。中国正文行而六书之意隐。西洋二十六字母立，如有谐声，而象形、会意之举亡矣。"郭氏还与英国东方学者百尔治交换过关于文字的看法，比较中国古文字与巴比伦楔形文字、印度梵文、埃及象形文字，认为"惟古埃及象形文字与中国书最近"。郭氏还介绍了法国学者商博良译读罗塞达石碑的经过及《埃及字典》的编成。⑥这些出使西洋的介绍及看法应该算是为中国比较文字学的萌芽奠定了基础。

二、萌芽期

在所能见到的著述中，最早的有意识地将汉字与其他文字进行对比的当属徐珂所编的《清稗类钞·文学类》中"中外文字之比较"。作者对中国文字（实为汉字）字少，而西方文字（实为词）字多这一现象进行了比较。他认为中国文字字数"孳乳"迟缓，是由于这种文字具有"累而成文"的特点的缘故。而西方文字字数"孳乳"迅猛，造成字数繁多，恰恰是由于未能具有“累而成文”这一特点所至。

最早对汉字与外国文字结构进行比较并撰写著作的是李天根。他写了十余部关于文字学的著作，其中有一本《中西文字异同考》，其自序写于 1926 年，该书重在介绍东西方的几种重要古文字的概况和样品，并把它们的性质进行了初步比较，其中包括古埃及文字、楔形文字、印第安文字、希腊文字、腓尼基文字及汉字等。书中的“西文之六书”部分，把美洲印第安文字的结构用六书进行了分析。⑦

最早以“比较文字学”名书的是林祝敔所译的《比较文字学概论》，1937 年由商务印书馆出版。此书原为著名文字学家 Clodd 所著，英文名为 The Story of the Alphabet，其内容实与文字比较无关。

1942 年 6 月，浙江大学文学院集刊第二期发表了黄尊生《埃及象形文之组织及其与中国六书之比较》。此文共有三部分：第一部分详细介绍了埃及象形文字译读的经过；第二部分阐述了古埃及象形文字演变过程及其结构上的特点，附以大量例证；第三部分比较了古埃及象形文字与中国的六书。在这一部分黄氏应用比较研究的方法，发表了一些独到的见解，他指出依文字进化之公例，最初的文字大都起源于象形，古埃及文字和中国文字初见者均为象形文，其绘物成文均起于一种表意之需要，此两民族相距万里，然其表意方法则不约而同，不待表意方法同，即其描绘有时亦同。指事、会意两类字埃及与中国大致相同，六书中形声字在埃及文为音缀字与义符之配合。至于转注、假借，无论依何种解释，在埃及象形文字均有其例。总之中国的六书有所通于埃及之象形文字，而埃及象形文字之演进亦可适用于中国文字。⑧

蒋善国在《中国文字之原始及其构造》一书中，曾以北美印第安文字作为参考对象，对汉字的起源及其形态进行了研究。⑨

裘锡圭先生曾运用比较方法，通过对甲骨文与纳西东巴文某些特定角度上的比较，撰成《汉字形成问题的初步探索》⑩，对甲骨时代的汉字可能存在多异体、一字读多音节和行款较乱等特征作了推测与论证。李静生在其《纳西东巴文与甲骨文的比较研究》⑪中，对这两种文字的象形、形声与假借三个系统逐一进行了比较。后来王元鹿师撰成《汉古文字与纳西东巴文字比较研究》⑫一书，对甲金时代的汉字与纳西东巴文字进行了全面的系统比较。该书是中国学者对两个文字体系进行系统比较的首部专著，为比较文字学理论的创立奠定了坚实基础。

三、创立期

比较文字学的正式创立，是周有光先生《比较文字学初探》（1998）和王元鹿师《比较文字学概论》（2001）两书的问世。

周先生按照自己创立的“三相”理论框架，将其所涉及的文字分为形意文字、意音文字、表音文字，全书也以此为标准进行分类论述。周先生在书中提供了丰富的资料，特别是意音文字和表音文字。对于意音文字中的汉字系文字，周老收集了汉字型文字 30 种，经过比较，分为孳乳仿造、变异仿造、异源同型三类；并且还归纳出汉字传播的四个阶段；对于非汉字系的意音文字，则用六书对其进行结构分析；在表音文字中，周老梳理了表音文字的产生发展过程，建立了表音文字的发展谱系。

王元鹿先生的《比较文字学概论》则更多地从理论角度阐述了比较文字学的定义和学科定位、研究类型、研究方法、意义及局限等，按照文字符号与语言单位的对应关系、文字记录语言的方式、文字符号体态等分别对早期文字、表词—意音文字、表音文字进行比较。重点放在早期文字，从理论上探讨了早期文字的类型学，与文字渊源物进行比较。

促成这门学科的创立主要有两方面因素，一是国外文字学理论的引进，二是我国少数民族文字研究所取得的巨大成就。

1880年出现了K. Faulmann的《插图本文字史》。造成广泛影响的是美国学者I. J. Gerb的《文字研究》[13]。而对我国文字学界影响最大的是前苏联学者伊斯特林的《文字的产生和发展》[14]。这种外国文字理论热潮伴随着中国拼音化改革的理论需要，中国本土产生了诸如周有光先生的《世界文字发展史》[15]这样的著作。

国内学者对中国少数民族文字研究的关注是在传教士和国外探险家对中国民族地区的研究之后展开的，后来抗战爆发，包括中央研究院史语所和著名高等学府内迁，开展了更多关于民族文化的研究。新中国成立后，国家为了民族识别和帮助没有文字的少数民族创制文字，展开了大规模的民族语言文字调查。这些都积累了相当的材料。

四、发展期

比较文字的发展，主要依赖于两个方面，一是具体文字研究的深入，一是普通文字学研究的深入。

经过各具体文字较长时期调查研究的开展，特别是汉字研究、东巴文研究、西夏文研究等的深入，初步积累了一些文字资料，虽然各具体文字研究极不平衡。

普通文字学，也就是文字理论的研究，首先在汉字研究中提炼出理论成果，如裘锡圭先生的《文字学概要》[16]，就是汉字研究的集大成。另外也出现了归纳多种文字形成普通文字学理论体系的著作，如王元鹿师的《普通文字学概论》[17]，在多种文字资料的基础上对文字的本质、文字的分类和归类、文字的发生及早期文字的特征提出了一些理论见解。

文字比较研究的发展表现在以下几个方面：

（一）自源文字的比较研究

中国境内除汉字以外的自源文字种类也不少，如东巴文、尔苏文、水书、彝文等。在这些文字研究上，首先是各具体文字学研究成果极不平衡，当然这些文字之间的比较研究也就不平衡了。

研究比较集中，成果较多的是汉字与东巴文的比较研究。早在1987年王元鹿先生就出版了《汉古文字与纳西东巴文比较研究》，但此后较长时间此领域进展缓慢。喻遂生先生除对纳西东巴文及文献作过一些专题研究，也对纳西东巴文与汉古文字作过一些比较，其中有《纳西东巴文的异读和纳汉文字的比较研究》《纳西东巴字、汉古文字中的“转意字”和殷商古音研究》《甲骨文、纳西东巴文的合文和形声字的起源》《汉古文字、纳西东巴字注音式形声字比较研究》等论文，后来辑成《纳西东巴文研究丛稿》[18]一书。

其他类文字的比较研究成果就相对较少，有王元鹿先生的《尔苏沙巴文字的特征及其在比较文字学上的认识价值》[19]（1990）、《水文方位字研究及其对普通文字学研究的启发》[20]（2003）。

（二）汉字系文字的研究

因为汉字系文字种类较多，故可以进行综合比较，按其类别可分为北方系文字研究和南方系文字研究，二者都取得过不小的成绩。对此进行综合考察的有陆锡兴先生的《汉字传播史》[21]和王锋先生的《从汉字到汉字系文字》[22]。

《汉字传播史》不仅主要分析了汉字向四面传播而影响的文字，而且还分析了西方标音文字东传所产生的影响。

《从汉字到汉字系文字》主要介绍了汉字文化圈中包括南方型汉字系文字和北方民族的汉字系表意文字以及汉字系表音文字，最后分析了汉字系文字发展的特征。

（三）其他系文字的比较研究

许寿椿先生主编的《文字比较研究散论——电脑时代的新观察》[23]，根据周有光先生的五大文字圈的划分，逐一介绍了拉丁文字圈、斯拉夫文字圈、阿拉伯文字圈、印度文字圈等各类文字。

比较文字学研究的缺点

一、比较文字研究的基础不深厚

具体的文字研究是比较研究的基础，没有比较的材料，比较则无法进行。现在虽然多数文字都有专门研究，但研究投入及成果极不平衡。北方系文字研究成果相对要多，南方系文字则要少一些。汉字系文字研究要多一些，其他系文字研究要少一些；自源文字的研究则更不平衡。研究较多的如东巴文，而其他文字如水书、尔苏沙巴文则研究得不够。

二、文字比较的种类不广

具体的文字研究往往只专注于一种文字，很少与其他文字进行沟通比较。即使有比较，也多与汉字进行比较，而没有与其类型或性质更为接近的文字进行比较。这一方面是因为材料不足，还有可能是研究的视野有限。比较研究中还亟需进行多种文字的比较，因为同类型或同系列文字可能不止一种，那就要突破二者对比，而进行多方比较，可能更容易发现各具体文字的细微差别和在文字发展序列中的准确位置。

三、比较的角度不多

以往的比较研究重在文字结构的比较，而其他方面如文字性质、文字产生背景和过程、文字使用环境、文字传播与影响方面的比较不多。这也是我们需要开拓的领域。

比较文字学研究展望

针对目前比较文字学研究中的不足，我们觉得以后应该加强以下几方面工作：

一、具体文字资料的收集与研究

现在不少文字都收集了相当丰富的资料，有的编辑了译注全集，同时也编纂了不少字典。但还有一些文字在这方面工作开展得不够，应尽快出译注全集，同时编纂相应字典。

在此基础上，单种具体文字的文字学研究也应该全面展开，如《汉字学》《彝文文字学》的单种文字学概论性著作应该每种文字都有。有了这个坚实的基础，比较文字学才会得到更快的发展。

二、文字理论研究的加强

文字的比较研究离不开文字理论的指导，普通文字学理论的不断深入，可以为比较研究提供更多的比较视角，提供更多的比较标准。所以在以后的比较文字学研究中要突破材料的简单比附，要用普通文字理论作为参照系，进行深入和广泛的比较研究。

文字理论研究可以引进多学科的研究方法，如对于原始文字研究，涉及到相关的学科有民族学、宗教学、民俗学。因为原始文字多掌握在少数民族的宗教人员手中，只有尽可能多地把握关于此文字的相关背景知识，才能更深入地理解此种文字。

三、文字研究方法的更新

文字研究是实证科学，应在大量资料的基础上进行，在全面收集资料的基础上，要采用先进的储存、检索、分析资料的方法，主要是要更多地运用计算机信息技术手段。对于各种文字，要建立相应字库、资料库，把大量重复的工作交给计算机自动进行，提高分析的精度和效率。

民族文字研究中涉及到计算机信息处理，现在只有少数几种文字进入了国际标准编码字符集，字符集以外的文字输入输出、排版、数字存储、传输、检索等都难于实现，现在虽也有少数研究单位或个人自制了字库及输入法，但标准不统一，且多数均申请专利保护，不便于共享及再开发。现在当务之急是在国家统一规划下进行民族文字的信息处理标准的研制。

四、在文字比较研究中进行系列研究

多数文字不是零散的，不管是从发生学、类型学还是地域影响，各种文字都会从属于一定系列。如按照文字发生而分的五大文字圈，以及按照文字类型而分的早期文字类型、意音文字类型、表音文字类型。要有系统地开展文字系列的研究，汉字系文字研究就开了一个好头，虽然这一领域还可再细分为各个系列进行微观研究。

［附注］

①周有光《比较文字学初探》，语文出版社，1998。

②聂鸿音《中国文字概略》，语文出版社，1998。

③徐珂《清稗类钞》，中华书局，1984。

④斌椿《乘槎笔记》，湖南人民出版社，1981。

⑤张德彝《航海述奇》，岳麓书社，1985。

⑥郭嵩焘《伦敦巴黎日记》，岳麓书社，1985。

⑦参阅王元鹿《比较文字学》，广西教育出版社，2001。

⑧参阅何丹《图画文字说与人类文字的起源》，中国社会科学出版社，2003。

⑨蒋善国《中国文字之原始及其构造》，武汉古籍书店，1987。

⑩裘锡圭《汉字形成问题的初步探索》，《中国语文》，1978 年第 3 期。

⑪李静生《纳西东巴文与甲骨文的比较研究》，《东巴文化论集》，云南人民出版社，1985。

⑫王元鹿《汉古文字与纳西东巴文比较研究》，华东师范大学出版社，1987。

⑬ I. J. Gerb（格尔伯）. *A Study of Writing* （《文字研究》），芝加哥大学出版社，1952。

⑭伊斯特林《文字的产生和发展》，北京大学出版社，1987。

⑮周有光《世界文字发展史》，上海教育出版社，1997。

⑯裘锡圭《文字学概要》，商务印书馆，1988。

⑰王元鹿《普通文字学概论》，贵州人民出版社，1996。

⑱喻遂生《纳西东巴文研究丛稿》，巴蜀书社，2003。

⑲王元鹿《尔苏沙巴文字的特征及其在比较文字学上的认识价值》，《华东师范大学学报》哲社版 1990 年第 6 期。

⑳王元鹿《水文方位字研究及其对普通文字学研究的启发》，《湖州师范学院学报》2003 年第 4 期。

㉑陆锡兴《汉字传播史》，语文出版社，2002。

㉒王锋《从汉字到汉字系文字——汉字文化圈文字研究》，民族出版社，2003。

㉓许寿椿《文字比较研究散论——电脑时代的新观察》，中央民族学院出版社，1993。

（邓章应，华东师范大学中文系 2004 级博士生）

周有光先生的大语文观

沙莉莉

周有光先生是我国著名的语言文字学家。他在语言文字学的很多领域都取得了巨大成就，他对中国语文现代化的研究最深、贡献最大，是中国语文现代化理论的奠基人。周先生的学术思想博大精深，这里只选取他学术思想的一个方面——大语文观来进行阐述。

周有光先生研究语言文字，绝不局限于语言文字本身，不是为学术而学术，而是从治国的高度，把语言文字放在上下五千年、东西五大洲的大背景下来考察，从全球信息化的高度来看待我国语文现代化的发展，试图解决人们为什么要学习“语文”，学习什么样的“语文”，怎么样学习“语文”及“语文”在国家建设中的作用等宏观认识问题。这样的大语文观使他的思想具有先进性和预见性，他的学术贡献将与时俱显。

语言文字是信息交流的工具，是社会的产物，语言文字不可能孤立地发展，必然会受到社会的影响，同时也会影响社会各方面的发展。周先生指出：“社会的演变和语文的演变是密切关联的。秦并六国，统一天下，实行‘书同文’政策；‘官狱职务繁，初有隶书，以趋约易，而古文由此绝矣’。这是古代的社会演变引起了语文演变。鸦片战争（1840）打开闭关自守的清帝国的大门，中华民族由震惊而觉醒，开始了中国历史的新篇章，同时，掀起了中国语文的新思潮。这是近代的社会演变引起了语文演变。”①社会进入到现代化时期，语言文字也应作相应的调整，为了和社会现代化相一致，周先生较早地提出了语文现代化这一旗帜鲜明的口号。周先生认为语文现代化、语言规划、文字改革三者包含的内容是一致的。他说："二次大战之后，全世界有一百多个新独立的国家，都要革新他们的语文。有的要求建立国家共同语，有的要求更新文字规范，有的要求推行双语文教育，有的要求确定科技术语政策。由此兴起一门新的学问，叫做'语言计划'（language planning，又译'语文规划'）。文明古国，在'现代化'的建设进程中，也要求革新语文。这主要有日本、中国、印度等。一百年来，日本和中国都有'文字改革'运动。'文字改革'包括语言的革新。'语言计划'包括文字的革新。说法各异，内容相同。语文革新，不是只有中国才有，而是几乎每一个国家都有，只是形式和内容以及发生的时机各有不同罢了。"②周先生这一概括，告诉我们语言规划或文字改革都不是一国的事情，而是全世界都在进行的工作。语言规划或文字改革的最终目的都是为了使中国的语文现代化，进而推动整个社会的现代化。周先生把从清末以来的语文现代化目标概括为四个方面：语言共同化、文体口语化、表音字母化、文字简便化。

1. **语言共同化**

"现代共同语"是工业革命的产物。我国要求人人会说共同语，以便接受全民义务教育，是鸦片战争以后受日本的启发提出来的一件新事情，一直到今天还没有真正实现。周先生说："一国人民，如果语言彼此不通，那是一盘散沙，不是一个现代化国家。""推广共同语是国家现代化的一项必不可少的先行工作。"但是目前我国普通话普及的成绩如何呢？"据语言调查的数据显示，目前大中城市大概 80%左右能够使用普通话进行交际，而农村普通话的普及率在 40%以下，在一些边远地区甚至更低一些，全国人口能够使用国家通用语言交际的约占 50%多一点。在新疆、西藏民族地区仍然有 70%的农牧民不能使用汉语进行交际。在云南、贵州的少数民族地区仍然各有 700 万到 800 万人口不能使用国家通用语言进行交际。从中可以看出，我国的推普成绩并不理想。”③对于推广普通话，目前社会上有一些人持抵触情绪，认为推广普通话就会消灭方言，普通话不如方言生动活泼。去年两会期间，上海和广东的人大代表提出保卫本地方言。诸如此类的观点大多来自经济发达地区，为什么陕甘宁等西北地区没有人提出保护方言？因为保护那样的方言，不但自己走不出去，别人也进不去，只能继续贫困！经济的优越感引起方言的优越感是可以理解的，但在语言文字的领域里，搞“财大气粗”是非常落后的。时代越发展，人们越怀旧，这是正常的心理现象，但社会毕竟还要向前发展，这种怀旧情绪也只能是“无可奈何花落去”。

1955 年的全国文字改革会议和现代汉语规范问题学术会议确定了“普通话”的定义：以北京语音为标准音，以北方话为基础方言，以典范的现代白话文著作为语法规范的现代汉民族共同语。1982 年我国宪法规定：“国家推广全国通用的普通话”。2001 年 1 月 1 日开始施行的《中华人民共和国国家通用语言文字法》把普通话确定为“国家通用语言”，普通话的法定地位进一步确定。周先生提醒我们：“西欧国家在 300 年前就普及了共同语。日本在 100 多年前就普及了共同语。我们必须急起直追、迎头赶上。”④

21 世纪是信息化时代，我国现代化的任务是一方面要完成工业化，一方面要追赶信息化。普及普通话，实行“国内双语言”是工业化的要求。要想实现信息化，周先生指出还要实现“国际双语言”。周先生说：“中国的双语言，原来是指推广普通话：从只会说方言，到又会说普通话。普通话是学校和社会语言，方言是家庭和乡土语言，这是‘国内双语言’。

现在又有了第二种含义：从只会说普通话，到又会说英语，这是‘国际双语言’。”⑤周先生通过论证证明英语是事实上的国际共同语。“任何国家想要成为一个现代化国家，必须以英语为第一外国语。英语没有国籍。谁利用它，谁就得益。”⑥他还指出：“双语言不是独立于社会之外的附加物，而是现代社会的一个职能。双语言是一种现代化的指标。从双语言的水平，可以在一定条件下测知国家现代化的程度。”⑦

2. 文体口语化

教育革新是国家政治、经济、文化、科技革新的基础，而语文革新是教育革新的前提。进行语文革新，这是“五四”提出的文字改革任务，所以 1919 年掀起以白话文运动为先锋和高潮的五四运动，白话文由此取代文言文成为文学的正宗和小学教科书的正式文体。这不仅是一次文体解放，同时也是一场思想解放，因而被称为中国的“文艺复兴”。可是直到今天，这场思想革新也没有取得完全的胜利。半文不白的文章在报刊杂志上随处可见，有人以满嘴“之乎者也”为荣，而且经常用错。中学生高考作文写成文言文，教师竟然给了满分，媒体还大肆炒作。周先生对此写了下面的超短文予以批判：“现代人要说现代话，写现代文，开创现代文化。文言的用处只是了解古书，不适合用于现代生活。认为文言比白话优美，那是心理错觉。目前有一股复古风，这是缺乏时代意识和自信心的表现。青年们不可误入歧途。文言可以写，但是写文言不应当加分。媒体炒作，不足怪。人咬狗是新闻嘛！不要忘记，这是 21 世纪。”⑧大家的至理名言值得我们每一个现代人深思。

3. 表音字母化

中华民族利用描画客观事物（象形）来创造文字记录语言，在字“形”

上走在了世界的前列，但在求表音的道路上却探索了两千多年。从譬况法、直音法、反切法，到注音字母、国语罗马字、北方话拉丁化新文字，一直到新中国《汉语拼音方案》的制定，这一探索才得以圆满终结。

周先生是《汉语拼音方案》的主要制定者之一，对方案的诞生做出了巨大贡献。周先生早在解放前就进行拼音化的业余研究。1952 年他出版《中国拼音文字研究》一书。周先生正是把业余爱好做到了专业化的程度，所以国家在 1955 年召开文字改革会议的时候，请周先生参加并把他留在了文改会。1954 年底，直属于国务院的中国文字改革委员会成立，1955 年 2 月，文改会内部设立拼音方案委员会，周先生是 15 名委员之一。拼音方案委员会指定叶籁士、陆志韦和周有光三人起草“汉语拼音文字方案初稿”。

在制定拼音方案的过程中，字母形式问题成为争论的焦点。毛泽东同志提出“形式应该是民族的，字母和方案要根据现有汉字来制定”的指示，主张搞“民族化”的设计。周先生力主拉丁字母，写了《字母的故事》提供参考。毛主席后来接受语文学界多数人的意见，赞同采用拉丁字母，并且亲自出面做工作。这样就为《汉语拼音方案》的诞生扫除了一个最大的障碍，结束了字母形式问题的长期争论。

随着时代的发展，越来越显示出拼音方案最终选择拉丁字母的英明。“这个选择固然体现了国家领导人的远见卓识，而周先生的推荐介绍也是功不可没的。”[9]周先生还提出“汉语拼音三原则”：1. 拉丁化，2. 音素化，3. 口语化，并且从反面阐明《汉语拼音方案》的“三不是”：1. 不是汉字拼形方案，而是汉语拼音方案；2. 不是方言拼音方案，而是普通话拼音方案；3. 不是文言拼音方案，而是白话拼音方案。[10]从而澄清了人们头脑中关于拼音方案的一些错误认识。《汉语拼音方案》于 1958 年 2 月 11 日由中华人民共和国第一届全国人民代表大会第五次会议通过，40 多年来，在推广普通话，语文教育，新闻出版，编序和检索，编制型号、代号，邮电和其他通信，信息处理，专名拼写，少数民族的文字改革，对外汉语教学等许多方面都得到了广泛的应用，是须臾不可或缺的工具，这无不体现出当年制定者们的远见卓识。吕叔湘先生说“汉语拼音方案是最佳方案”，刘涌泉先生认为“汉语拼音方案是没有申请专利却有国际专利权的重大发明”。⑪ 1977 年联合国经社理事会的地名标准化会议采用《汉语拼音方案》作为拼写中国汉语地名的国际标准。1979 年国际标准化组织在波兰华沙举行会议，该组织负责给各种非罗马字母文字规定罗马字母拼写法的国际标准。周先生代表中国作大会发言，提议采用《汉语拼音方案》作为拼写汉语的国际标准。1982 年，由会员国投票通过，《汉语拼音方案》成为拼写汉语的国际标准。《汉语拼音方案》从国内走向了国际，周先生功不可没。拼音方案的拉丁字母搭建了世界书同文的平台，“试想，我们的拼音方案不是拉丁字母的而是‘民族式’的或是另外什么‘式’的，参加国际交流要用国际标准化组织为我们设计的拉丁字母转写法，那还有什么‘民族自豪感’，还有什么‘国格’可谈！”⑫

《汉语拼音方案》不仅是给汉字注音的工具，还是拼写汉语的工具。《汉语拼音方案》要记录汉语，就必须记录汉语最基本的使用单位——词，这就要求《汉语拼音方案》必须有分词的内容。周先生为了进一步完善《汉语拼音方案》，从 50 年代就开始研究正词法，编写了《汉语拼音词汇》一书。1979 年，周先生代表中国参加国际标准化组织在波兰华沙举行的会议之后，起草了《汉语拼音正词法要点》，主持了《汉语拼音正词法基本规则》的制定。周先生先后发表了《汉语拼音正词法问题》《正词法的性质问题》《正词法的内在矛盾》《汉语拼音正词法和国际互联网》等论文。1996 年《汉语拼音正词法基本规则》成为拼写汉语的国家标准（GB/T16159—1996）。现在《汉语拼音方案》已经从国内走向国际，成为拼写汉语的国际标准。1998 年，《汉语拼音方案》公布 40 周年，藏书量世界排名第一的美国国会图书馆决定，从这一年起，把全部 70 万册中文图书的目录由旧拼法改为汉语拼音。汉语拼音已经成为沟通现代文化的桥梁，是中国走向世界的“全球通用码”。近年来有些人提出对《汉语拼音方案》进行修改，周先生作为唯一健在的方案制定者，时时注意这些修改的意见。他说：“这些建议很少是在 50 年代没有仔细研究过的。汉语拼音方案不是没有缺点的，但是改掉一个缺点往往会产生另一个缺点。缺点和优点是共生的。只能两利相权取其重，两弊相权取其轻。”[13]

《国家通用语言文字法》第十八条规定：“国家通用语言文字以《汉语拼音方案》作为拼写和注音工具。《汉语拼音方案》是中国人名、地名和中文文献罗马字母拼写法的统一规范，并用于汉字不便或不能使用的领域。”《汉语拼音方案》在汉字不便或不能使用的领域发挥着作用，无文字之名而有文字之实。中国古代认为汉字是黄帝的史官仓颉所造，传说：“仓颉四目，生而知书，仓颉作书而天雨粟、鬼夜哭。”仓颉造字是传说，是文字图腾崇拜的表现。《汉语拼音方案》的制定有仓颉之功，我们可以毫不夸张地说周有光先生就是实实在在的当代的仓颉，他的功绩将青史留名。

4. **文字简便化**

汉字问题一直是中国语文学界最敏感、争论最多的问题。有人主张改革汉字，甚至五四时期有人提出废除汉字，实行拼音文字；有人则认为汉字是信息量最大的文字，是最先进的文字。周先生指出，之所以会出现这两个截然相反的观点，是因为汉字本身的两面性：技术性和艺术性。“重视技术性的人们成为汉字的‘改革派’。重视艺术性的人们成为汉字的‘国粹派’。”[14]汉字的艺术性使它成为古代化的宝贝、现代化的包袱。进行现代化，就必须对汉字进行改革，改进它的技术性。

汉字这一古代文明的“宝贝”，由于笔画繁、字数多、检索难等毛病，在清末就有人提出改革。20 世纪 20 年代从事“新语文”运动的叶籁士先生就提出对汉字进行“定量、定形、定音、定序”。周先生在这方面做出了巨大贡献。20 世纪 80 年代，周先生提出了建设“现代汉字学”的构想。周先生认为，汉字学应当包括历史汉字学、现代汉字学和广义汉字学三个部分。周先生认为现代汉字学的研究是今天我们研究的重点。周先生不仅提出构想，还亲自做了大量的研究工作，为这门新学科的发展奠定了坚实的基础。周先生提出了汉字效用递减率，提出了要在现代汉字和文言古语用字之间划出一条界限的论断，提出了研制现代汉字用字全表的卓见，还亲自计算了汉字的有效表音率，进行了汉字形体分解研究。在周先生的倡导下，现代汉字学这门年轻的学科正在健康成长。由著名语言学家王均先生主编的《当代中国的文字改革》对周先生给予高度评价：“在中国语言学家当中，重视中国文字的研究跟现代技术的应用如中文信息处理等，到目前为止，周有光可算是‘独领风骚’。而中国语言文字研究的出路，恐怕是‘非此莫由’。”[15]

关于汉字简化问题，周先生希望：“为了提高工作效率，增强屏幕上的清晰度，21 世纪后期可能对汉字还要进行一次简化。”[16]这个预见可能为进一步整理和简化汉字指明方向。

语文现代化不是静态过程而是动态变化，具有与时俱进的特点。进入信息化时代，语文现代化又增加了新的内容。周先生概括为语文电脑化和术语国际化。

5. **语文电脑化**

信息化时代，研究语言文字，不仅要研究人际关系，还要研究人机关系，这就为语言文字提出了新的课题。汉字输入电脑，经历了整字输入到编码输入，出现了万“码”奔腾的现象。周先生曾经做过试验，认为编码不是一条康庄大道。他说：“编码是一种落后的东西。日本在 80 年代就完全停止编码了。”[17]他积极提倡拼音汉字转换输入法。他说：“我们失去了一个大众化的打字机时代。现在，来到了计算机时代。如果输入汉字必须经过记忆编码的特别训练，不能像外国的字母文字那样方便，那么，中国计算机也只能由专业者使用，不能成为大众化的语词处理机。这样，差距依然存在。我们在失去了一个大众化的打字机时代以后，不能再失去一个大众化的语词处理机时代。真正消灭差距，追回失去了的时代，出路很有可能就在于采用‘拼音转变法’。”[18]周先生提倡拼音变换法以“语词、词组、成语、语段、常用词句”等作为输入单位。随着电脑、手机的普及，这一转换法的优越性逐步显现出来。

6. **术语国际化**

中国历史上有三次文化高潮：先秦的百家争鸣，唐朝的学习印度佛学和清末的西学东渐。其中后两次是吸收外来文化，外来文化的引进带来了大量的术语，因此术语的翻译是文化传播中的关键工作。周先生研究了这两次文化传播中的术语翻译情况，指出：中国的术语翻译是术语的“民族化”，就是使术语适应本国语言，创造“有本国特色”的名词。术语翻译，速度太慢。“一名之定，十年难期。”“马克思”一词，就曾经被翻译成“麦喀士、马陆科斯、马尔克、马可思”等十几种，从 1902 年到 1923 年，经过 21 年才基本统一。术语翻译因地而异，美国总统布什，台湾译“布希”，香港译“布殊”，可见术语的共同化并不容易。周先生又介绍了日本术语国际化的经验，指出术语的国际化是日本走上国际化的一个必要条件。但是我国是否也照搬日本的术语国际化呢？不行，“因为文化有层次性，又有阶段性。”周先生指出，最可行的办法是实行“术语双语言”：“一方面可以保持‘术语民族化’的传统，使大众科技工作者比较容易吸收科技知识；另一方面可以为‘术语国际化’准备必要的条件，使专业科技研究者迎头赶上迅猛发展的信息化时代。”周先生说：“东亚经济起飞的‘四小龙’（台湾、香港、新加坡、韩国）都属于‘汉字文化圈’。有人说，他们的经济起飞得力于‘崇拜孔夫子’。其实是得力于‘科技双语言’政策。他们有的用英语作为科技教育的主要语言，有的兼用本地语言和英语，都实行‘科技双语言’。”[19]

周先生对术语统一的工作极为关注。“他建议，大陆应该和港澳台联合起来，用超地区的观念来对待汉语的科技术语工作，共同建立成熟的汉语术语学派。周先生还对海峡两岸成功地对 101—109 号化学元素统一命名极为赞赏，认为走出了科技术语统一的重要一步。”[20]

周有光先生的大语文观，使他的学术思想具有先进性和预见性。我们应步其后尘，为中国的语文现代化事业添砖加瓦，推动国家的现代化。

大学是治国之学，大家是治国之家，天下知识分子都如此这般，何患国不富强也哉！

[附注]

①王均主编《当代中国的文字改革》序言，当代中国出版社，1995。

②陈永舜《汉字改革史纲》（修订版）序言，吉林大学出版社，1995。

③转引自《中国语文现代化学会通讯》2005 年第 41 期，中国语文现代化学会秘书处编。

④周有光《周有光语言学论文集》64 页，商务印书馆，2004。

⑤周有光《新时代的新语文》32 页，生活 · 读书 · 新知三联书店，1999。

⑥周有光《新语文的建设》202 页，语文出版社，1992。

⑦周有光《新时代的新语文》34 页，生活 · 读书 · 新知三联书店，1999。

⑧《中国教育报》，2003 年 9 月 30 日。

⑨同③。

⑩周有光《新时代的新语文》221 页，生活 · 读书 · 新知三联书店，1999。

⑪刘涌泉《汉语拼音是我国语言学界的最大成就》，《语文建设》1998 年第 4 期，15 页。

⑫陈永舜《拼音化方向问题》，《北华大学学报》，2005 年第 6 期。

⑬周有光《〈汉语拼音方案〉的制定过程》，《语文建设》1998 年第 4 期，14 页。

⑭周有光《汉字和文化问题》253 页，辽宁人民出版社，2000。

⑮王均主编《当代中国的文字改革》444 页，当代中国出版社，1995。

⑯周有光《21 世纪的华语和华文》61 页，生活 · 读书 · 新知三联书店，2002。

⑰《信息污染和语文现代化——与周有光对话》，转引自 www.huang jiwei.com。

⑱《中文信息处理的双轨制》，《周有光语文论集》（第四卷）302 页，上海文化出版社，2002。

⑲周有光《现代文化的冲击波》136 页、137 页，生活 · 读书 · 新知三联书店，2002。

⑳《放眼未来，汉语在 21 世纪将得到更大的发展———著名语言学家周有光教授访谈记》，见《科技术语研究》，1999 年第 2 期。

（沙莉莉，北华大学语文现代化研究中心）

周有光先生的语文现代化思想

吕超男

周有光先生是蜚声海内外的杰出语言文字学家，是中国语文现代化事业的一面旗帜。长期以来，他广泛探索并深入研究中国语文现代化理论，对推动中国语文现代化事业的快速发展做出了卓越的贡献。

21 世纪，中国的语言文字面临着新时代的巨大挑战。周先生深刻指出："语言：从只讲方言的单语言生活，到又讲共同语的双语言生活；文字：从只用汉字的单文字生活，到又用汉语拼音的双文字生活。这就是中国语文现代化的方向。"①

一、双文化

周有光先生对双文化问题进行了全面、系统、深入的研究。他站在治国的高度，对文化的地域传播、文化的历史发展以及世界各国的双文化生活进行了细致分析，对各国的传统文化如何适应已经覆盖全世界的现代文化浪潮作出建议性倡导：内外并存，新旧并用，实行双文化。

周先生说："人类历史已经进入双文化时代，民族的传统文化和国际的现代文化并存并用。"②"现代文化是全世界人民'共创、共有、共享'的文化。"③它汲取了各传统文化的精华，因而具有先进性，引领着世界的文化潮流；它是全人类共同努力的结晶，因而又具有开放性，欢迎世界各国的加入。世界上任何国家，要想在迅猛发展的国际社会中立于不败之地，就必须加入到现代文化中去，中国也不例外。

中国的传统文化又称华夏文化。周先生在对华夏文化进行了客观评价后，严肃地指出："为封建制度服务了 2500 年的华夏文化，要想转化成为现代文化，那是一场脱胎换骨的大手术。”④而中国要想追赶先进国家，就必须实现现代化。周先生说：“‘四个’现代化实际都是科技现代化，而科技现代化必须以教育现代化为前提。”⑤语文是教育的工具，因而，语文的现代化成为教育现代化乃至整个民族现代化的基础工程。教育要面向现代化、面向世界、面向未来，语文就要顺应时代的发展潮流，进一步革新。不能革新的语文是没有生命力的。怎样革新？认清时代发展趋势，借鉴世界各国语文建设的成功经验，并根据中国语文的实际情况，实行双语言、双文制及中文信息处理的双轨制，这是面向双文化时代的中国语文策略。周先生对双文化的研究，为中国语文实现现代化明确了时代背景。

二、双语言

周先生说：“日常生活和本国文化用国家共同语，国际事务和现代文化用国际共同语。文化和经济发达的国家，早已实行了双语言。现代是双语言时代。”⑥中国的双语言有两层含义：国内双语言和国际双语言。国内双语言是指少数民族语言和普通话并存并用（对于少数民族而言）；方言和普通话并存并用（对于汉族而言）。国际双语言是指普通话和英语并存并用。从“国内双语言”到“国际双语言”，全球化的意识增强了。

对于我国少数民族语言问题，周先生提出了“求同存异”原则。“‘存异’主要是让不同的民族语言并存，得到同等的发展机会；‘求同’主要是大家除了使用本民族语言以外，学习同一种共同语言，作为全国性的交际工具，实行‘双语言’生活。”⑦“求同存异”不仅仅是语言原则，更是处理民族关系乃至国际关系的重要准则。作为语言学家，能把治国的道理融会在语言文字的研究中，足以体现周先生的“大家”风范。

汉语既有优点，又有缺点。周先生说："汉语的优点是本国人口众多，国外还有大批华侨和华裔。缺点主要是内部没有一致性。"[8]汉语内部缺乏一致性，主要表现为汉语各方言之间的不一致，这种不一致近似于各不相同语言间的差异。如此大的差异不利于交流。减少差异性，增加共同性，"语言求通"规律要求推广、普及普通话。但是，人民群众对方言这一"母亲语"怀有深厚的感情，现代社会的发展要求与人民群众的怀旧情绪构成了矛盾。周先生提出了合理的解决办法：实行方言和普通话并存并用的"国内双语言"，充分发挥汉语拼音的重要作用，这是推广、普及普通话最现实可行的道路。

英语已经成为事实上的国际共同语。周先生说："任何国家想要成为一个现代化国家，必须以英语为第一外国语。英语没有国籍。谁利用它，谁就得益。"[9]实行"国际双语言"已经成为每一个正在积极进行现代化建设的国家的自觉选择，但是，从中国目前的推普情况看，距离普及普通话的目标还很远，这就为实行"国际双语言"增加了困难。周先生提醒我们说："不能等待实现工业化之后再进行信息化。同样，不能等待实现国内双语言之后再进行国际双语言。我们的历史任务是，在一个时期赶上两个时代。"[10]国内双语言是实现工业化的前提，国际双语言是实现信息化的条件，国内双语言和国际双语言兼程并进，实质是语文的现代化和国家的现代化并驾齐驱。周先生高屋建瓴，把语言问题放在国家发展的制高点来考虑，开阔了我们的视野，先生的见解透射着智慧的光芒！

随着科技的快速发展，科技术语与日俱增。如何采取切实有效的政策，使科技术语的翻译更好地为中国的现代化服务，已经成为中国语文现代化的重要工作。周先生说："从主客地位来看，术语翻译分为'国际化'

（客观翻译）和‘民族化’（主观翻译）。这是术语翻译的两大原则。”[11]汉字文化圈中，日本、朝鲜、越南都选择了术语国际化，只有中国用术语“民族化”，在科技全球化的道路上自设天堑，阻碍了自身科技的发展。变天堑为通途，就要改弦易辙。周先生建议分层处理，实行“科技双语言”，他说：“中国大陆如果实行‘科技双语言’政策，一方面可以保持‘术语民族化’的传统，使大众科技工作者比较容易吸收科技知识；另一方面可以创造‘术语国际化’的条件，使专业科技研究者迎头赶上迅猛发展的信息化时代。”[12]

三、双文制

周有光先生通过长期的比较文字学研究，证实了人类文字“从表形到表意到表音”的共同演变规律。汉字作为世界上巍然独存的意音文字，应该遵循人类文字发展规律，向拼音化方向演进。

拼音化问题是语文学界长期争论的问题，周先生关于拼音化的见解独树一帜。他说：“拼音化有广狭两义。狭义指‘拼音’作为正式文字。狭义的‘拼音化’现在并不存在。广义指‘拼音’的任何应用。例如字典里给汉字注音。广义的‘拼音化’已经存在。害怕它，也难于去掉它。狭义的‘拼音化’并不存在。呼喊它，也不可能使它立即出现。现实的态度是，利用它，使它帮助汉字，发展中国的文化，向现代化前进。”[13]周先生对拼音化问题的分析鞭辟入里、实事求是。拼音化以人类文字发展规律为理论依据，具有必然性；在我国，它是一个由广义向狭义发展的动态过程，又具有阶段性。所以，我们既要看到拼音化的必要性和紧迫性，也要看到它的长期性和艰巨性。一方面坚持不懈地研究拼音化，另一方面认清当前的语言文字状况，使拼音化进程顺其自然，稳步前进。

量变和质变是事物发展变化的两种状态和形式。汉字传到朝鲜、日本、越南都发生了由表意到表音的拼音化质变，惟独在中国仅有文字符号的量变，不见文字制度的质变。什么原因？周先生告诉我们："'形意音'的发展是在从本土到异地的传播中完成的，不是在本土传承中完成的。"⑭汉字是汉族土生土长的自源文字，由于汉字在中国使用的历史时期长，应用范围广，才使汉字具有了其他汉字型文字无法比拟的极强惯性，而惯性的改变不是一朝一夕所能完成的。

汉字是中国的法定文字，但是，"汉字学习困难、应用不便，这是事实，而且是严重的事实。"⑮对此，周先生提倡实行双文制，他风趣地说："汉字是一座宝山，其中宝藏丰富，但是它挡住通往四个现代化的去路。老愚公说，搬掉它（废除汉字）。新愚公说，驾飞机飞过去（拼音和汉字并用）。"⑯先生的双文制主张体现了对汉字现状的科学评价以及对汉字前途的正确分析，一方面缓解了汉字应用的燃眉之急，另一方面也为汉语拼音充分发挥潜能开辟了广阔的道路。

40多年来，《汉语拼音方案》在汉语教学、推广普通话、中文信息处理等许多方面发挥了不可替代的重要作用。尤其在信息网络时代，更让汉语拼音大显身手：办公自动化、语文电脑化、检索国际化，一刻都离不开汉语拼音——汉语拼音已经成为中国进入信息时代的领路人。我们在享用汉语拼音带来极大方便的同时，更应该感谢包括周先生在内的所有《汉语拼音方案》的创制者们，正是他们的远见卓识，才让我们加快步伐向信息时代迈进！

社会需求是语文发展的强大动力，要想推动中国语文现代化的顺利进行，必须克服急躁情绪。周先生说："近年来，有些热心分子在急于求成而未达目的之后感到失望，有些保守分子在一暴十寒而未见成效之后更加保守。这是难于避免的现象。可是坚持真理、放眼世界、真正为中国的‘现代化’而献身的知识分子，都应当站得高、看得远，独立思考，稳健行事，不为一时的流言飞语所动摇。中国的语文工作、教育事业和文化事业是前途光明的。”⑰

四、中文信息处理的双轨制

中文信息处理说到底就是语言文字的信息化问题，周先生把中文的双轨制应用于中文信息处理，使二者一脉相承。他说：“为了使中文信息处理赶上时代，必须采用双轨制：一方面有汉字的计算机，另一方面有汉语拼音的计算机。前者由具备人力、财力，并有使用汉字必要的单位采用。后者由个人、家庭、学校的班级，较小的单位采用。”⑱汉字的计算机和汉语拼音的计算机分工并用，满足了不同使用者的要求，有利于实现计算机的大众化，同时，也为中国追赶信息化搭建了广阔的平台。

周先生科学阐明：“要使中文真正进入计算机时代，必须首先妥善解决中文信息处理的‘瓶颈’问题——汉字输入技术”。⑲

汉语拼音的计算机，输入汉语拼音、输出汉语拼音，在键盘输入问题上完全可以和其他拼音文字相媲美，对汉语拼音进行各种信息处理，适应了拉丁化的网络潮流。而汉字的计算机，既可以输入汉字编码、输出汉字，也可以输入汉语拼音、输出汉字。编码需要特殊学习、特殊记忆，因而浪费脑力；拼音易学易用、方便快捷，因而节省脑力。信息时代，后者更易于计算机的普及。在万“码”奔腾时代，周先生适时地提出拼音转变法，让汉语拼音帮助汉字渡过了键盘输入的难关，让包括小孩儿、老人在内的更多人民群众走进了计算机时代。周先生深刻总结说：“‘拼音转变法'的计算机是'两条腿走路'的计算机，它既是汉语拼音的计算机，又是汉字的计算机，而汉字的计算机也要依靠汉语拼音。汉语拼音在计算机时代将发挥极大的作用。"[20]

无论是汉语拼音计算机的提倡，还是拼音转变法的提出，都充分体现了周先生"电脑大众化"的思想。先生给了我们重要的启示：中文信息处理的研究应该立足于人民群众的社会生活需要，信息时代应该让多数人而不是少数人受益。

双文化时代，实行双语言、双文制及中文信息处理的双轨制，正是一条中国语文现代化的双轨制道路。关注时代发展趋势，遵循人类语言、文字共同的演变规律，紧密结合中国语文生活的实际情况，这是周先生对中国语文现代化进行创造性研究的重要基础。先生提倡用世界的眼光看中国，他说："'登喜马拉雅山而小东亚，登月球而小中国，登火星而小地球。'将来，要走出太阳'系'，不仅走出地球。"[21]先生的语文研究因为立足世界，才会眼界超前；因为立足民众，才会切实可行！

[附注]

①周有光《中国语文的现代化》,《周有光语言学论文集》18 页，商务印书馆，2004。

②周有光《双文化和双语言的时代》,《汉字和文化问题》42 页，辽宁人民出版社，2000。

③周有光《现代文化的历史背景和基本特点》,《现代文化的冲击波》10 页，生活·读书·新知三联书店，2000。

④周有光《华夏文化的光环和阴影》,《周有光语言学论文集》381 页，商务印书馆，2004。

⑤周有光《从社会发展探索现代化的含义》,《现代文化的冲击波》36页,生活·读书·新知三联书店,2000。

⑥周有光《双语言时代》,《现代文化的冲击波》54页,生活·读书·新知三联书店,2000。

⑦周有光《中国语文纵横谈》,《周有光语文论集》第2卷,23页,上海文化出版社,2002。

⑧周有光《三个国际语言问题》,《周有光语文论集》第4卷,43页,上海文化出版社,2002。

⑨周有光《汉语的国际地位》,《新语文的建设》202页,语文出版社,1992。

⑩同⑥,65页。

⑪周有光《应用语言学的三大应用》,《周有光语文论集》第4卷,333页,上海文化出版社,2002。

⑫周有光《文化传播和术语更新》,《汉字和文化问题》161—162页,辽宁人民出版社,2000。

⑬周有光《汉语拼音方案基础知识》,108—109页,语文出版社,1995。

⑭周有光《我和语文现代化》,《周有光语文论集》第1卷,9页,上海文化出版社,2002。

⑮周有光《中国语文纵横谈》,人民教育出版社,12页,1992。

⑯周有光《汉字简化问题的再认识》,《周有光语言学论文集》361页,商务印书馆,2004。

⑰周有光《陈永舜〈汉字改革史纲〉序言》,吉林大学出版社,1995。

⑱同①,16页。

⑲周有光《中文信息处理的双轨制》,《周有光语言学论文集》76页,商务印书馆,2004。

⑳同①。

㉑《中国语文现代化研究要放眼世界》,《北华大学学报》(社会科学版)2005年12月,第6卷,第6期,22页。

(吕超男,北华大学文学院)

周有光先生的七个“最”

陈章太

周有光先生是享誉海内外的杰出的语言文字学家，今天我们欢聚一堂共同庆贺有光先生百龄华诞，这是我们语言学界的一件大事，也是国家学术界的一大喜事！半个多世纪以来，周先生从事经济金融、语言文字、语言与文化等工作与研究，成就卓著，贡献重大，深受人们的尊敬与爱戴！

周先生是我的师长、同事、邻居，又是忘年交的朋友，我在比较长时间同先生的接触与交往中，深深感受到在我们学界，周先生具有七个最明显的特点。

1. **周先生是语言文字学界品格最高尚的学者之一**。

先生自认为是一个最普通的人，但从他的为人处世，我们可以明显看到他那高尚的品格。他高风亮节，为人豁达，淡泊名利，只讲奉献，不计得失。他坚信：“生气是拿别人的错误来惩罚你自己”。因此，他不骄不躁，不争不求，宽容平和，很少烦恼与生气。他的人生信条是三“自”，即自食其力，自得其乐，自鸣得意。早在20世纪20年代中期，开始读大学的周先生就在大学里边读书边做工，自食其力，直到现在他还是坚持自己的事儿尽量自己做。他对自己所关注的学术研究和喜爱的工作都津津乐道，从中感受其乐趣，无论多么艰苦和枯燥的事，他都能以平常心态去对待，乐在其中。从经济领域、金融系统转向文字改革研究，经济收入损失不小，然而周先生没有为此而感到惋惜或犹豫。他为了自己所喜爱的事业，可以毫不犹豫地作出牺牲；对自己的学术成果或学术建议被他人引用或采纳，他感到高兴、开心。关于汉字输入方法的研究，日本夏普公司采纳了他的意见，并赠送他一台电脑打字机，周先生视之为珍品，至今仍用这台电脑打字机打印书稿。

2. **周先生是语言文字学界思想最新潮的学者之一。**

周先生的思想一直相当活跃、相当新潮，主要体现在他对学术前沿问题的密切关注和对学术热点问题的及时捕捉，以及对学术潮流的引领与创新；还体现在他对时事政治的密切关注与了解，对各种社会思潮及社会问题的深入、独到的分析与研究。他自从转向研究语言文字以来，参与制定了《汉语拼音方案》，促进文字改革事业的发展；倡导建立“现代汉字学”，使古老的汉字与现代化紧密结合；研究比较文字学，在人类文字历史中探寻汉字的地位；研究汉字编码，解决汉字输入计算机的问题；研究信息化时代的语言文字问题，解决语言文字在某些领域的实际应用。这些都表现了他思想的“新”，因而获得了“新潮老头儿”和“现代化老头儿”的尊贵雅号。

3. **周先生是语言文字学界知识最渊博的学者之一。**

周先生起初从事经济学研究和金融工作，后来转向从事文字改革等语言文字事业，他还深入研究东西方的语文、社会、文化问题，参与百科方面的工作。这充分表现出周先生知识的广博和功底的深厚。他是《简明不列颠百科全书》中美联合编委会中方三位编审之一，还担任《中国大百科全书》总编辑委员会的委员，并亲自为《中国大百科全书》的有关条目撰写稿子。由于他的学识渊博和对中国百科全书编纂工作的贡献，沈从文先生称他为“周百科”，因而深受学术界和文化界的爱戴！

4. **周先生是语言文字学界工作最勤奋的学者之一。**

周先生已是百岁高龄，至今仍然思维敏捷，精力充沛，孜孜不倦地追求与工作，每天学习、工作数小时，并仍“机”耕不辍。他坚持“活到老，学到老，干到老”的信念，不断地吸收新的知识，研究新的问题，提出新的见解，因而他一直跟着时代发展在前进，不停地学习、研究、工作，不断推出新的成果，作出新的贡献。勤奋是他成功之本，勤奋使他的学术思想能够与时俱进，永葆学术青春。2004 年 12 月 25 日，就是在半个月前，周先生还到中国现代文学馆面向社会作了题为“比较文字学”的演讲，受到各界听众的好评。

5. **周先生是现在语言文字学界年龄最大的长者**。

今天我们庆贺周先生百龄华诞，为百岁老人祝寿，这是我们学界的荣幸！由于周先生年岁已达世纪之龄，所以，人称“世纪老头儿”，这是多么亲切、深情的尊称！这不仅是因为他跨越了两个世纪，更是因为他的年龄已经达到世纪之久。在这百年的人生历程中，周先生为祖国的语言、文化、经济事业等作出并将继续作出重大贡献。

6. **周先生是语言文字学界同年龄段中身体最健康的学者之一**。

周先生虽已高寿，但身体很健康，生活很充实，精神很愉快，人们亲切地称他为“快乐老头儿”。最近他刚做了一次体检，各项指标都正常，只有耳朵有点儿不好使，需要借助助听器，别的没有什么毛病，这是最大的幸福。

7. **周先生是语言文字学界成果最丰硕的学者之一**。

在这个世纪之中，周先生勤奋好学，不停著述，共出版专著 30 余种，发表论文 300 多篇。论著见解新颖，内容广泛，具体包括经济金融、语言文字、东西方文化、语言与文化、语文现代化等，在学术界和文化界影响广泛。

从上述介绍中，可以看到周先生在各方面的重大成就和卓越贡献，这都值得我们很好地学习。作为后学、晚辈、同事，我能够在这里发言，感到十分荣幸。我的发言，一是表示对周先生百龄华诞的衷心祝贺，祝愿先生健康长寿，青春常驻；二是感谢周先生对我的教导与帮助，表示努力向先生学习；三是希望我们大家都以周先生为楷模，走好人生与学术之路，身体健康，生活幸福，事业发展，为国家、社会、学术多做贡献！

（陈章太，国家语委原副主任）

周有光先生对中国语文现代化的贡献

苏培成

周有光先生是学贯中西的大学者，是中国语文现代化理论的奠基人。45年前，我在读书时有幸聆听周先生讲授“汉字改革”课程，成为周先生的学生。今天借着祝贺周先生百岁华诞的时机，我从一个学生的角度试着谈谈周先生对中国语文现代化的贡献，请周先生和各位专家指正。

一、汉语拼音研究

周先生是1955年由上海调到北京，到北京后他参加的第一项重大的学术工作就是研制《汉语拼音方案》。这是新中国建立初期在文化建设上的一件大事，周先生在这项工作中发挥了重要作用。制定拼音方案首先要解决的是采用什么样的字母。那时的中国，包括语言文字学界，对世界字母的情况所知不多。周先生为了给选择字母提供参考资料，编写了《字母的故事》这本书。周先生在书中告诉我们：拉丁字母是世界最通用的字母，是国际文化交流的共同工具。“在文字的结构上，它是最进步的音素（音位）制度；在字母的形体上，它是最简明实用的符号；在语音的表示上，它有非常广泛的适应性。它有这些优点，所以它能够活跃地生活在日益众多的民族中间。”①《汉语拼音方案》最终采用了拉丁字母，历史证明这是完全正确的。这个选择固然体现了国家领导人的远见卓识，而周先生的推荐介绍也是功不可没的。拼音方案既然采用了拉丁字母，就必须采用音素制的音节结构，而不应该采用双拼制（如反切）或三拼制（如注音字母）。既然采用了拉丁字母，在字母和音素的配合上，就必须遵守使用拉丁字母的国际习惯。但是拉丁字母毕竟是外国字母，让它和汉语音素相配合，其中就有许多具体问题要研究要处理。周先生对这些问题做了比较深入的研究，提出了解决的建议。关于制定《汉语拼音方案》的基本原则，周先生提出了三化，就是：口语化、音素化和拉丁化。口语化：拼写规范化的普通话。音素化：按照音素（音位）拼写音节。拉丁化：采用国际通用的拉丁字母。为了解除人们对《汉语拼音方案》的误解，周先生提出了《汉语拼音方案》的“三不是”：“第一，它不是汉字的拼形方案，而是汉语的拼音方案。第二，它不是方言的拼音方案，而是普通话的拼音方案。第三，它不是文言的拼音方案，而是白话的拼音方案。”②周先生的这些意见都是非常宝贵的。有关汉语拼音的研究论文，周先生后来汇编为《拼音化问题》一书。

《汉语拼音方案》主要规定了汉语音节的拼写法，还缺少汉语词语的拼写法，因此还必须制定汉语拼音正词法。在《汉字改革概论》一书中，周先生对汉语拼音正词法已经做了研究。1979 年周先生代表中国出席国际标准化组织在华沙举行的会议，在会上提出采用《汉语拼音方案》作为拼写汉语的国际标准的议案。在审议中有些代表提出来，采用《汉语拼音方案》作为国际标准应当包括一个拼音正词法规则，于是周先生就起草了《汉语拼音正词法要点》，供会议审议。1982 年 ISO/TC46 用通信投票的方式通过了中国的议案，从此《汉语拼音方案》成为罗马字母拼写汉语的国际标准。在这个过程中，周先生起到了重要的作用。1982 年，文改会成立了汉语拼音正词法委员会，负责拟订《汉语拼音正词法基本规则》。在研制正词法基本规则的过程中，周先生发表了《汉语拼音正词法问题》《正词法的性质问题》《正词法的内在矛盾》等论文，这些文章后来收集在《中国语文的现代化》论文集里。

周先生十分关心《汉语拼音方案》的应用。他去东北考察拼音电报在铁路系统的应用，他积极支持供聋哑人使用的以《汉语拼音方案》为基础的汉语手指字母的设计，他积极支持黑龙江省开始的“注音识字，提前读写”小学语文教学改革实验。更值得一提的是在文革后期当中文信息处理开始提上日程的时候，是周先生首先给我们指明利用汉语拼音输入汉字的重要意义，大力提倡拼音转换法，即输入拼音由软件自动转换为汉字。周先生语重心长地说：“我们失去了一个大众化的打字机时代。现在，来到了计算机时代。如果输入汉字必须经过记忆编码的特别训练，不能像外国的字母文字那样方便，那么，中国计算机也只能由专业者使用，不能成为大众化的语词处理机。这样，差距依然存在。我们在失去了一个大众化的打字机时代以后，不能再失去一个大众化的语词处理机时代。真正消灭差距，追回失去了的时代，出路很有可能就在于采用‘拼音转变法’。”③事实证明，周先生的论述完全正确，充分显示了科学研究的预见性。在今天，除了专业录入员使用编码输入外，绝大多数人使用中文电脑时用的都是拼音转换法。我们感谢周先生给我们指明了中文输入的光明大道，使我们少走弯路，加快进入中文信息处理的新时代。

二、中国语文现代化研究

中国语文现代化是周先生语文研究的核心，汉语拼音是其中的重要部分。我们为了叙述的方便在上一段里谈了汉语拼音，这里再谈语文现代化的其他问题。

下面先说明周先生对三个术语的解释，这三个术语就是：文字改革、语言规划和语文现代化。周先生说：“二战之后，新兴一百多个国家。建国的第一件大事就是规范法定语文。由此产生一门新学问，叫做‘语言计划'（Language Planning），又译'语文规划'。这跟中国的'文字改革'名异而实同。'语言计划'包括文字，'文字改革'包括语言。'语文规划'又称'语文现代化'，是一件世界性的大事，不是某一国所特有的问题。"④周先生又说："'文字改革'或者'语言计划'这些说法有时容易产生误解。我从60年代起就改说'语文现代化'。有人说，'语文怎么也能现代化？'其实，'语文现代化'这个说法在国际上早已通行。""语文现代化不是中国一国所特有的工作，而是一种世界性的工作。这一点要使国内更多人知道，利于中国的改革开放。"⑤请各位专家考虑周先生的这个意见，语文工作是群众性很强的工作，离开了千百万群众的积极参与，我们的工作很难取得成功。显然，"语文现代化"要比"语言计划"更容易被群众所接受，所以还是使用"语文现代化"这个术语较好。

中国语文现代化运动自1892年卢戆章发表《一目了然初阶》以来，一百多年间有了很大的发展，取得了很大成绩，也走过不少弯路。周先生说："辛亥革命以来，文字改革逐步前进，但是没有长远规划，缺少理论指导。"周先生"深感文字改革需要跟语言学挂钩"，"使文字改革成为一门可以言之成理的系统知识"⑥，于是他开始了语文现代化的理论研究，并且取得了巨大的成绩。

中国语文现代化运动是怎么兴起的？是少数人一哄而起的吗？当然不是。周先生告诉我们，"社会的演变和语文的演变是密切关联的。秦并六国，统一天下，实行'书同文'政策；'官狱职务繁，初有隶书，以趋约易，而古文由此绝矣'（《说文》）。这是古代的社会演变引起了语文演变。鸦片战争（1840年）打开闭关自守的清帝国的大门，中华民族由震惊而觉醒，开始了中国历史的新篇章，同时，掀起了中国语文新思潮。这是近代的社会演变引起了语文演变。辛亥革命（1911 年）以后，一个语文现代化运动从酝酿进入实践。……语文现代化在前进过程中，有成功、有失败，有高潮、有低潮，有新旧争论，有左右摇摆，不断在‘尝试与错误’中提高认识和开展局面。”⑦语文现代化不是谁想发动就能发动得起来的，也不是谁不喜欢、想取消就能取消得了的。在高潮时，头脑要冷静，不要发热；在低潮时，要看到光明，要提高信心。当前中国正在和平崛起，中国的现代化建设正在阔步向前，汉语汉字在世界的影响力正在扩大。在这种形势下，中国语文现代化要有新的开展。

要科学地总结一百多年来中国语文现代化的成就与不足。一百多年来，中国语文现代化内容十分丰富，事件、人物、论著、观点，错综复杂，矛盾对立贯彻始终。如何透过错综复杂的表面现象抓住实质，揭示出有规律性的东西，是中国语文现代化研究的重大问题。周先生高屋建瓴，把一百多年的中国语文现代化概括为四个方面，就是：语言的共同化、文体的口语化、汉字的简易化、表音的字母化。如果把信息化时代的语文现代化也考虑在内，周先生又增加了两化，就是：语文的电脑化和术语的国际化。中国语文现代化的这些成就改变了我国人民的语文生活，就这点来说，我们每个人都是语文现代化的受益者。《中华人民共和国国家通用语言文字法》用法律的形式肯定了一百多年来语文现代化的成就，指导我们的语文生活沿着现代化道路前进。

中国语文现代化也有失败。周先生认为“1949 年以来，最大的失败有两件事。一件是 1986 年放弃的‘第二次汉字简化方案草案’（‘二简’）。另一件是 1982 年放弃的新疆维吾尔族的拉丁化新文字（‘新维文’）。”“这两次失败使我们知道了如下的‘阻力规律’：1. 改革的步子要适当，不宜太大、太快；如果‘以新换旧’有困难，就应当‘新旧并行’，避免‘新旧脱节’；长期‘新旧并行’以后，就能自然地‘以新换旧’。2. 改革要考虑时代思潮，‘人心思变’的时候可以改革，‘人心思定’的时候不宜改革。冒进的改革，结果是延缓改革。”⑧

三、比较文字学研究

汉字问题是中国语文中最复杂也是最敏感的问题，在近百年的中国语文现代化中如何评价汉字、如何看待汉字的前途，争论非常激烈。周先生对这个问题采取了极为严肃的科学态度，用切实的科学研究提出了自己的看法。在上个世纪50年代，人们常说文字改革要按文字发展规律办事，可是文字发展规律是什么？只有一句话：从表形、表意到表音。有人说，没有一种文字是从表意变为表音的，形意音的演变规律不能成立。到底哪种看法符合事实？为了回答这个问题，周先生开始了比较文字学的研究。周先生说：“汉字型文字是人类创造的许多种文字系统中间的一种。只从汉字来观察汉字，难免‘不识庐山真面目，只缘身在此山中’。还应当把视野再扩大一步，把人类所有的文字作为一个整体，进行微观的和宏观的研究、历史的和共时的比较，这是‘人类文字学’。这样，才能完整地理解人类文字的历史事实、功能性质和发展规律，以及汉字在人类文字发展史中所处的地位。”⑨

为了找寻形意音的完整发展规律，周先生走进了丁头字的历史，找到了它在传播演变中从意音文字到音节文字再到音素文字的发展过程。这不是一种丁头字的演变，而是整个丁头字系统的许多种文字的总体演变。再说汉字。的确，在汉字系统中找不到形意音的完整演变过程。汉字在原产地中国，只有形声化，没有音节化。汉字传到日本，从语词符号演变出音节符号，但是没有再进一步变成音素字母。朝鲜颁布的音素字母，不是从汉字演变出来的。这好比从一种生物看不出进化迹象，从生物系统的整个发展过程中，看到了进化论的规律。⑩"再看世界文字的历史。从公元前3500年到前1500年是丁头字和圣书字时代，这时候只有'意音文字'。经过两千年的'从意音到表音'的潜在演变，到前1500年产生扬弃表意、纯粹表音的字母文字。这就是文字的'形意音'发展过程。汉字的产生和发展比丁头字晚两千年，但是发展步骤没有两样。"⑪

周先生的研究，证实了世界文字发展确实存在一条由表形到表意再到表音的客观规律，这条规律的阐明对汉字的拼音化自然会有影响。不过，我们知道汉字拼音化是一个涉及方面极广的系统工程，需要各种条件的配合，而不是只有发展规律就可以进入实际操作阶段。周先生对这一点有明确的认识。他说："文字改革还只是一个学术问题，汉字在中国相当稳定，现在没有改为拼音文字的迹象，拼音只是一种辅助的表音工具。"⑫在中国，周先生关于比较文字学的研究具有开创意义，值得我们重视。对世界文字的发展规律，至今学术界还存在着重大分歧。学术是在争论中发展的。不管别人是不是认同，周先生提出的观点都是今后进一步探讨的新起点。

四、现代文化研究

文化与语言文字关系十分密切，而发展先进文化也正是建设现代化的发达社会所必不可缺少的条件。文革后中国掀起了文化热，不同的观点展开了激烈争辩。周先生在82岁高龄以后发表了多篇有关文化的论文，提出了许多有价值的观点，引起了社会的关注。我这里只介绍两个观点。

一个是关于现代文化。周先生说："现代文化是全世界各个地区的传统文化的融合和升华，它是全人类共同的创造，19世纪开始形成，20世纪快速发展，21 世纪将普遍展开。”[13]“现代文化不是某一国家的专利，而是全世界所有国家的共同财富。起初西方国家的贡献比较多，现在东方国家也越来越多地做出贡献。现代文化是全世界‘共创、共有、共享’的文化。”“中国长期封闭，厚古薄今观念根深蒂固，以为文化就是固有文化，东方与西方势不两立，不是西风压倒东风，就是东风压倒西风。时代改变了，这种认识需要改变了。现在再谈中国文化即将统治 21 世纪是可笑的了。统治 21 世纪的不是东方文化，也不是西方文化，而是世界共同的现代文化。”“现代文化的产生，不等于传统文化的消灭。传统文化将与现代文化并存。”[14]周先生关于现代文化的观点有重要的现实意义，他在这里批评的“不是西风压倒东风，就是东风压倒西风”的文化观目前在社会上还有一定的影响，这种文化观是十分有害的。它把西方文化和东方文化对立了起来，实际是把现代文化和华夏文化对立起来，要用华夏文化来抵制现代文化。其结果不是增强了我们民族的自尊心和自信心，而是会阻碍我们吸收现代文化，阻碍中国文化的发展，同时还会助长我们盲目的自大。

另一个是对中国传统文化的分析。周先生告诉我们：“现代文化的出现使民族文化的作用发生了变化。文明古国不得不重新考虑传统文化的价值。哪些保持民族特色，哪些跟国际接轨，是一个复杂而又敏感的问题。‘文化大革命’全盘否定传统文化之后，我国提倡弘扬华夏文化是及时的拨乱反正。但是，弘扬华夏文化必须去其糟粕，取其精华，除旧布新，发扬光大。弘扬华夏文化决不是提倡国粹主义。不能革新和发展的文化是没有生命力的。华夏文化必须恢复历史上曾经发挥过的伟大生命力，百尺竿头，更进一步！”[15]“华夏文化既有光环，又有阴影，阴影有时盖过了光环。高声歌颂光环而不敢正视阴影是自己欺骗自己。正视阴影是争取进步的起点。”[16]发展社会主义的新文化，不应该也不能不吸收传统文化，但是吸收传统文化，一定要区分精华与糟粕，否则会对我们的文化建设带来负面的影响。

周先生的学术贡献远不止我上面谈的四点，但是仅从以上四个方面已经可以说明周先生对中国语文现代化所做出的重大贡献。我们应该学习周先生的论述，从中吸收营养来发展我国的语言文化事业。祝周先生健康长寿，青春永驻。

[附注]

①《字母的故事》，上海教育出版社 1958 年版第 60 页。

②《汉语拼音方案基础知识》，语文出版社 1995 年版第 16 页。

③《中文信息处理的双轨制》，《周有光语文论集》，上海文化出版社 2002 年版，第四卷第 302 页。

④《语文规划和社会建设》（未刊稿）。

⑤⑥⑪《我和语文现代化》，《周有光语文论集》第一卷第 14 页，4~5 页，第 10 页。

⑦《中国语文的时代演进》，《周有光语文论集》第二卷第 235 页。

⑧《中国语文纵横谈》，《周有光语文论集》第二卷第 19 页。

⑨《比较文字学初探》，《周有光语文论集》第三卷第 10 页。

⑩⑫《关于比较文字学的几个问题》，《语文建设通讯》第 64 期第 4 页。

⑬《现代文化的历史背景和基本特点》，《现代文化的冲击波》，三联书店 2000 年版第 7 页。

⑭《四种传统文化的历史比较》，《现代文化的冲击波》第 30 页。

⑮《华夏文化的历史发展》，《现代文化的冲击波》第 112 页。

⑯《华夏文化的光环和阴影》，《现代文化的冲击波》第 30 页。

（苏培成，北京大学中文系教授）

平和求新，永葆青春

胡明扬

世纪老人周有光先生是我国语言学界，也是我国整个学术界，德高望重、青春常在的唯一一位真正年逾百岁的寿星和国家民族盛世的人瑞。周先生从上个世纪二十年代起就怀着振兴中华的爱国思想，积极从事汉语拉丁化新文字运动，是我国语文现代化运动的先驱者和积极推动者。全国解放以后，长期担任中国文字改革委员会和国家语言文字工作委员会的主要成员和主要学术专家，是我国比较文字学的权威专家和现代汉字学的奠基人，曾参与《汉语拼音方案》的制定工作，主持汉语拼音正字法基本规则的研制工作，并先后出版学术专著二十余部，发表论文三百多篇。现在尽管年事已高，周先生仍然笔耕不辍，在境内外各种刊物上发表文章，宣传和推动我国语文现代化事业，不断在为我国语文现代化的工作作出新的贡献。

周有光先生原本是经济学教授，并且是江苏银行和新华银行派驻纽约和伦敦的代表。他积极从事拉丁化新文字运动决不是一种消遣性的业余爱好，而是出于振兴中华的爱国思想。他在学生时代就因为就读的圣约翰大学的美国校长禁止中国爱国师生抗议五卅惨案、举行国庆庆祝活动而毅然离校，改读由爱国师生自己创建的光华大学。当时国内不少爱国志士正在提倡教育救国，而要普及教育，难认难写的汉字是一只拦路虎，所以从清末起就有不少志士仁人提倡汉字改革，改用拼音文字，以便于扫除文盲，提高全民的教育水平，在二十世纪二三十年代积极推动汉字拉丁化和大众语运动的就有中国共产党的领导人瞿秋白、著名文学家鲁迅和知识界众多的爱国人士。因此，周有光先生的积极参与就和他振兴中华的爱国思想直接有关，并且正由于这种参与有着深刻的爱国思想和政治理想的基础，所以周先生不惜更改专业，放弃原本已经得到的在各方面有更多回报的工作岗位，而从事一项很多人看来经济效益极少，而且近乎业余性的语文现代化工作，并长期为之奋斗不息而无怨无悔，也就完全可以理解了。

周有光先生在语文现代化领域的学术贡献是人所周知的，无需我这样的后生小子来赘述，所以我要强调周先生之所以对我国语文现代化事业有这么大的贡献，最根本的原因就是他从青年时代开始，就奠定了报效国家和民族的强烈的爱国思想，没有正确的先进的政治抱负和人生理想，就没有今天的周有光先生。

也许正是有远大的理想，所以周有光先生能事事处处正确对待自己，正确对待他人。在国家语委举办的祝贺周有光先生九十华诞的会议上，有人向周先生提问，“您这么健康长寿，请问有什么秘诀？”周先生回答，“哪有什么秘诀！不过我在大学时代读了尼采的一本书，他说‘不要因为别人的错误而惩罚自己’，我就是这么做的。”多么简单，可是要真正做到这一点又谈何容易！但是，周先生真的这么做了。他为人平和谦逊，朴实诚恳，遇事不争，笔耕不辍，与时俱进，古稀之年以后还在语言学界率先换笔，改用计算机写作，并且研究汉字输入的编码问题。在汉字改革问题上他也不固执成见，他研究了世界各国各民族的文字发展史以后，认为文字有三种不同类型，即形意文字，意音文字和表音文字，各有各的生存条件；还发现表音文字一般都是他源文字，也就是借用别的民族创造的文字来书写本民族的语言，经过变通适应而产生的。而自源文字，也就是本民族自己创造的文字，没有自动改为表音文字的先例。如果能不断改进，胜任书面交际的需要就可以继续使用。这等于是否定了过去长期以来默认的西方语言学家宣称的文字必然要从低级阶段的所谓象形文字发展到高级的拼音文字的必由之路。因此，解放以后周先生把全部精力投入到我国语文现代化的工作中去，不断为改善和提高我国语言文字适应现代化的需要的交际功能而不懈努力。

说起周有光先生的健康状态，也是令人惊叹和难以置信的。百岁高龄，走路不用拐棍，上四层楼不喘气，还能写文章、作报告、上电视！脸上皮肤光滑，很少皱纹。如果不是亲眼所见，很难让人置信。那么周先生健康长寿的秘诀究竟在哪里呢？周先生自己有过答复，我则认为：一个崇高的理想，一个健康的人生观和价值观，老有所为，平和求新，“苟日新，日日新，又日新”，不断奉献，不断与时俱进，这才是松柏常青的根本原因和保证。谨祝周有光先生，我的老学长和尊敬的前辈，永远健康，永葆青春，为我国语文现代化事业作出更多更大的贡献！

（胡明扬，中国人民大学教授）

一位永远与时俱进的长者

——记周有光师二三事

李行健

早年在上学读书和后来的教书中，时常读到周有光先生的著作。他的文章同他为人一样，平易近人，可读性很强。当时只知他是中国文字改革委员会的研究员，研究汉字改革和汉语拼音的专家。直到文革结束，各行各业拨乱反正后，为了增加语文工作决策的科学性，1983 年国务院决定成立语言文字应用研究所，专门从事语言文字的应用研究，主要为语文工作方针政策的制定作好参谋工作。我有幸被第一个从外地调到该所工作，当时研究所在文改会内，才常有机会见到周有光先生，并向他请教，聆听他的教诲。

在一次闲聊中，周先生告诉我他 1955 年调北京前，在上海复旦大学教书，是经济学教授，这让我大吃一惊。因为经济学同语言文字学是不搭界的，周先生为什么要大转行呢？先生好像看出了我的疑惑神情，解释说是组织上因工作需要，在 1955 年汉字改革工作会议后将他调入文改会，加强有关研究工作的。从进一步交谈中，我才知道先生早年学经济，并长期在国内外的金融业工作，发表过著作《新中国的金融问题》。解放初期，陈毅任上海市长时，在一次座谈会上，有光先生以经济学家敏锐的眼光，看到当时共产党一些不按经济规律办事的做法，提出了意见和建议。陈毅同志在会上充分肯定了有光先生按经济规律办事的意见，表扬了他帮助党和政府搞好经济的正确建言。我听到此，不无感慨地说，周先生您继续干经济研究工作，岂不会贡献更大？周先生一时没有回答，然后才慢慢地说，如果那样，也许1957年我就成了右派了（他当年的同事不少成了右派）。我想也许先生讲得对，因为在那不让讲真话的环境下，他很可能就被错划成右派了，也就没有先生后来语文方面研究的丰硕成果和不少独到的创见贡献于世了。这岂不成了更大的遗憾！

后来我转到语文出版社，但还兼做研究所的工作，又住他楼上，同周先生接触更多了。我向他约过几部书稿，有时就出版工作和审稿中的疑难问题去向他请教。在二十多年中，先生给我最深的印象就是淡泊名利，为人随和，知识渊博，特别是现当代的世界的百科知识，在现有的语言学家中恐怕很少有出其右者，沈从文先生曾戏称先生为“周百科”。所以我们遇上一些这方面的疑难问题，尤其是涉及海外的、特别是西方的，他都能说出许多道理来。即使一些暂时说不清的，他也会很快从有关书中查出资料，然后告诉你。在我的记忆中这类事从来没有让我们失望过。正由于他有广博深厚的知识基础，又有认真思考和活到老学到老的精神，观察问题时具有独到的世界眼光，所以铸就了“新潮老头”的形象。这个称号开始见于《人物》杂志上王湜华先生写周先生和师母的文章。1988年著名漫画家丁聪先生给周先生和师母画像，标题是“新潮老头，白发才女”，于是“新潮老头”就传开了。这个概括是非常恰当的，周先生虽到乃至已过耄耋之年，他的思想却总是与时俱进，居时代前列。这个亲昵的称号，周先生是当之无愧的。我可以用具体的事情来说说我的体会以及从中受到的教益。

当电脑和信息处理技术开始应用时，在高龄的学者中率先使用的，如果周先生不是第一人，恐怕也是带头人之一。他八十多岁高龄还学电脑，应用信息处理技术。80年代，日本一家公司根据周先生提出的“从拼音到汉字自动变换不用编码的设想”研制的电脑文字处理机，送一台给周先生试用。周先生率先“换笔”，用文字处理机写作，从那时开始一直使用到今天，100 岁了还用它打字、处理材料、编辑书稿。不仅如此，周师母家族中办了一个内刊叫《水》，轮到周师母编辑时，周先生不仅教会了师母（当时也八十多岁了）使用电脑文字处理机，还帮助师母打字排版。周先生风趣地说，他是为师母当“义工”。他这种不言的身教，也影响到许多中青年同志尽早“换笔”，使用新的科技成果，提高工作效率和研究水平。

1994 年，我们语言学家代表团访问台湾归来，周先生让我向他介绍访台的情况。他不仅详细地问到台湾的社会和学界情况，听说我带回三盘访台的录像带（共 12 个小时）非常高兴，让我捎给他看看。我说有十多个小时，您老就慢慢看吧！可没过一星期，他就把录像带还给我，说已经看完了。他说录像带很好，记录了几次学术会争论的情况，也具体看到了台湾的社会生活和人文风貌，很有意思。周先生这种抓住各种机会了解新事物，学习新东西的精神，真令我感叹不已。

先生八十高龄后，还不时到国外访问、讲学。有一次他告诉我到一个国家，下飞机就直接到会场作报告。以那样高龄，坐七八个小时飞机后，不休息就讲学，我为他健康担心。周先生却说没关系，他已经把时差调整了。上飞机不久，他就吃安眠药放心地睡一觉，所以到了会场也不感到疲劳，有精力讲学了。我为他这种适应快节奏现代化生活的方式感到惊奇，很难想像这是一位八十多岁老人的生活方式。这又使我想起在刚改革开放时，有些介绍海外的电视节目，或一些西方电影等，往往在 12 点左右才播放，周先生为了看看这些节目，他就调整自己的作息时间。他对我说，他吃了晚饭休息一会儿就睡觉，到 11 点半左右起床，就不会错过想收看的节目了。原来他为了了解新东西，科学地调整自己的作息时间，真是一个十足的可爱可敬的“新潮老头”。

周师母在世时，她和周先生很喜欢我们的女儿、女婿和外孙，所以有时我们一家人到他家去串门，先生和师母总是热情接待。这种机会，往往能听到师母和周先生讲的许多学林掌故和海外知识趣闻。上前年 8 月 14 日突然听到师母病逝，急忙赶到先生家，想去好好安慰安慰他，不让他受到太大的刺激。可事前绝没有想到，周先生仍然像往常一样，坐在书房中那把简朴的旧椅子上，平静地告诉我师母发病、抢救和逝世的经过，并且宽慰我说，这是自然规律，应该顺其自然，你们不用担心我。语气同平时一样慢条斯理、平静安详。好一个“顺其自然”！这大概就是一位大学者和大智者洞察了社会，看清了自然，对生与死的一种非常理智的态度吧！生前二老相敬如宾，相亲相爱，他们有时在我等后辈面前还相互开几句玩笑。而一朝诀别，先生竟然有这样理智和平静的心态，使我们看到了先生和师母豁达、超凡入圣的生活态度和人生观。在告别的那天，我到先生家要求去最后送师母一程。先生却说，行健你不用去。他们不让我去，我也不去。先生又说，不麻烦大家，除几位亲属去外，其他朋友就都不要去了，所以你也不要去吧！这既是一种大彻大悟的生死观的延伸体现，也是一种崇尚简朴，不给人添麻烦的高尚精神吧！

先生对生死如此，对他一生遭遇的不幸或不公正的待遇也是“过去了就不再计较”。他给我讲到文化革命中受的批判，下放宁夏农村艰苦的劳动，宣传队骂他“社会渣滓”等侮辱性话语时，都用幽默的言词、轻松的口气娓娓道来，好像是在讲人家的故事一样。除了感叹国家、人民受到损失，遭了大难外，对自己的遭遇并不在意。他谈到在“五七干校”工宣队强迫他们宣誓“永不回城”时，用笑谈的口吻说，那有什么用，林彪一死不就都回城了吗？

周先生是一个很随和的人，但也是一个很有原则的人。11 年前，一位领导同志提出一种激进的语文工作主张，希望首先能得到语委内学者的支持，邀请语委内十多位专家开会，并且希望大家不要提颠覆性的意见。陈章太、刘连元同志和我等人纷纷提出不同意见，那位领导坐不住了，带着渴望的眼光请周先生讲讲。大家知道先生不一定同意那种意见，但既然领导希望他来讲话，一言九鼎以便稳住阵脚。所以有同志猜想先生可能会和稀泥，讲几句言不及义的话，于是大家都静静地期待着先生发言。先生却慢条斯理、文质彬彬地表明他不同意那位领导的意见，他主要从学理上指出那种意见行不通。结果使那位领导很失望，宣布散会。8 年前，我们接受语委研制异形词规范的任务，2001 年正好教育部和国家语委发布了我们研制的《第一批异形词整理表》，遭到学界某些人批评和反对，一时气势颇盛。周先生见我却说，规范异形词文革前就制定了规划，后来没有做起来。你们这次做了一项很好的工作，不要怕别人的批评和反对。当年搞汉语拼音方案，搞简化字，批评攻击的言论铺天盖地，有的人简直是骂街了。那又怎么样，正确的东西就是要坚持，广大的语文工作者和语文使用者是会支持的。那时我们为了贯彻规范异形词的精神，正好在编一本《异形词规范词典》，于是我请先生写篇序言，他痛快地答应了。这就是发表在《中国教育报》上那篇谈异形词规范的文章。2004 年夏天，《现代汉语规范词典》出版几个月后他对我说，我也看到不少人批评这本词典，但不管怎么样，我觉得这本词典内容新，比其他词典好用。他曾经两次把我们送给他的《现代汉语规范词典》推荐转送给了海外来的学者。后来他给《现代汉语规范词典》题词说："语文规范化是语文现代化的一项重要内容"，以示支持和鼓励。

先生虽然已经百岁，现在每天仍尽力工作或学习，年年都有新的著作问世。差不多每次去看他，先生不是在看书就是在写作。最近一次去看他时，他正在看一本中央组织编写的"全国干部学习读本"《从文明起源到现代化》，上面划了不少符号和批注，其认真的程度可想而知。他向我推荐说这本书不错。今年 1 月为了庆祝先生百岁华诞，三联书店出版了先生的《百岁新稿》。当先生送我书时，我问先生这本书是谁给选编的，先生说是他自己选编的。不能不敬服先生这种认真敬业的精神！于是我说，有人在报上批评这本书中说马耳他人说的是阿拉伯语，批评者认为这是疏漏，不知先生见到没有？先生说我知道了，我书中那种说法不够严密，但也不算错。在一篇短文中无法把学术界尚有争议的较复杂的问题说清楚。于是他马上从书架上抽出美国纽约时报出版不久的 2005 年年鉴，查到马耳他条指给我看。他说这是 2004 年最新的材料，指出"马耳他语（闪语方言）"，而闪语的主要语言就是阿拉伯语。先生说学界有一些不同说法不是坏事，但自己写作一定要谨慎，要有根据。临走时，先生还送给我一本师母和她妹妹张兆和女士（沈从文夫人）等编著的《浪花集》，并亲笔写上"宝琼姐、行健兄留念，周有光代张允和（师母）敬赠"。这样的题词，我们自然是不敢当的，我之所以说它，是因为师母生前每有新著，如《多情人不老》《张家旧事》等（包括她办的刊物《水》），赐赠时都是这样题写的。师母已仙逝快 3 年，先生仍不忘师母赠书时的题签，仍照原样写来，其中似有深意存焉。它既包含了他对师母的怀念和尊重，所以仍按师母生前的题词写；同时也说明了先生虽已百岁，却把这些事还记得清清楚楚的，真是太难得了。

有光先生参与了国家不少重大的文化建设工作，如《汉语拼音方案》制定、《简明不列颠百科全书》的编译、《中国大百科全书》的编纂和《汉语大词典》编写等等。他的文集也在前年就出版了，用硕果累累、著作等身来形容先生的研究业绩绝不过分。他在各有关方面的成就，早已有不少学者研究，勿需我多嘴。在繁重的研究工作同时，周先生还担负了国家语委委员、全国政协委员、全国政协教育组副组长等工作。我上面谈的这些身边琐事本不足登大雅之堂，我只希望让不太熟悉先生的人们，对“新潮老头”和“一位与时俱进的长者”有一些具体的感性的了解。正如周师母张允和老人 1996 年在《水》的“复刊词”中说的那样：“人得多情人不老，多情到老情更好。”孔子说：“知者乐，仁者寿。”周先生兼而有之，所以周先生是永远不会老的。谨以此文恭祝先生百岁后再继续带领我们向语言学高峰攀登！

（李行健，国家语委咨询委员，中国语文报刊协会会长）

面对五洲风云的百年智慧

——贺周有光先生百岁诞辰

王 宁

周有光先生100岁了！

在整整一个世纪的生涯中，他不仅站在现代中国甚至当今世界语言文字学界最高年寿的峰巅，而且用永不停顿的学习、工作和思考，攀登着智慧的峰巅。

一个世纪不是没有惊险和挫折，但他战胜了恐惧和屈服，坚持着冷静的观察，客观地品评着是非。中国的语言文字问题是中国文化的晴雨表，起起伏伏，左左右右，昨是今非，今是昨非……在这种变化莫测的风云中，有人坚持己见脱离时代陷于保守，也有人失去理智贸然超前流于偏激，更有一些无耻之徒逐潮附势成为墙头的草。但是，只要顺着时间顺序看周有光先生的书和文，你会觉得，他在与时俱进地调整着自己的思想，但绝对有逻辑，思路分明，从来没有随着潮流、跟着权势东歪西倒。你可以不赞成他的某一个具体的说法，但你会永远怀着尊敬相信他是所是、非所非的自尊与自信。当你对今天的语言文字问题产生疑惑的时候，你会不自觉地想到："看看周有光先生怎么说！"他在风云变幻中赢得了追求真理的真诚。

中国文化建设的进程中争论的最大的两个主题是中西思想的競斗和古代思想的取舍。崇尚西方和敌视西方的思潮，迷信古人和轻视古人的倾向，有时此起彼伏，有时平安共处，弄得有些人一时之间找不着北了。但是周有光先生总是把眼光投入无限辽阔的空间和无限久远的时间，他的心里有一个世界，有一个历史，更不曾忘记现代中国，他是把中国放在有历史的世界中去认识和评价，他又是站在现代中国的时空中去接近那个有历史的世界的。周有光先生是从 20 世纪开端走来的人，应当说，在他的思想里，西方和现代占的成分更多一些，科学的精神是他思想的主体，但他能够实事求是地看待中国和看待古代。他从中国与世界的比较中看到语言文字的普遍规律，也同时看到彼此的差异。只要读他的《比较文字学》，就可以看到他的这种学术追求。周有光先生在他 100 岁生日的前后，写了很多面对现代问题的文章，集成了书，也陆续地发表，百岁老人的言论，不能不引起人们的关注。他在 2005 年即将结束时发表的《如何弘扬华夏文化》一文中，对“弘扬”做了一个很精辟的定义，他认为弘扬有三点要求：提高水平，适应现代，扩大传播。这三句话，表现了他古为今用、积极进取、重视行动的学术风格。“为高必因丘陵”，他就是在这种辽阔的空间和久远的时间中，赢得了观察中国、把握现代的高度。

有人说：“对于有成就的学者，年龄的竞争是最重要的竞争”。如果去掉这句话里的功利因素，把它看成一种对人生积累的解释，那么可以说，周有光先生是这方面的一位大赢家。人们习惯于认为长寿属于“天假之以年”，其实，长寿多半是“人定胜天”的结果。周有光先生在接受电视台采访的时候，非常平静地述说自己百年的经历。从他的自述看，他并不是没有遇到生活的急转弯。他有失，但不患失；他当然更有得，但也不患得——可贵的是他的泰然处之。他的心理健康是他的身体健康的第一个根源。

周有光先生的长寿也是他思想的长青换来的。80 年代，我从二炮部队讨来一台被淘汰的 286 电脑，一次开会的偶然机会，我向并不熟悉的周先生说起这件事，周有光先生在他的家里让我看了日本朋友送给他的手提电脑，他对我说：“不久的将来，电脑就会分担人脑的很多工作，有远见的人要及早学习电脑，让电脑为你工作。”如果没有他如此超前的引导，就不会有我用计算机弘扬传统语言文字学的信念。

90 年代，是周有光先生把河南安阳博物馆的访问者介绍到我家里，几位访问者传达周先生的话说：“存古不是复古，存古是为了现代。”有了他的这几句话，坚定了我后来设计“碑刻典藏”的想法。

21 世纪初，周有光先生寄给我他总结的关于汉字性质的言简意赅的文章，并且多次讲到“六书”在世界文字上的普遍意义，他从世界文字出发对汉字性质诸多看法的总结和概括，对我进一步思考汉字问题有很多启发……

我并不完全同意周有光先生的所有说法，他也从来不把自己的意见强加于人，但我已经形成了思考汉字和文化问题时必须复习周有光先生书与文的习惯，有了他和其他前辈学者思想的滋养，我才敢于把自己的所想肯定个一分半分。我对周有光先生用浅显的语言说出的许多类似警句的话语心存期待，我渴望吸取他 100 年累积的经验和智慧，用他看问题的高度来增补自己观察问题的立足点，这些都是我自己修不来的。我接触周有光先生的次数非常少，每次的时间也非常短，也许，他自己并不记得对我的那些影响，但他留给我的印象实在是十分深刻。我想，那些常年与他一起工作和常年跟他学习的人，又会从他那里汲取多少智慧呢！一个人永远不停止思考，不懈怠学习，不终结信息，不放弃追求，他的体和魄都会永远充实而有营养。我从自己向周有光先生学习的经历中体会到他思想之树的长青，我一直认为，这长青就是他长寿的另一个根源。

我想，周有光先生110岁、120岁……的时候，他的思想和成就会放出更灿烂的光芒，因为一个真正的而不是冒充的、自由的而不是武断的学者的学问，将会以等比级数增加。

前辈学者的长寿是我们的幸运，借着他们的积累，我们将更清楚地看到这个难以理解的世界。

（王宁，北京师范大学中文系教授）

《汉语拼音方案》的创新与继承

——纪念周有光先生百龄华诞

王理嘉

《汉语拼音方案》在1980年前后开始走向国际。

1977年9月联合国第三届地方标准化会议《关于中国地名拼法的决议》中认为"《汉语拼音方案》在语音学上是完善的"，"建议采用汉语拼音作为中国地名罗马字母拼法的国际标准。"

1979年6月15日世界各国都看到了"联合国秘书处关于采用'汉语拼音'的通知。"

1982年8月1日由各国标准协会组成的世界性联合会——国际标准化组织（ISO）确认《汉语拼音方案》是中文罗马字母拼写法的国际标准（ISO7098）。从此，《汉语拼音方案》广泛通行于世界各国。藏书量世界排名第一的美国国会图书馆首先采用《汉语拼音方案》作为中文的译音系统。之后全美各大学的图书馆以及中文教学无不采用了同样的拼音系统。欧洲各国的汉语教学以及大英百科全书有关中文部分的索引，也都采用了这一国际标准。日本、东南亚各国也都如此。国际人士指出：汉语拼音在汉语作为外语教学上是普遍采用的系统。如今，汉语拼音不仅是中国的，也是世界的。它是汉语走向世界的桥梁。

学界一致认为《汉语拼音方案》是中国人民经过长期奋斗努力艰苦探索建立起来的文化丰碑，是语言学界的最大成就，是功垂千秋万代的业绩。而周有光先生则是《汉语拼音方案》的主要制定者。他呕心沥血比较了三百多年来历史上涌现出来的上百种有关汉语（包括方言）的拼音资料，在汉语拼音的字母选择、字母与语音的配置、音节拼写形式、拼写规则、分词连写等方面，都悉心作了深入全面的比较研究，继承和发展了注音符号、国语罗马字、北方话拉丁化新文字等许多种拼音的主要优点并加以创新。当时，周恩来总理就对此作了深刻全面的总结。他说《汉语拼音方案》“是在过去的直音、反切以及各种拼音方案的基础上发展起来的。从采用拉丁字母来说，它的历史渊源远则可以一直推溯到三百五十多年以前，近则可以说是总结了六十年来我国人民创制汉语拼音方案的经验，这个方案，比起历史上存在过的以及目前还在沿用的各种拉丁字母的拼音方案来，的确更加完善。”（1958《当前文字改革的任务》）

《汉语拼音方案》有哪些继承、发展和创新？这里不作全面的梳理，只举几个方面说一说。

一、用拉丁字母系统中表示浊辅音的字母表示汉语的清辅音

用 b、d、g 表示普通话的不送气清塞音在方案的草案提供讨论之时（1956 年），国际友人就对此提出异议，至今也还有人，特别是有些外国留学生提出意见，认为这违反了拉丁字母使用的国际传统。站在拉丁字母和印欧语言的立场上来看，这个意见很容易理解：拉丁字母清浊配对十分整齐，而利用清浊这一发音特征构成音位对立又是印欧语言的普遍特征。所以，从十七世纪开始的三百多年内，凡西方欧美人士为中文设计的汉语拼音，无不严格遵守拉丁字母这一传统用法。他们宁可把 b、d、g、z 等表示浊辅音的字母弃之不用，而另外设计加符字母或用清辅音字母的双写来表示汉语的不送气与送气的对立。但是，实践证明：加符字母中表示送气的倒撇，书写不便而且极易脱漏；字母双写又会使汉语拼音中数目众多的音节拼写时增加字量，延长拼写形式；另造新字母则无论在国内或国外更难得到认同。这些缺点是显而易见的。所以，自从 1908 年中国人刘孟扬在《中国音标字书》中，首创用浊辅音字母 b、d、g 表示汉语不送气清塞音之后，凡中国人自行设计的汉语拼音未有不沿用此法的，甚至后来在美国较为流行的耶鲁大学汉语拼音也是照此办理的。中国现代语言学的开拓者和奠基者赵元任先生早在上世纪二十年代的《国语罗马字的研究》一文中就把用浊音字母表示汉语不送气清塞音确定为制定汉语拼音的一条基本原则。他说：这不仅可以“尽字母全用”，而且“可以分辨出许多字形来”，对汉语来说把浊辅音字母“这样改借过来有无穷的便利，所以不能顾忌到学理上的不准确。”由此可见，《汉语拼音方案》中对不送气清塞音的字母配置，实际上是继承了半个多世纪以来中国人在汉语拼音运动中开创性使用拉丁字母的宝贵传统。

二、关于辅音声母舌尖前音和舌尖后音的字母设计

与西方欧美的许多语言比较，普通话辅音系统的另一个特点是塞擦音比较丰富，有三套，其中被称为翘舌音的舌尖后音，也是汉语有而印欧语言里一般没有的音。这就在拉丁字母的选择和设计及其与语音的配置上产生了许多难题。《汉语拼音方案》在设计制定的过程中，为了尝试在声母系统中贯彻“一音一符，一符一音”的原则，曾仿照国际音标为之设计了新字母，征求意见。社会公众普遍反映：不欢迎。如果不另行创立新字母而在拉丁字母的范围内解决这一问题，那么只有三个办法：（1）在原拉丁字母的基础上增添附加符号，设计成加符字母，如利玛窦（1605）和威妥玛（1867）。（2）用拉丁字母复合成双字母，如钱玄同：舌尖前音—dz、ts、s；舌尖后音—gh、ch、sh。（3）采用字母变读的办法，如刘继善（1914）用 j、q、w 表示舌尖后音，用 z、c、s 表示舌尖前音。

这些办法都舍弃了为字母定音尽可能照应拉丁字母传统读音这一原则。这是无可奈何的事，因为拉丁语、印欧语本来就没有汉语里的这一套舌尖后音。

从汉语拼音的历史文献资料中看，上一世纪二十年代初周辨明（1923）的汉语拼音方案，为解决这个问题提供了良好的基础。他用 c、ch、sh 和 z、zh、s 分别表示舌尖后音和舌尖前音。其后，到了三十年代“北拉”就调整为 zh、ch、sh 和 z、c、s。于是，舌尖前音和舌尖后音的字母设计，在汉语拼音运动拉丁字母式的演进中，从采用加符字母演变为完全不采用加符字母，从单字母和双字母的不对称使用发展为系统对称使用。这是北拉方案中的精彩之笔，也是汉语拼音运动历史发展中群众智慧的结晶。而《汉语拼音方案》的抉择也可谓慧眼独具。

从舌尖后音系列中与 sh 清浊相配的 r 来看，方案在继承中也有创新。因为在北拉的拼音方案中与 sh 相配的是 rh。这样的设计从形式上看，zh、ch、sh、rh 固然显得整齐系统，但仔细一分析，双字母 rh 里的 h 实际上是多余的部件，因为 zh、ch、sh 倘若没有 h 便无法跟 z、c、s 在音位表达上加以区别。而 rh 如没有 h，对音位区别的表达却毫无影响。因此，方案最终在各种方案中出现过的 j、jh、r、rh 等字母形式中选择了在音理上比较贴近，使用上又有较为广泛群众基础的 r。而基于音位互补的原则，这个 r 在音节末尾又用于表示儿化韵中的卷舌韵尾，免得像不少方案中那样要另外设计字母来表示。从《汉语拼音方案》字母系统整体布局上看，r 的使用显然是推陈出新、十分巧妙的。

三、韵母舌尖元音的字母配置

普通话里的舌尖元音性质特殊而又少见，以致上一世纪二十年代前国语发音学发轫之初，为之设计字母时引起了不少争论。纵观汉语拼音运动拉丁字母式的各种方案中，在舌尖元音的字母配置上，曾经出现过三种方案：（1）认为声母舌尖前音、舌尖后音是一种由辅音自成音节的声化韵，“不必与母音拼合也能成一音段”，也就是说：“子”、“知”之类的字母本身并不包含韵母，故可按空韵处理，不必为之设置字母。这种处理方法的缺点，一是与汉语方言中舌尖元音普遍存在，甚至可以自成音节的语音事实不符；二是在字母拼写中会造成辅音字母连写（如“支持”zhch），并破坏汉语音节结构的框架，即有一小部分字音可以是有声无韵的。（2）在拉丁字母范围内借用其他字母来表示汉语的舌尖元音，如威妥玛（1867）用 ih 和 ŭ 来表示，如“诗”shih、“思”sŭ；国语罗马字（1928）用 y，如“诗”shy、“思”sy；美国耶鲁方案（1928）分别用-r和-z 来表示，如，“诗”shr、“思”sz，“自始至终”dzzshrjrjong。（3）在拉丁字母之外，另行设计新字母，《汉语拼音方案》在制定的过程中也曾尝试过这一方法，为之设计过两个新字母，或用小型大写的“工”字 I 来表示，或用加两点的 ï 表示。但在广泛征求意见的过程中，国内外普遍反映都是：不欢迎、不认可。确实，缺乏历史基础的新字母很难让大家接受，它的流通价值一定极低。

现在回过头来看看《汉语拼音方案》最后是怎样处理这个问题的。《汉语拼音方案》舍弃了威妥玛和耶鲁方案为舌尖前元音和舌尖后元音各自配置一个字母的做法，因为这在字母设计上是不经济的。《汉语拼音方案》吸取了国罗只为它们配置一个字母的优点，但继承中又有创新，它进一步把舌尖元音归并在舌面元音 i 音位之下，让字母 i 在前接不同声母时兼表不同的读音：ji（基）、zhi（知）、zi（姿）。《汉语拼音方案》在拉丁字母的范围内，选择字母 i 兼表舌尖元音，实在也是一种继承中又有创新的办法。因为它可以避免最吃力不讨好的创制没有流通价值新字母的麻烦，可以避免双字母会增加音节拼写长度、加符字母书写不便等缺点。同时却有音位互补归并、节省字母用量、兼顾历史音韵的优点。有人说这使 i 脱离了拉丁字母传统的读音范围，那么在以往出现过的为汉语舌尖元音配置字母的各种设计中，又有哪一种是符合拉丁字母读音习惯的？舌尖元音本来就是汉语里有而欧美日韩等大多数语言里没有的元音，怎么可能找到一个跟它音值般配的拉丁字母？《汉语拼音方案》让 i 成为一个条件变读字母，这也是世界各国使用拉丁字母的常例，因为建立在拉丁语基础上的拉丁字母，数量有限，而各国、各民族的语言都会有一些自己特有的语音，因之，通常都会采用条件变读，甚至完全脱离原有读音的字母借用等办法来弥补拉丁字母不够用的限制。因之，在用 i 兼表舌尖元音这个问题上，《汉语拼音方案》在字母与语音配置上并无“失误”，更说不上差错。至于说这会给人带来学习上的不方便，容易造成误读。这个问题其实在语音教学中是很容易解决的。例如采用音节整体认读，避免拼音，或者在教学中临时采用《汉语拼音方案》曾设计过的 I 或 ï 来区别 i。舌尖元音在普通话里是不能脱离特定的声母而单独存在的，所以一般都不会独立发音。如果单独为之设计字母，只怕是在学习上、教学上会带来更大的麻烦。

上面所谈的一些问题，周有光先生在《汉字改革概论》（1961）以及其他的文章里都谈了，只是因为当时面对的是社会上广大的群众，所以没有从语音学、文字学等专业理论上作透彻的说明。当然，这里所说的创新和继承，不同的对象从不同的角度来看待，完全可以有不同的评论。

但是，正如周有光先生曾经坦率地说过的："《汉语拼音方案》不是没有缺点的，但是改掉一个缺点往往会产生另一个缺点。缺点和优点是共生的。只能两利相权取其重，两弊相权取其轻。"我想补充说明的是：无论从哪一角度来看都十全十美，众善兼备，全方位皆优的拼音方案过去没有，将来也未必会有。因此，对《汉语拼音方案》也不应作求全之毁。

周有光先生从上一世纪二十年代开始，受当时因甲午国耻国难而引发的汉语拼音运动的影响，毕生投入了汉字改革、汉语拼音、语文现代化的各项工作中。《汉语拼音方案》批准通过并正式公布后，有光先生首先在北京大学中文系开设"汉字改革问题"课程，我就是课堂上听课的学生。我在北大本科和研究生阶段所学习的课程中，有关汉语拼音的唯此一门。所以有光先生是我这方面专业领域中唯一的授业师。其后，我刚留校任教正逢《汉语拼音方案》首先要在小学中推广使用，我又会同当时汉语专业的学生各人自带铺盖先后赴京郊房山、门头沟、顺义等地，在公社生产大队场院里向小学教师讲解《汉语拼音方案》及其使用办法。方案从 1952 年开始讨论语音标准、字母形式、拼写设计一直到最后的批准通过的全过程正是我在大学本科求学和读研究生时期（1950~1958）。其后，又因为教学工作和专业领域中的需要，对《汉语拼音方案》的字母选择、拼音设计，及其与语音的配置关系我都有了更多的理解，因而对有光先生学术思想的博大精深、高瞻远瞩有了更深的认识。

有光先生是中国语言文字学界难得的"百岁老人"，我向有光先生奉上最深挚的敬意和祝福。祝他在百龄华诞之后进入"无量寿"的最高境界。

（王理嘉，北京大学中文系教授）

周有光先生二三事

冯志伟

在上个世纪60年代初期，我就是周有光先生的学生了。1962年，周有光先生在北京大学中文系讲授《汉字改革概论》的课程，当时我已经从理科转到中文系学习语言学，对于周有光先生的课程产生了浓厚的兴趣，每次上课，我总是坐在阶梯教室的第一排，认真听周有光先生讲课。周有光先生的课程深入浅出，他讲课时谈笑风生，常常通过各种实例来论述汉字改革的原理。我特别喜欢周有光先生讲课的语言，他的讲话朴实自然、娓娓动听，犹如天上的行云、山中的清泉，给人以美的享受。当时裘锡圭先生做他的助教，他对周有光先生非常钦佩，课余时常给我们进一步阐述周有光先生的思想。40多年过去，裘锡圭先生已经成为中国文字学的卓然大家了，可见当时周有光先生的课程影响之深。在课间休息的时候，我总是喜欢向周有光先生请教各种问题，他的解释言简意赅、趣味盎然，给我留下了深刻的印象。1964年我考上了北京大学的研究生，不久之后就发生了文化大革命，我到云南边疆当了中学的物理教员，从北京老同学来的电话中，我知道周有光先生到五七干校去劳动了，得了很严重的眼病，很为先生的健康担心。可是我不知道先生的确切地址，无法通信。

文革浩劫之后，我改行学习自然科学，成了中国科学技术大学的研究生，到法国格勒诺布尔理科医科大学应用数学研究所留学。1981年回国之后，我立刻就和语言所的一个朋友去看望阔别了将近20年的周有光先生。当时周有光先生住在沙滩的文改会宿舍，这是过去北京大学教师住的老式平房，已经很陈旧了。我们一进门，地板就咯吱咯吱地响起来。

我们说，没有想到像周有光先生这样世界知名的大语言学家，住房条件还这样差。周先生笑着说："地板不好没有关系，如果地板不响，我怎么知道你们来了呢？地板正好可以当作我家的门铃来用。有什么不好的呢？"周先生风趣的回答，说得大家都笑了。我看到先生红光满面，眼病也好了，而且心情这样乐观，很为先生高兴。

1985 年中国文字改革委员会更名为国家语言文字工作委员会，我因工作需要从中国科技信息研究所计算中心调到了当时的国家语委语用所，重新回到了语言学的队伍，成了周先生的同事，和周先生住在一个大院中，我们见面的机会更多了。我经常向周先生请教问题，成了忘年之交。逢年过节，周先生总是喜欢从他住的一单元三楼到我家里聊天，我家住在二单元五楼，为了来我家，周先生要从三楼下来，再爬上我住的五楼。每当周先生来到我家，我都对他说，您年纪大了，不要再爬楼了，下一次请打电话叫我，让我到先生家去聊天。可是周先生总是说："上楼下楼，活动活动，对身体有好处。"

许嘉璐先生担任语用所所长之后，主编一套"语言文字应用丛书"，他要我为丛书写一本《应用语言学综论》。嘉璐对我说："志伟，你对于国外应用语言学的发展情况比较清楚，写《应用语言学综论》就要给应用语言学的学科体系搭一个架子，描画出应用语言学的学科体系的轮廓。这个任务就交给你了！"我是搞自然语言处理的，对于应用语言学的整个学科体系所知不多，嘉璐给我出了一个难题！可是我推脱不了，只好硬着头皮，坐下来广泛阅读国内外文献，开始思考应用语言学的总体构架。

应用语言学包括的领域很广泛，有语言教学、语言规划、语言信息处理、词典编纂、语言翻译、国际语学、社会语言学、心理语言学、语言风格学、实验语音学、神经语言学、病理语言学、广告语言学、术语学、人名学、地名学、速记学、儿童语言发展研究、广播电视语言研究、作家作品语言研究、体态语研究、盲文研究、语言侦破研究等等。在这众多的领域中，怎样勾画出应用语言学的大致轮廓，搭建应用语言学的基本构架，我感到很茫然。带着这样的问题我去请教周先生，周先生很谦虚，他对我说，“谈不上请教，我们讨论吧！”于是，我们坦诚地交换了意见。周先生具有开阔的学术视野和深邃的历史眼光，他对于国内外应用语言学的研究情况了如指掌。经过周先生的指点，我认识到，尽管应用语言学涉及的领域如此纷繁，但是我们不可能面面俱到，一律对待，而应该分清主次，把这门学科的重点放在语言教学、语言规划、语言信息处理三个方面。周先生把这三个方面叫做“应用语言学的三大应用”。他说，这个问题他早在1992年就考虑成熟了，他建议我读一读他在1992年发表在《语言文字应用》创刊号上的文章。后来我仔细地阅读了周先生的这篇文章，根据周先生的意见，我在《应用语言学综论》中，对于应用语言学这门学科的各个部分做了如下的安排：如果把应用语言学比做一个大厦，那么，可以把语言教学、语言规划和语言信息处理作为应用语言学这个大厦的三大支柱，而其他的各个分支学科作为应用语言学这个大厦的次要组成部分。这样一来，便突出了重点，分清了主次，当代应用语言学的基本框架也就清晰地浮现出来了。周先生关于“应用语言学的三大应用”的远见卓识，使我豁然开朗，我的茫然情绪一下子烟消云散了。我不禁想起了郑板桥的名言：“删繁就简三秋树，领异标新二月花。”我们做研究工作，应该像三秋的树木那样“删繁就简”，像二月的鲜花那样“领异标新”。周有光先生这种“删繁就简”和“领异标新”的高超本领，令我非常佩服。

在语言学的诸多应用中，语言翻译和词典编纂这样的领域也是非常重要的，为什么周先生没有把它们包含到应用语言学的主要内容之中呢？我想，这是因为语言翻译和词典编纂这样的领域，早已独立于应用语言学的学科之外，成为很大的产业了。语言翻译有像翻译公司这样的产业，词典编纂有像辞书出版社这样的产业，应用语言学已经包容不下这样大的产业了。当然，在应用语言学的学科体系中，仍然应该注意语言翻译和词典编纂，绝对不可以忽视它们。我想，对于这样的复杂问题，周先生在提出"应用语言学的三大应用"时，早就考虑得很透彻了，所以，他没有提"五大应用"，而提"三大应用"，这是卓有见地的。

1999 年 9 月，我应邀到德国特里尔大学担任客座教授。2000 年初，我参加了一个关于多语种互联网的国际会议，在与各国代表的交流中，我深深感到：中文要在国际互联网提升自己的地位，前提条件是利用拼音。利用拼音必须分词连写，使计算机知道汉字文本的词的界分在哪里，否则一系列重要的技术问题都难于解决。于是，我写信给周先生。周先生立即给我回信。在回信中，周先生亲切地称呼我为"同志"，他说：我称呼您"同志"，是因为我们志同道合。这封信阐述了周先生关于中文分词书写的思想，非常重要。这里我照录如下。

志伟同志：

我称呼您"同志"，因为我们志同道合。您提倡中文分词，词之间留空格，我万分赞成。

我多次说过：汉字文本虽然不分词，可是阅读的时候，必须在心中默默分词，这叫做"分词连读"。例如"中华人民共和国"，必须读成"中华‖人民‖共和国"，不能读成"中‖华人‖民共‖和国"。阅读的时候，如果心中的分词错了，自己就看不懂文章的意思，因为我们的语言是用词作为表达意思的单位的。

大约10年前，陈力为先生也曾经提倡中文分词，词之间空格，可是响应的人非常少。

汉语分词，实际包含两个问题：(1) 汉字文本，(2) 拼音文本。

拼音的分词，在中央电视台的“新闻联播”拼音标题上，原来已经实行，写成“XINWEN LIANBO”。但是，近来在反对拼音，更反对分词的潮流中，又恢复了按照字（音节）分写的方式。可笑的是，中央电视台的旧标题没有改，而新标题改成“XIN WEN LIAN BO”。在几秒钟之内，你可以看到两种不同的拼写方式在同一个电视台出现。

在50年代，我和倪海曙、郑之东等同志，尝试汉语文本分词书写，词之间空格，曾经排印过两个小册子，作为试验。大家看了说：不好看。不好看的原因是：(1) 汉语文本里有许多单音节词，空格使人以为是排版稀疏。(2) 汉语书面语往往是文言和白话夹杂，一会儿写单音节的文言词，一会儿又写双音节的白话词，发生混乱。

我得到的理解是：分词要从拼音做起，还要提倡书面语口语化。如果在小学的拼音教学中，拼音一概分词书写，形成习惯，就能够事半功倍。听说现在小学正在减少拼音的学习时间，反对拼音分词书写，理由是拼音不是文字。

我在10多年前，请香港中国语文学会资助方世增同志进行“分词注音”的软件研究，获得成功。只要有汉字软盘文本，就可以利用这个软件在电脑上自动打印出汉字和拼音对照的文本，一行汉字，一行拼音，分词书写，同时标记声调，错误率在5%左右。1万汉字的文本只需要两分钟就能够完成注音和打印。很可惜，这个软件没有得到利用，因为没有出版社愿意出拼音读物。

我想，提倡中文分词，最好首先提倡拼音分词书写。有一个小故事：北京王府井的中国工商银行大门外，10年前有拼音名称：

“ZHONGGUOGONGSHANGYINHANG”

我劝他们改成分词书写，他们说没有这笔经费。敬祝

研祺！

周有光

2000-02-18

周先生在信中全面地说明了他对于中文分词书写的意见，这些意见在今天仍然有指导意义。特别是他提出“分词要从拼音做起”的主张，是他长期调查研究得出的重要结论，值得我们大家深思。

为了普及汉语拼音正词法的知识，最近我和新加坡学者合作写了一本书，叫做《汉语教学与汉语拼音正词法》，由新加坡时代出版社出版。周先生非常支持这本书的出版，特别为我们写了如下的题词：

语言使人类别于禽兽，

文字使文明别于野蛮，

教育使先进别于落后。

这个题词不仅反映了百岁老人周有光先生对于推广汉语拼音正词法的关切，还表现出了他对于语言、文字和教育的深刻思考，闪耀着智慧的光芒。为了纪念周有光先生100岁生日，我把他的亲笔题词附在这里，使大家能够共享周有光先生的聪明和智慧。

（冯志伟，教育部语言文字应用研究所研究员）

耆德硕老，永年遐福

向光忠

周有光先生是享誉语言文字学界的耆德硕老。我仰止殊殷，而趋教甚少。

上世纪五十年代末，周有光先生曾一度应请在北京大学中文系开设专题讲座，那时我已被惊涛骇浪卷出了燕园，无缘面聆教益。

近二十余年间，因参与学术活动而频往国家语委，周府就在语委院内，也未尝贸然奉访，这主要是自觉先生时间宝贵，就一直未便趋谒搅扰。

今年春天，应邀出席语言文字规范化工作学术研讨会，下榻于礼士宾馆，与语委大院相距步武。三月三十一日晚，我和詹伯慧教授于会议之馀，前去语委院内拜望老前辈。先看望住在四楼的王均先生，王先生很高兴我们造访，精神尚好，谈兴颇浓，我们逗留的时间较长。告辞王先生，本要再去看望住在三楼的周有光先生，而虑及周先生已就寝，不宜惊动老人家，便只好悄然离去。

回忆上世纪九十年代之中，台湾一位从事资讯技术应用教学的学者，特别赞赏周有光先生的“换笔”之说，希望我引见。于是，我预先同周先生联系，先生欣然首肯，表示欢迎。遵照约定时间，我偕台湾学者从天津赴北京，专诚探望周先生。先生与夫人张允和先生一起，谦恭而热忱地接待了我们。周先生与时俱进，十分重视信息科学，积极支持信息产业，热心推广信息技术。这样，谈话的主旨，则自然是有关电脑的内容，诸如，机制之精妙、操作之灵巧、文献之输入、信息之传递、知识之普及、技能之训练，等等。特别是古老的汉字如何凭借现代科学技术手段而得以增强其效用，则更是多所言及。相聚交谈之间，先生兴致勃然，伸手打开电脑，时而敲击键盘，进行直观演示。先生寿逾耄年，胸无保守之意，如此热爱新生事物，率先运用先进工具，垂范于后继之士子、年少之学子，超逸于故步自封者、抱残守缺者，令人称羡！

周有光先生涉猎于中外文字学的宽广领域，视阈开阔，博洽多闻，掌握各式文字的丰富资料，熟谙各样文字的创制原理，评介诸种文字学说，绍介比较文字理论，滋养了我国的文字学的人才，促进了我国的文字学的研究。数十年来，先生密切关注我国的语言文字学术建设，属意语言文字演化现象，瞩目语言文字应用状况，致力于语言文字的规范化、标准化，努力推动语言文字的现代化事业，多所贡献，著有业绩。

有光先生坚持不懈，倾注全副精力治学，步入百岁高龄，仍在潜心撰述，不断取得成果，时有作品面世。2005 年 3 月 15 日惠赐我的著作，下款之后即书写“时年 100 岁”！这种矻矻以求、孜孜不倦的献身学术而始终不渝的精神，是值得我们后学效仿的。

周先生近年同我曾有书信往还，并互赠著述。先生敦厚谦逊，热忱关爱后进，恳切相待，虚心相与。我奉寄书后，先生回复说：“论文集三册收到，已细读大半。”言“细读”，显示出“虚怀认真”之意，表露了“爱护晚辈”之忱。先生每赐大著，如《周有光语言学论文集》《世界文字发展史》等，都在上款书写“指正”。2005 年 3 月 19 日寄来待刊之近作《汉字性质和文字类型》，评介关于汉字性质和文字类型的诸多说法。眉端写道：“讨论稿，敬请指正，谢谢！”以耄寿重望而这样谦和地遣笔于晚生名下，谅非出于一般客套，乃是体现了贤者长辈之虚怀若谷的风范。后来我复函奉答说：“大作所阐发的透辟见解，给人以启示。您对学者们关于‘汉字性质和文字类型’的诸种说法所作的评述，全面，中肯，有助于人们扩大视野，深化认识。”同时我也谈了自己的一孔之见：“不才以往为研究生讲授‘文字学理论’时，曾对‘汉字性质和文字类型’问题讲述个人浅见，而后也曾在拙作《论汉字生成机理与汉字文化蕴涵》中（《文字学论丛》第二辑，崇文书局），论及‘汉字生成机理’时，触及‘汉字性质和文字类型’问题。我认为，关于汉字特性及其基本类属，学者之间，各执己见，异说不一，相互诘难，而此说与彼说，有的矛盾对立，难以兼容并存，其间本为排斥关系，则自当是其是者而非其非者；有的着眼不同视角，揭示个别本质属性，其间存在互补关系，则不宜偏取其一而摒弃其它。”如此奉复先生，叙说了自己拜读大著的收获，表述了自己对于歧见的看法。

周有光先生福海寿山，是一位世纪老人。先生自始至终地涉足二十世纪的波澜起伏的历史长河，亲历并投身于新文化运动，阅历并参与了新语文建设。如今，继续跨进新世纪，身体康强，精神健旺，思维敏捷，仍在竭诚奉献心智于学术事业。谨此衷心祝愿，耆德硕老，永年遐福，迈步于新世纪的新征途，前行！前行！前行！

（向光忠，南开大学中文系教授）

学习周有光关于拼音的理论

张育泉

2003 年 11 月，在纪念《汉语拼音方案》颁布 45 周年座谈会上，教育部副部长、国家语委主任袁贵仁在讲话中提到："(1) 继续实施推行汉语拼音的语文政策。(2) 深入研究和妥善处理汉语拼音应用中的有关问题。(3) 进一步加大汉语拼音的推行力度。"可见，国家有进一步完善、扩大汉语拼音应用的政策。为纪念《汉语拼音方案》颁布 45 周年，出版了纪念文集《信息网络时代的汉语拼音》，还举办了学术研讨会，发出《关于进一步推行汉语拼音的倡议书》，可见，有关单位和团体为汉语拼音的发展在积极工作。①

社会上关心汉语拼音发展和应用的热心人士很多。互联网上关于汉语拼音的网站、论坛也不少，有的已经举办多年。参加讨论的人不少，言论很多，相当热烈。有关汉语拼音文字的方案或专著时有出版。但是，其中一些意见表现出对汉语拼音了解不够；有的提出种种修改意见，理由却不充足；甚至有的说汉语拼音失败了，等等。面对纷纭的言论和方案，笔者想到要再次学习周有光先生关于汉语拼音的理论，用以理解国家的政策，思考有关拼音的各种意见，分辨是非曲直。这样做，也是对这位百岁老专家表示敬意。

周有光先生是参加汉语拼音方案制定的唯一在世的著名老专家。他对汉语拼音的制定有过详尽的论述，对汉语拼音的历史有精深的研究。而且对语文现代化的各个方面，对比较文字学、世界文字发展史等都有出色的研究成果。2001 年出版的四卷本《周有光语文论集》(后面引用此书，只注明卷数和页数）是周先生理论研究的精华。周先生的理论既高瞻远瞩，又切切实实，是研究汉语拼音的必修课，可以作为进一步发展汉语拼音的指导思想。本文从五个方面陈述周先生的主要观点，并谈谈自己的学习心得。

一、《汉语拼音方案》的特点

周先生反复讲到汉语拼音的三原则，即拉丁化，音素化，口语化。（四卷 173~174）还多次讲到汉语拼音的“三不是”：“1. 它不是汉‘字’的拼‘形’方案，而是汉‘语’的拼‘音’方案。2. 它不是‘方言’的拼音方案，而是‘共同语’（普通话）的拼音方案。3. 它不是‘文言’的拼音方案，它是‘白话’的拼音方案。”（二卷 170~171）这些从正、反两面说明了汉语拼音的特点，也是制定汉语拼音方案的经验。

拉丁化，又称罗马化，说明汉语拼音采用的是国际通用的拉丁字母。为什么不采用民族形式字母——汉字笔画式字母，而要采用外来的拉丁字母呢？简单说，因为制定汉语拼音方案的时候，大多数人拥护用拉丁字母，对汉字笔画式字母不再感兴趣。拼音运动的历史能说明这一点。清朝末年的汉语拼音运动，有 28 个拼音文字方案出台，多数是汉字笔画式的。王照的方案（汉字笔画式）当时推行到 13 个省，推行了 10 年，影响不算不大，但是并没有流传下来。而拉丁字母从 20 世纪初在我国教育界、学术界、出版界等使用越来越多。到 1919 年五四运动，文字改革形成一个高潮，拉丁字母被普遍公认为世界的字母，出现了“国语罗马字拼音法式”和“北方拉丁化新文字”两种有深远影响的汉语拼音方案。到 20 世纪 50 年代，即使有威望的毛泽东提出要搞汉字笔画式的拼音方案，专家们随即提出几个汉字笔画式方案，也得不到大家赞同。后来，毛泽东也改变了观点，并反过来说服知识分子赞成用拉丁字母，促成了汉语拼音方案的产生。现在要搞汉字笔画式拼音文字的热心者，还是放弃为好，因为历史已经表明：此路不通。

音素化（音位化）：按照音素拼写音节。语音中每一个音素（音位），用一个字母（少数用两个）表示。我国传统的反切不是音素化的，而是声韵双拼，清朝末年的汉语拼音方案，也多是声韵双拼。双拼的字母设计，一个字母表示两三个音素（音位），叫做结合声母、结合韵母。例如王照的方案共用 62 个字母；注音字母是三拼法，声母、介母、韵母相拼，复韵母、鼻韵母都用一个字母表示，不是音素化的，共用 37 个字母。音素化的汉语拼音只用 25 个字母，一个音节由哪些音素构成，十分清楚。现在设计拼音文字方案的人，有的多到 40 个声母，那是声韵双拼的设计，走回头路，不会得到大家的认可，不会有前途。

口语化，以及汉语拼音的“三不是”，是周先生为汉语拼音划定的适用范围。离开了这个范围，汉语拼音就不能发挥它的作用了。汉语拼音拼写的是现代汉民族共同语——普通话，拼写普通话要以词为单位，拼写的书面文本，读出来完全能够听懂，这样，汉语拼音比汉字容易学、容易写，能使儿童或文盲较快掌握读写的本领。这正是汉语拼音的初衷。可惜有些人还不了解。现在为汉字设计拼音方案的还是不少，有的已经给一万五千多个汉字设计了拼音字。设计者的如意算盘是：既能拼写现代汉语，也能拼写文言文。每个拼音字中有两三个不表音的字母（表示部首、词类或声调），记忆困难，而且得先认识汉字才行，因为每个拼音字记录的对象不是大家都懂的活的语言，而是汉字。文言文——古代的书面语，不下相当的功夫，是读不懂的；读出来也是听不懂的。拼音汉字难学难用可想而知，这就完全违背了用拼音的初衷。1931—1932 年外国人曾经设计过“辣体汉字”（拉丁字母汉字），不成功。周先生说：“辣体汉字的尝试证明，现代汉语拼音文字不能走汉字化的道路。”（卷一 30）还有人指责汉语拼音有的不代表大多数地区的读音，例如认为“热”和“然”的声母不是 r 而是 yu。这只表明指责者对共同语（普通话）缺乏必要的基础知识。

二、《汉语拼音方案》字母和语音的巧妙配合

关于使用拉丁字母拟订汉语拼音，汉语拼音没有什么独创，而是分别选择了以前各种方案的优秀设计。周先生在著作中多次讲到以下几个问题。

汉语拼音在同类方案中所用双字母最少，只有 5 个，即 zh, ch, sh, ng, er。英国人的“威妥玛式”用 13 个双字母，“国语罗马字”（也称“第二式”）用 7 个双字母。双字母少，拼写的音节就简短。有人总认为汉语拼音音节长，这是不对的。他们眼睛只看字母最多的音节（例如 zhuāng），而不看平均数。周先生举出《拼音》月刊上的统计，汉语拼音音节平均长度为 3 个字母。[②]

汉语拼音“全部声母都是专用字母，不用变读法”。“‘威妥玛’把‘知蚩’（ch, ch‘）在 i 的前面变读成‘基欺’（chi, ch‘i）。‘第二式’把‘知蚩诗’（j, ch, sh）在 i 的前面读成‘基欺希’（ji, chi, shi）。‘北拉’把‘哥科喝’（g, k, x）在 i 的前面变读成‘基欺希’（gi, ki, xi），这都是变读法。”汉语拼音不变读，三组声母分别为：zh, ch, sh; g, k, h; j, q, x。“三组声母各有专用字母，彼此不相干扰。区别分明，学用方便。”（卷一 347）。用 j, q, x 是汉语拼音采取了注音字母的做法。北大教授王理嘉认为“这是一种十分明智的选择”[③]，便于方言区人学习普通话，提高了对 26 个字母的利用率。然而，这样做，q 和 x 两字母用得频繁，与欧美习惯不同。这也是许多人提出要改变汉语拼音、使之“国际化”的一处。周先生举例说明，世界范围内用 q 和 x 两个字母在增多，习惯也在改变。“中国人为什么要拘泥于外国人也在放弃的旧习惯呢？”（卷一 348）

“资雌思，知蚩诗日”的声母 z, c, s；zh, ch, sh，r 在用拉丁字母设计的各种汉语的拼音方案中，有多种写法，“北拉”确定的写法，被汉语拼音选中。周先生这样总结：“这个演变过程就是从加符号到不加符号，从不对称到系统对称。”（卷一 115）王理嘉教授评价：“这是北拉的方案的精彩之笔。而汉语拼音方案的抉择也可谓慧眼独到。国内外对此表示普遍欢迎。”④

舌尖元音的合理安排。zi，ci，si 三音节的韵母是舌尖前元音。zhi，chi，shi，ri 四字的韵母是舌尖后元音。威妥玛把两个舌尖元音分别写作 ŭ，ih，台湾的“第二式”定为-z，-r。“国语罗马字”把两个舌尖元音合并为一种，用-y 表示。“注音字母”和“北拉”都不写出这两个韵母。汉语拼音也把两个舌尖元音用同样的表示法，写成-i（即 i，‘-’表示跟在特定声母后面，不单用）。“从语音演变的历史来看，舌尖元音来源于元音‘衣’（i）；北方民间曲艺押韵的‘十三辙’把舌尖元音和韵母 i 归入同一个‘辙儿’；所以把舌尖元音写成-i，既合原理，又切实用。”（卷一 351）这样，i 表示三个元音（举例：yi，zi，zhi），各有各的适用范围，互不干扰。王理嘉教授说：“这在字母与语音的配置上是经济的，在音系上也符合互补归并的原则，而且又兼顾了历史音韵。就方案的整体格局而论，这实在是顺理成章的最佳选择。”⑤

ü（yu）的确定。这是在比较了多种设计之后确定的。字母 ü，德文中用，人们并不生疏。有人主张用 v，但是 v 公认为辅音字母，当作元音用显然不合适。ü 上的两点只有在声母 n, l 之后才是必需的，在 j, q, x 后面不用两点。“两点的省略也可以看作是 u 的条件变读。……由此换来 j, q, x 三个字母不变读，利弊相权，还是利多于弊。”（卷一 119）

ao, iao, 在汉语拼音草案中，开始写作 au, iau, 从音理上说，两者都合理。但是后者在手写体中容易跟 an, ian 相混，因此最后改为 ao, iao。草案中还有 ung, 根据实际读音，跟声母结合时写作 ong，自成音节时写作 ueng。草案中的 yng，方案根据实际读音写作 iong。“由于 ao, iao, ong, iong 等写法的采用，阅读醒目的字母 o 就时时出现了。”（卷一 120）

从上面字母与普通话语音配置的几个例子可以看出，《汉语拼音方案》的制定是总结吸取了过去各种方案的宝贵经验，十分慎重地作了全面考虑和恰当选择。周先生诠释了汉语拼音方案是最佳方案，专家集体充分研究，并广泛吸取群众意见，多次修改，又有专门机构审定，最后由最高权力机构——全国人民代表大会审议通过。这些扎扎实实的工作，保证了汉语拼音的科学性和实用性。现在有人要汉语拼音向国际化靠拢，有人动辄对声母、韵母做这样那样的修改，这是对汉语拼音认识不足的表现，要知道动一发而牵连全身，随意的改动有害而无利。

三、标调问题

汉语拼音符号标调法的优点：四个声调符号表示出声调升降的特征；调号标在主要元音上面，合乎音理；不改动、不加长词形；符合注音字母的传统，也符合拉丁字母文字的习惯（大多数拉丁字母文字使用附加符号）。符号标调法的缺点是“满脸麻子”，打字不方便。周先生指出：“一种一种经过长时间的详细推敲，都有极大的缺点。利多弊少，只有符号标调法。”（卷一 354）

周先生对于数码标调法、字母的各种标调法都作过评述。这里只简要介绍他关于字母标调的一些观点。周先生指出，用来标调的字母，“以采用‘兼职拉丁字母’为妥”。标调字母的位置，“前加、中插，不入后加”。他推荐了用来标调的字母：其一，“比较利多于弊的字母是 x（阳平）v（上声）h（去声）。如果上声用重叠元音字母表示，只要 x 和 h 两个字母就够了。条件是全部标调。”（x、h 在国外拼音文字里有不发音的习惯）；其二，“用 j、q、x 表示阳、上、去，这三个字母夹在两个音节中间不容易误认为后一音节的声母，因为它们只跟 i、ü 连接。”周先生还认为：“变字法弊多而利少，不如加字法和叠字法好。”⑥

笔者认为，既然符号标调法利大于弊，可以继续使用，希望研制出便于标调的软件，供打字使用。字母标调法也是需要的，希望国家主管部门主持标调的选优工作，并促使选出的标调字母约定俗成。两种标调法都可使用，经过长时间试用之后，再选定其中一种。

四、同音词问题

“真正的同音词是‘意义不同’而‘声韵调相同’。例如‘琵琶’和‘枇杷’，‘母鸡’和‘母机’，‘有利’和‘有力’，‘越剧’和‘粤剧’等等。”（卷二 195，314）为了避免把同音词问题扩大，周先生强调要知道什么不是同音词。（1）“同音汉字”极大部分不是同音词。只有独立成词的字才可能有同音词。通用字中有 2/3 是语素字，不能单独成词。“看”与“瞰”都读 kàn，但不是同音词，“看”是词，可以单说；“瞰”只是语素，不能单说，不是词，组成“鸟瞰、俯瞰”等才是词。（2）文言词和白话词同音、方言词和普通话同音，都不是现代汉语的同音词。（3）“同音异调”不是同音词。例如“看”与“砍”，“俯瞰”和“副刊”。（4）异形词不是同音词。例如“笔画”和“笔划”，“年轻”和“年青”，“标志”和“标识”——都是读音相同、词义相同而写法有所不同，都应当保留一个淘汰一个。《第一批异形词整理表》(2002-03-31 试行)已经确定这三组的前一个词为推荐词形。(本段和下段的例词为笔者提出)

现代汉语的真正的同音词，写成拼音会发生意义混淆。例如 pípa，可指“琵琶”或“枇杷”，dùjuān，是指杜鹃花，还是杜鹃鸟？ shùmù，指“数目”还是“树木”？这就是同音词问题。现代汉语的同音词大约占词总数的 8.7%。(卷一 316)

“同音词是语言问题，不是文字问题。它的根源在语音，不在词形。只考虑词形，不考虑语音，不能解决同音词问题。”(卷二 315)。解决同音词问题首先是整理词汇，使同音词变成非同音词。例如：“期中、期终”把后者改说“期末”；又如：“癌症、炎症”原先都读 yánzhèng，后来前者改读 áizhèng。用这类方法分化大部分同音词，剩下少部分。周先生估计“需要分化词形的大约有 300 个词”。(卷一 317)周先生提出分化词形的几项原则，其中比较重要的是：“分化词形，应当基本上仍旧保持原有词形；分化定形的词形应当能够根据极简单的规则读出原来的正确读音。”(卷一 319)周先生举出“字体和标点的利用”“拼写形式的利用”等具体分化方法，对于加用部首字母、加用词类字母等方法并不赞成。认为“把同音词分化词形的方法固定在拼音中间，只会损坏拼音的功能和发展。”(卷二 198)

笔者希望按照周先生的思路组织对同音词的深入系统的研究。与此同时要提倡书面语言口语化(不妨碍简练、优雅)，反对书面语向文言文靠拢。

五、汉语拼音文字的公式

“50 年代本书作者提出过这样一个公式：拼音方案+正词法=拼音文字。这个公式是错误的。正确的公式应当是：技术性（方案+正词法）+流通性+法定性=拼音文字。”(卷二 176)

周先生重视正词法，参与并指导制定，认为进一步完善汉语拼音主要是制定好汉语拼音正词法。希望通过正词法，即分词连写的具体方法，使拼音词汇中大多数词有确定的词形。词语定型，不用或尽量少用不表音的字母。

周先生特别重视“流通性”，他多次提到“经验告诉我们，创造一套新字母是不难的，同意一套新字母却很难。”“新字母约定不易，俗成更难。”（卷一 93）民国初年召开的读音统一会，要确定一种拼音字母方案，卢戆章、王照等创制过方案并有实践活动的人也参加会议，王照还担任副议长。大家纷纷申说自己的方案，竞争激烈，结果代表们提的方案没有一个通过，最后采用了会议记音用的一套符号，就是后来正式公布的注音字母。（以章炳麟拟定的音标字母方案为基础修改补充而成）拉丁字母所以能为大家所接受，是因为它已经为世界各国通用，也深入到我国社会的各行各业，前面已经谈到，这里不再重复。现在声称以汉语拼音为基础却对汉语拼音作了很多改动的一些方案，不可能流通开来。热心汉语拼音的人，还是把精力用于汉语拼音的应用和教学上面才好。

关于汉语拼音的流通性，周先生说：“汉字有几万万人在用。拼音恐怕还没有几百万人在用。拼音的流通性远不如汉字。拼音要发展到几万万人应用，需要一千年！”（卷二 175）周先生的文章是上个世纪 90 年代初写的，十几年以来使用电脑的人大幅度增加，而用汉语拼音输入的是绝大多数，那么，使用汉语拼音的人就大大增加了。今后汉语拼音的流通性可能会加强。

关于“需要一千年”，这不是贸然说的。从世界文字发展的历史来看，文字的发展演进是相当缓慢的，就以汉字形体的发展为例，从甲骨文到小篆，从小篆到隶书，从隶书到楷书，哪一个阶段不需要几百年的时间？何况从使用汉字为主过渡到使用汉语拼音，这样巨大的变化，更需要漫长的时间。这与文字的社会性有密切关系，社会每时每刻都在使用文字，变化快了，会影响信息的传播和存储。人们的习惯也不是短时间能够改变的。现在经过近半个世纪的发展，我们的科学、文化、教育事业已经离不开汉语拼音，但汉语拼音还不是拼音文字。这不是国家政策有什么失误，更不是个别人讲的汉语拼音的失败。笔者认为文字的发展规律就是如此，汉语拼音的发展还需要时日。有人急于使汉语拼音成为文字，周先生说："呼喊它，也不可能使它立即出现。现实的态度是，利用它，使它帮助汉字，发展中国的文化，向现代化前进。"（卷一 413）

笔者认为，我们要认识规律，积极工作，不要心急。汉语拼音是全社会的文化工具，政府主管部门加强管理，给汉语拼音应有的地位，积极扩大它的应用，才能促进它的发展。只凭借个人或团体的力量是不行的。比如，"注音识字，提前读写"的教学经验的不断推广和发展，关系到学校的管理、教材的编写等大事，只有教育主管部门积极扶植，创造条件才能实现；汉语拼音的标调法、同音词等问题的圆满解决，也不是只靠学者研究就能行的。一些对汉语拼音不正确的看法，也需要主管部门通过加强宣传，积极引导才能逐步解决。

[附注]

①第一自然段引文见《中国语文现代化学会通讯》，第 36 期 2 页、5 页。

②周有光《拼音化问题》，文字改革出版社，1980 年，173~177 页。

③④⑤见陆俭明、苏培成主编《语文现代化和汉语拼音方案》，语文出版社，2004 年，119~123 页。

（张育泉，首都师范大学文学院教授）

周老奖掖后学一例

费锦昌

汉字学界历来偏重传统汉字学，但单靠传统汉字学解决不了当前社会语文生活中许多跟汉字有关的问题。1980 年周有光先生在《语文现代化》丛刊第二辑发表了《现代汉字学发凡》。他把汉字学分为三部分：历史汉字学、现代汉字学和外族汉字学，并明确指出，“现代汉字学研究现代汉字的特性和问题，目的是为今天和明天的应用服务，也就是为四个现代化服务，减少汉字在现代生活中的不方便。”这篇著名论文发出了创建汉字学新分支的倡议。

最先起来用行动响应周老号召的是当时在上海师范大学任教的高家莺和在华东师范大学任教的范可育。1984 年，高家莺、范可育分别在上海师范大学和华东师范大学的中文系开设了“现代汉字学”这门课程。在此基础上，她们撰写了《建立现代汉字学刍议》一文，详细论述建立现代汉字学的必要性、建立现代汉字学的基础、现代汉字学的内容和现代汉字学的研究方法，文章呼吁要大力促进现代汉字学的建立。这篇论文发表在《上海师范大学学报》1985 年第 4 期上，并荣获当年上海哲学社会科学论文奖。因为我跟周有光先生在一个单位，高、范两位就托我把该文的复印件送呈周老指正。1986 年 2 月 22 日，我收到了周老的回信。周老给予高、范的文章以很高的评价：

谢谢你转来上海师大高、范的文章。我看了以后，觉得写得很好。这样的有创造性的文章，不可多得。不知道《语文建设》能否转载或介绍。

现在有一股语文新风，复古、烦琐。这是逃避现实的时代思潮。凡是形势郁闷的时期，就会出现这种文风。历史上是常见的。但是如果有为之士也进入这股文风，那就有为变成无为了。她们两位女将能脱俗，能创新，实在难得！

周老还在《光明日报》撰文推介了这篇文章，并介绍高、范两位在上海开设这门新课程这件事。周老认为“这标志着一门新兴的科学——现代汉字学已经诞生”。在周老的鼓励下，高家莺、范可育边教学边研究，走上了创建现代汉字学的长征路。因为在编辑工作之余，我也思考一些有关现代汉字学的问题，并跟高、范二位经常讨论切磋，承她们的美意，邀请我与她们合作，一起为这门课程编写一本教材。经过五年的辛勤探索和艰苦劳动，我们终于完成了《现代汉字学》的初稿。上个世纪八十年代末，范可育被派往埃及任教，随后我也到俄罗斯从事教学工作，《现代汉字学》一书的杀青工作压到高家莺一人肩上。1993 年，具有填补空白意义的《现代汉字学》终于由高等教育出版社出版了。周老应邀为这本初创因而也不够成熟的著作写序。序言实事求是地把这本《现代汉字学》的出版比作“宣告这个婴儿要开始学习走路了。当然，要想健步行走，还必须有更长的时间和更多的研究者来共同抚育和培养”。

后来又有很多学者在这块新开垦的土地上辛勤耕耘，后出转精，取得了骄人成绩，如北京大学苏培成出版了《现代汉字学纲要》，中国人民大学李禄兴出版了《现代汉字学要略》，北京师范大学杨润陆出版了《现代汉字学通论》等。经过二十多年的探索积累，现代汉字学的骨架终于建立起来了。以后的任务是用持之以恒的研究和教学工作，使它逐渐充实、更加丰满，让它能跟传统汉字学肩并肩地“健步行走”。

（费锦昌，教育部语言文字应用研究所研究员）

周有光先生治学经验访谈录

奚博先

2005 年 4 月 17 日上午，我（文中简称奚）偏瘫 5 年后在我爱人刘湛书的陪护下访问了周老（文中简称周），就周老的治学经验作了两个小时的访谈。整个谈话中，周老一直谈笑风生。谈完，我回来整理了录音。文稿经周老反复斟酌，认真审订，补充修改，最后定稿。

奚：您家老早就是个文化家庭。您在这样的家庭里，从小受到什么样的熏陶和教育？

周：我老家在常州。我们常州的周家是从宜兴来的，家谱从晋朝的周处开头。周处就是京戏《除三害》里的周处。我们小时候都听过他为民除害、勇于改过、折节向学、终成大器的故事，也看过京戏《除三害》。

在太平天国之前，我曾祖父做官卸任，在常州经营纱厂①，并开了当铺（那个时候没有银行，甚至没有钱庄，当铺就相当于现在的银行）。太平军来攻常州，常州清军守城的军费都是他提供。太平军打不进来，就撂开常州去打南京。南京打下来，就建都南京。隔了几年，又回来打常州。常州被打下来以后，我的曾祖父投水而死（这件事情，《常州府志》里有记载）。

清朝因为我曾祖父有功劳，就赐给他一个世袭云骑尉。世袭云骑尉是清朝封赏给打太平天国因公而亡的重要人物的封爵。随着封赏，还每年给俸禄。此是后话。不过当我家一部分人逃难出去回到常州的时候，工厂、当铺都给太平军烧光了，我们家的好多处房子也被烧得只剩下地皮和少量的住房。我的祖父很灰心，官也不做了，就在家读书教子。

我们家在常州青果巷。我刚刚收到常州市政协寄来的《魅力常州》，里面说青果巷“小小的一条街，近代走出了几十位文才武略享誉中外的知名人士。”“尤其值得称奇的是，在一条巷子里居然出了瞿秋白、赵元任、周有光这三位语言文字学家。”这里面说赵元任是现代汉语语言学的“开山鼻祖”，说周有光是“《汉语拼音方案》的主要设计者”。也不知道他们是从哪里找来的材料。

我的祖母在当时的女人当中有比较高的文化水平。我 3 岁，她就教我背唐诗。不过这只是当作一种玩意儿。当时的常州，在沪宁一带现代化开始得比较早，我上小学的时候已经有了新办的小学。我没有照老规矩进私塾，而是进了庙改成的新式小学。②我进的小学叫育志小学，就在我家后门运河对面的下塘，每天要有大人接送过河。

当时常州只有 3 所小学，那个时候还没有中学呢。我们的老师思想比较新，主张白话文，但是课上不教。课上读的都是古书，白话文叫我们课外看。因为那个时候觉得白话文用不着教，自己会看。

奚：您的年纪，应该是经历和参与过五四运动的。五四运动对您有什么影响?

周：我小学快毕业的时候发生了五四运动。那个时候，老师带着我们上街游行。手拿小纸旗，纸旗上面是老师叫我们写的字。因为都是文言，是什么意思，我们也讲不清楚。记得到了一个很大的茶馆，老师让我演讲。我个子小，听的人看不见，有客人把我抱到桌子上面。讲的话，都是老师教的。讲完了，大家鼓掌。但是我在这样的运动里，朦朦胧胧受到了一次爱国主义教育。

奚： 您中学、大学的教育跟您后来的治学有什么关系？

周： 中学上的是江苏省立第五中学（现在叫江苏省立常州高级中学）。那所学校非常好。从礼拜一到礼拜六都住在学校。礼拜六家里有人来接，你可以回家，礼拜天回学校。现在学生一个礼拜读5天书，放两天假。学生一玩儿，就把5天学的东西都忘掉了。报上说这叫5+2=0。每天走读，走来走去，把时间、精力都浪费在路上了。中学生住读，我认为是非常好的。那时候的学生少，好办。现在中学的学生多，都住到学校是困难的。不过我认为，一个礼拜放两天假（欧洲已经在提倡一个礼拜放3天假了），对大人来说有道理，学生不要跟着放嘛！学生要读书，学习有连续性。小孩子你放他两天假，容易玩儿得把学过的都忘了。

我们那个时候能住读，条件好。第一，住在学校里，生活有规律，行动有规矩，容易接触老师。我们的老师都非常有水平，思想很新，学问很高。那个时候，整个江南都没有中国人办的大学，有学问的老师都在中学。第二，我们上中学负担轻，上午9点才上课，只上3节，没有作业。下午是选修的游艺课：美术、音乐、书法，有人要学古文也可以。下午的课不考试，也没有家庭作业。这样，就不用家长辅导，不用另外花钱请家教学音乐、美术、书法等等。老师的水平都很高，同学们根据兴趣选修，学生的水平也都很高。刘天华有名得不得了，他就是我们的音乐老师。我们别的老师也都很有名。

奚： 打基础对于治学是非常重要的事情。您能不能再具体谈谈您打基础的事情？比如您有哪些有名的老师？他们用了什么好的教学办法？您中学的成绩怎样？这样的基础后来在治学当中发挥了怎样的作用？

周： 基础主要是"国英算"和常识。中学毕业应当中文和英文都学到能用，上大学以后就可以利用语文工具知识求取实用知识，大学时间不再花费在语文（中英）上，水平就容易提高。

奚：您在上个世纪20年代初就发表文章了。那个时候还没有上大学吧？

周：那是在大学里面。1923年我就进了圣约翰大学。我有一篇文章，上面写到这件事情，编者给我改成了1932年。他想我不可能那么早就进了大学。用阳历算，我是17岁进的大学。

圣约翰大学是美国人办的，是中国最早的大学之一。它的入学考试很妙，要考一个礼拜（那时是6天）。考的时候，课堂里没有人监考，你作弊也不管。因为试题很多，假如你不是快快地做，就做不完。所以不论中文英文，拿到卷子就只有奋笔疾书，很紧张。你一停，就来不及做。6天当中，只有1天用中文，5天都用英文。理科都是英文的。恰好我上的中学外国历史、地理，还有物理、化学都用英文课本。

奚：您最早发表的那篇文章什么内容啊？

周：噢，关于文法的。那是很幼稚的。因为我读的是经济，不是语言学。语言学的书，只读过一课语音学，学国际音标的发音。就那么个基础。当时搞语言学，只是业余觉得好玩。

20年代初，叶籁士从日本回来，办了一个《语文》杂志。当时戏剧有左翼戏剧，文学有左翼文学，语文有左翼语文。左翼语文是人家都不注意的。而且此前也没有语文两个字连在一起成一个词的，语言就是语言，文字就是文字。把语文两个字连起来，是《语文》杂志开的头。当时受日本的影响，《语文》杂志讲的一些问题比较新。而当时讲文法的书都是文言，连举的例子都是文言，我认为这不对。我说我们研究文法首先要研究口语文法，这是基础。这个说法很皮毛，不过在当时提出了新观点，用了一些新方法。

后来我参加文改会倒不是因为早期的这篇文章，而是后来搞拉丁化运动。我写了一些关于拉丁化运动的文章，提出了一些改进意见，还介绍了世界各国的文字。在当时看起来，这些是新的东西。因为这个缘故，他们叫我到文改会来工作。

奚：您说的这个口语文法，在当时很先进。当时普遍认为，只有文言有文法，而符合口语的白话文是没有文法的。黎锦熙就在1924年发表了他的《新著国语文法》，针锋相对地对这个错误提出了一整套的国语文法，说明白话文也有文法。

周：这个说法在今天来看是应当的。中国的传统是重文字轻语言。我发表的文章比黎锦熙的还要早。可是他是专门研究，成系统，有水平。

奚：您很年轻就注意了语文现代化，说明您很早就有这个志向。您觉得确立这个志向对于治学有什么意义？

周：可以说一早就有这个倾向，但是“现代化”三个字那个时候还没有。那个时候叫文字改革。

奚：这个文字改革，在国民党统治后期有革命嫌疑。您搞文字改革就有可能被抓。倪海曙先生就是因为国民党要抓他，而躲到安徽教书的。

周：那是后来的事情。国民党起初是放任自流的。历史在变，国民党后来要抓人，是因为拉丁化运动跟共产党联系了起来。我业余搞没有危险。解放前是一个历史转折时期，几年一过就变样了。譬如办报，本来可以随便。要检查批准，是后来的事情。国民党的检查，是一步一步严格的。国共斗争越来越厉害，检查就逐步变得厉害起来。解放前，国民党起初容许邹韬奋办《生活周刊》，到后来就密令查封。邹韬奋是我的同学，比我高几届。

奚：您最早上的是圣约翰大学，为什么后来又进了光华大学了呢？

周：当时上海发生了“五卅惨案”，圣约翰大学学生也罢课、游行。我们的美国校长不让出去游行，学生会跟校长争论，闹得很厉害。最后我们中国学生和中国老师都离开圣约翰大学。这就是有名的“六三离校运动”。

那个时候，在江南所有的大学都是教会大学，没有一所中国人办的大学。学生离校以后，就办了一所中国人自己办的大学。光华大学是很好的。一股爱国热情支撑着，一个上海大地主捐出了 100 亩地，许多有钱的就捐钱，在国外的华侨也捐，很快就造出 3 座大楼。因为它是反帝，尤其是反日的产物，日本人当然就仇恨。后来日本人打上海，首先就把这个学校打光。解放后，私立学校不许办了，光华大学没有恢复。

学生离校以后，除了少数之外，多数都到了光华大学。当时受爱国热情驱使，全国都决心办好我们自己办的大学，所以第一流的学者我们都请来做老师。不仅请上海的、南方的，还请北京的著名学者。徐志摩怎么死了呢？他本来在北京教书，每个礼拜坐飞机来讲课。那个时候飞机不行，一次飞机出事掉下来，他就摔死了。

奚：印象当中，您原来学的是货币学，业余爱好是文字改革——

周：不能说原来学的是货币学，因为早先专业分工没有那么细。原来学的是经济学，所以毕业以后，就在银行界做工作。抗日战争我们就到了重庆。那个 8 年是非常苦的。抗战完了，新华银行就派我到美国。在美国代表银行工作的同时，我又兼了一点工作，还在美国业余读书。

奚：您精通英语，学经济学，后来又专门从事经济工作。这些可能和您研究语文现代化有些矛盾。您是怎么处理的？

周：外文是一个基础，搞经济一定要懂外文，搞语言学也一定要懂外文。英语跟业务没有矛盾，刚刚相反，它对业务有利。不过学外文一定要结合专业。

我原来语言学是业余搞的，所以1955年到北京开完了文字改革会议，就赶快要回上海。领导说："你不要回去了，留在文改会工作。"我说："上海我兼了好多工作，再不回去，就耽误了。而且，语言学我是外行。"领导很会说话，说文改工作是新的工作，大家都是外行。那个时候提倡"哪里需要哪里去"，他们一定要我留下来，我就离开经济学界啦。改行搞语言文字学，不懂的就要从头学起。

奚：您英语非常好，还曾经托我介绍懂得希腊文的一个司徒雷登的学生。外语对研究语文现代化有些什么帮助？

周：英语对于了解世界动态、掌握积累资料非常重要。现在跟过去不一样，过去你懂得中文就行，现在你做任何事情，甚至研究中国历史，不懂英语都不行。一个在中国社会科学院研究中国近代史的朋友说，他研究中国近代史，许多重要材料都要到外国去找。所以我一早就提出：现在是双语时代。任何国家的知识分子，除了首先要掌握本国语言，还要掌握第二种语言，主要是指英语。英语实际上就是世界共同语。不掌握英语，离开中国就寸步难行。

奚：您这一辈子跟倪先生打了很多交道，最早一起搞《语文知识》，后来一起从上海调到北京，又成了邻居。他对您搞语文现代化有什么影响？

周：《语文知识》是他办的，开头不叫《语文知识》，只是一个很小的刊物。我是业余搞的，他呢，是真干革命。他把什么都丢了，全心搞拉丁化运动。这是根本的不一样。我的背景也跟他不一样。他可以说受瞿秋白，受共产党的影响很大。我是从美国回来的，看法跟他有许多不同。所以我的一些想法，包括文字改革的理论，怎么搞拉丁化就不完全跟他一样。不一样有不一样的好处，就是可以互相补充。两个人看法相同就没有多大意思了。

奚：您一辈子研究，主要是围绕一个问题，就是语文现代化。有些人因为您没有什么古汉语成果，就说您没有学问。从您对八股文和世界字母的了解可以看出，您的学问涉及很多古今中外的知识。治学就应该古为今用、洋为中用。请您谈谈您是怎样做到古为今用、洋为中用的？

周：实际上，我在国外读了不少书。主要是自修，也听了许多有名学者的课，却没有去读学位。我读的也不是中文古书，主要是英语的。这些学习，对我很有用处。至于中国的古的东西，在我的时代，特别是中学的几年，都是古的。那个时候，青年都知道古文化。在我们的时代，知道中国古文化并不稀奇，倒是知道现代文化困难。古今相通，理解古的东西这一点，我们不觉得困难。中外相通，因为我能用英语经常了解世界情况，所以我也没有觉得困难。

奚：自学是治学的重要内容，差不多所有治学有成的学问家都要自学。您能不能详细谈谈您的自学情况？

周：我认为，做任何学问，都应当以自学为主。因为在学校读书的年限少，离校以后自学的时间很长。

奚：您认为应该怎样搞古的东西？

周：我认为搞古的就应该超越古人。中国一向重古轻今。我是相信孔夫子的。他的主张是为封建时代服务的，两千多年取得成功。为“后”封建时代服务不是他的任务，而是我们的任务。我们今天要搞新儒学。我有一篇文章叫《90 而学儒》，就是谈这个主张的。

中国的古书，时代隔得远了，语文不一样了，背景不了解了，所以读不懂了。为此，现代人要考古。但是，考古不应该误入歧途。比如《易经》。历来把《易经》说得神乎其神，什么学问都能够在里面找到答案，譬如说《易经》里面是早就知道电脑了。把古人说得能够未卜先知，这是错误的。科学不能神秘化。神秘的东西不是科学。一定要明白这一点。

孔夫子说“述而不作”，他的重要成果就是整理古代的东西，就是述。不过“不作”不对。我在《90 而学儒》那篇文章里把它改了，叫“述而又作”。要整理古代的东西，还要创造现代的、新的东西。我们重视古的，要把真理继承下来，把错误改掉，发现古人所没有发现的东西，创造超越古人的新文化。儒学现代化，就是这个道理。

“述而不作”不对，要改为“述而又作”。

奚： 利用古代人的成果，在古人的基础上有所超越，这就是古为今用。那么洋为中用呢？

周： 我上圣约翰大学，校园语言就是英语。当时我们很反感：帝国主义。现在想，这样的环境，对于学习语言倒是一种有利条件。印度人独立之初反对英语，后来就不反对了。他们利用英语，认识到英语对他们有好处。我们不能因为要中国古文就反对传播学问的主要工具英语。

文化就像河流一样，上游下游不能隔断的。你搞任何文化工作，都离不开世界。现在是全球化时代，全球化时代要求跟世界挂钩。日本人侵略我们，打仗，我们就被封锁了。我们的学术水平本来跟外国差不多，因为封闭了 8 年，就跟外国差别很大。打完仗，我一到美国就利用英语补课。

意识到落后很要紧。我们搞“文化大革命”，吃了很大的亏。到今天我们的社会科学还没有完全开放。许多重要新闻我们不知道。不仅是外国的不知道，中国的也不知道。我因为看外文报刊，知道现在流行的“30 年河东，30 年河西”这个观点是多么不合时宜。会外文，就可以不自我封闭，就可以弥补不足。

奚：研究语文现代化和改革开放有怎样密切的关系？

周：语文现代化是国家现代化的一个部分。不只是中国在搞语文现代化，各国都在搞语文现代化。不了解世界，就不能很好地了解中国。日本叫文字改革，欧美不叫文字改革。他们的条件不一样，改革的具体内容也不一样。可是改革也好，语文现代化也好，这是一个全世界的共同现象。

整个世界在前进。特别是 20 世纪后几年进步快得不得了，21 世纪的这几年进步就更快。你不了解外国，你就跟不上。我呢，可以说是运气，到解放前才回来。我只隔了那么一段，就是解放初到打倒“四人帮”。“文化大革命”以后呢，我又联系上了。现在我的外国朋友，特别是香港朋友，每个礼拜都寄英文杂志、外国材料给我看。你不看就不了解情况呀。

语文现代化跟国家现代化分不开。全世界都在前进，国家现代化跟全世界现代化分不开。

奚：您上个世纪 60 年代到北大去讲“汉字改革概论”，后来又到中国人民大学去讲。您觉得教学和研究有什么不一样的地方？

周：我以前虽然在银行工作，但是也长期在大学教书。我认为教学跟研究是一码事，分不开的。不研究，我就没有东西教。要引导学生：读书就是研究。这个非常重要，特别是在大学里面。

奚：您 1984 年参加北京市语言学会治学经验座谈会，张志公先生点您的将，您很谦虚，只讲了一点：从实际需要中找课题。我觉得找科研题目是很重要的事情。请您谈谈这方面的心得。

周：我认为理论跟实际要结合。要根据实际需要来找题目。研究不仅要解决实际问题，还要解决理论问题。凡是理论上面讲不通的事情，你做起来就一定会有困难。我们的文字改革，一向被人看不起，黎锦熙先生很有学问，他搞文字改革，别人就认为这没有什么学问。这是一个错误。他由于搞文字改革而提出的许多问题，是许多语言学家面临的重大问题，需要科研去解决。理论跟实际是分不开的，实际是科研题目的最重要的、几乎可以说是唯一的来源。

奚：选题确定以后，积累材料就很重要。您在这方面有些什么方法可供借鉴?

周：积累材料，还有消化材料，很重要。我一到文改会，就有一个任务：研究汉字在人类文字中的地位。这是一个很难的题目。要研究这个题目，单看古书不行，还要看外国的书。当时因为我同外国有些联系，所以通过各种方法从国外找材料。我写《世界文字发展史》和《比较文字学初探》的材料，大部分是从国外来的，不是中国的。因为这方面中国人只研究中国的东西。

中国是文明古国，可是它一向很封闭。所以外国人就讥笑中国，说中国人的历史学成就了不起，古代就有《史记》，但是中国人研究历史不知道世界。语言文字学也是一样，说文字学研究水平中国也很高，文字学是中国人创造的。许慎在公元 100 年就写出了《说文解字》，很了不起！可是两千年来，不研究外国，只研究本国。所以整个来看，落后了。

假如历史学只研究一个国家的历史，历史学就不完备；假如生物学只研究一种生物，生物学就不完备；假如语言学只研究一种语言，语言学就不完备。研究文字学，一定要研究世界的文字。不了解世界文字就难于了解汉字在世界文字中的地位。这一点非常重要。许多国内发生的争论，就是因为视野太小了。

这两本书，我是 50 年代一到文改会就开始研究的，一直到 90 年代才写成书。许多人很奇怪：你怎么那么老了还能写书？我说我不是老了还能写书，是一早就研究的，几十年的积累，只是现在把它整理成了书。

奚：在现实生活中总有些不如意的事情，您遇上了都能淡然处之。这种心态，当然就值得年轻人学习。请您谈谈，您的这种心态跟治学有什么关系？

周：我在大学听一门课叫哲学，其中说到尼采。尼采讲过一句话：你生气，就是拿别人的错误责罚自己。这个话，发人深省。所以我一早就训练自己：什么事情都不要生气。我母亲经历过太平天国。那个十四五年，闹得比“文化大革命”还要痛苦。逃难出去，她经历了很多困难。她就告诉我：人生就像船一样。她经常讲：“船到桥头自然直。”这句话对我影响很大。所以我不生气、不着急。有人是“吃小亏占大便宜”，我是吃小亏不占大便宜。吃点亏没有关系。心胸要宽大一点。心胸宽大，对于健康有好处，对于学问有好处。

奚：记得师母在世，曾经说您年轻的时候得过肺病。您现在活到 100 岁，是我国语言文字学界自古至今的唯一人瑞，而且还这么精神矍铄。您的许多论著，50年代就开始酝酿，到八九十岁才发表，这说明健康长寿对治学是非常重要的。您能说说长寿之道吗？

周：很多人问我长寿之道。我讲一个笑话：我93岁到医院去检查，填表的时候，我写了93岁，医生帮我改成73岁。他怀疑我把9字写错了。当他知道我确实是93岁的时候，问我："你的长寿之道是什么？"我说："长寿之道要问医生呀。"

中国的传统，祝福小孩儿的时候说长命百岁，认为100岁是个极限。前两天我收到一封信，说是据联合国统计，全世界活到100岁的人只有10万分之4。100岁以上是例外。1岁到10岁的人，发展得快得不得了，90到100岁衰老得快得不得了。我现在的耳朵就不行了。10岁到20岁受教育，20岁到80岁是工作阶段。

在我年轻的时候，江南一带肺结核很流行。我20岁以前就得过轻度的肺结核。还得过青年抑郁症。怎么得的呢？因为在我读书的时候，特别是我上大学的时候，家境最困难，困难得我考上了圣约翰大学没有学费，因此我又去考了一个不要学费的南京东南高等师范（后来成为中央大学）。当时圣约翰大学的学费贵得不得了，考上圣约翰大学是件不容易的大事情。我的姐姐的一个同事，她听到我考上了圣约翰大学不去，就说："太可惜了！没有钱，我给你想办法。"她借钱给我，我才去上。

那个时候经济困难，青年容易得抑郁症。表面上看不出来，就是心情很不愉快。我的健康不是很好的。

有一个医生告诉我，他说：人哪，饿死的很少，吃死的很多。吃东西不当心，乱吃，经常参加宴会等等，都是不好的。特别是我在银行工作的时候，宴会多得不得了，而且都是最讲究的菜。越是讲究的菜越不符合卫生，不好消化。所以医生告诉我："碰见宴会，千万不要随便吃东西。有些东西，你咬咬就吐掉。家常便饭可以吃，山珍海味你都吃进去，肯定要生病。"我以前长期在银行工作，又长期在大学教书，双份工作，很忙。人家宴会完了回去睡觉了，我宴会完了还要备课。在这种忙碌情况下，我一直注意生活的正常规律。人家问我：你吃什么东西？我说我什么都吃，没有忌讳。可是主要吃四样：青菜、豆腐、牛奶、鸡蛋。

还有锻炼自己心境平和。最困难的抗战 8 年，前后加起来是 10 年，"文化大革命"又是 10 年。我这一生，这个 20 年是颠沛流离。可是你要安然处之。好多人问我："你想不想活到 100 岁啊？"我说："我不考虑这个事情。这是上帝的事情，不是我的事情。"在四川，日本人扔炸弹，一个炸弹在我旁边，我旁边的人炸死了，我没有受伤。人家说："你真是命大。"还有一次命大，就是调我到文改会来工作，想不到因此就逃过了一个反右运动。反右运动，上海的重点是针对经济学教授。等到平反，已经过了 20 年了，老了，没有用了。我感到很幸运，因为我换了一个工作，到北京来了。

我的孙女儿上小学的时候就说："爷爷，你亏了。搞经济你半途而废，搞文改你半路出家。两个半圆，合起来是个零。"一点不错。改行而要把工作做好，要花很大的功夫。不是下了班就休息。没有这回事！有许多东西你要看。所以要维持一个平静生活，要自己善于在精神上掌握。

奚：您一生做学问，取得了丰硕成果，但是都围绕着语文现代化，好像您老早就规划好一样。您从小所受的爱国主义教育跟这个语文现代化研究有无关系？

周：我小学的时候就遇到五四运动，老师就用爱国主义教育我们。那个时候是广义、普遍性的爱国教育。近几年有人问我教育的问题，我说最重要的是要让青年独立思考，要培养完备的人格。这样才能发展。

现代化是一个整体，语文现代化是这个整体的一部分。

奚：您从经济学改行做语言文字研究，是改行。改行要取得成功，应该有些什么办法？

周：我不鼓励人家改行，因为改行是不容易的事情，要有牺牲。1955年我改行到文改会，要看很多书。这语言文字的书，要认真看。单是基础知识的培养就是一个大工程。

我赞成大学不是培养专家的。大学是培养完备的人格，培养好基础知识。这样，毕业以后能够自己发展。假如你受的教育是广泛的基础教育，你改行就比较容易。你受的教育是狭隘的专业教育，改行就更困难。

奚：那不得已而改行呢？

周：那你必须努力。如果基础不好，很容易失败。

奚：今天你谈了很多，也累了，休息一下吧！

周：我不累，不要休息，还早得很呢。

奚：您夫人搞昆曲对你有什么帮助吗？

周：夫妇有两种：一种情况是夫妇同行，那就有共同的专业，可以互相启发、扶持，相辅相成。另一种情况，夫妇搞不同的专业，也可以相互补充。我一早受外国教育，所以我对西洋音乐很喜欢。我的老伴张允和在她们家受昆曲教育。昆曲是中国比较高雅的艺术。在上海，有一年夏天我买了两个银元一张的票请她听音乐，她听到中途睡着了。她的昆曲，我开头只欣赏中国的文学。昆曲的舞蹈、昆曲的音乐我不能欣赏。后来我们家里请了一个昆曲老专家，每个礼拜来一次教她。我没有事情就在旁边听、在旁边看，渐渐了解一些。

不同的方面可以互补。昆曲的语言特别是汤显祖的剧本，的确可以跟莎士比亚比美。可是他的语言是诗词语言。假如你连一点中国诗词的基础都没有，就很难听得懂。假如有一点中国诗词基础，那么你看这个剧本啊，那真是妙得难以言传。我就从她的昆曲里感受到中国戏剧的文学、音乐、舞蹈等艺术美。

奚：您休息吧。

周：结束了吧？结束了我们可以随便聊聊天。

[**附注**]

①在沪宁一带，以前纱厂区别于丝厂，就指棉纺织厂。据周老说，当时的工厂，实际是手工工场。周老曾祖父开办的纱厂，早于太平天国之后开始的洋务运动。

②民国初年，新式教育大发展，一些小的祠堂庙宇撤去木主，拉倒菩萨，改为学校。周先生目睹拉倒菩萨并进了这样的学校。

（奚博先，北京市语言学会副会长兼秘书长）

做了周先生的助教以后

——庆祝周有光先生百龄华诞感言

郭锡良

1958年秋季，周有光先生到北京大学中文系开设“汉字改革”这门新课，给他做助教的就是我。那年暑期，我正好刚从北京大学汉语史专业研究生毕业，这是我留系任教接受的第一项教学任务。“汉字改革”课是适应20世纪50年代语言工作三大任务而新开的高年级的选修课，选课的学生有四五十人。我的任务是：周先生从城里来到北大，我负责迎接他，陪他到课堂，并随堂听课照顾；课后负责答疑，并收集问题，向周先生反映，以便周先生在堂上解答。这门新课的内容，我在做研究生时接触较少，听课时自然也就加倍认真。周先生的课讲得平实、生动，不但视野开阔，对文字学和语言学提出了许多新问题，而且富有理论性，很有启发意义。这给了我丰富的直接教益。同时，由于要答疑、辅导，我还得阅读许多有关汉字和汉字改革的资料、著作，例如黎锦熙先生的《国语运动史纲》、倪海曙先生的《中国拼音文字运动史简编》以及金尼阁的《西儒耳目资》、卢戆章的《一目了然初阶》、王照的《官话合声字母》等都曾浏览。周先生的课还督促我先后读了一些文字学的著作，例如唐兰先生的《古文字学导论》《中国文字学》和梁东汉先生的《汉字的结构及其流变》等。这为我60年代初给低年级、70年代末给语言专业回炉班讲授文字课程准备了条件：讲稿整理成《汉字知识》在1981年出版。应该说，这也是周先生在学术上对我的一种影响。

1961年周先生的讲稿《汉字改革概论》出版了，他立即签名寄给我一本，并且在《序言》中写道："在讲课时候承郭锡良孙庆生（升）两同志协助。"（当时孙庆升任系教学秘书）这表现了周先生对年轻人的高度关怀。后来周先生还多次寄书给我，特别是 1997 年《世界文字发展史》刚出版，周先生就签名寄给我一本。他知道，我非常需要补充这方面的知识。收到后，我很快拜读一遍，如饮醇醪，回味无穷。周先生在《后记》中说："文字史跟其他学术一样，也要从世界观察中国，以中国补充世界。"我深为叹服，周先生是这样说的，也是这样做的；这本"发展史"确实是我国文字学方面的里程碑式的著作。从中我不但获得了许多新知，还再次受到了怎样做学问的启迪。

80 年代初周先生接受《中国大百科全书》的委托为《民族》卷撰写《汉文（Chinese characters）》这个条目，原来规定只写两千字。到了 1985 年冬天集稿统编时，编委会提出，这个条目要写八千字到一万字。不巧，当时周先生正好出国了，短期回不来；编委会让我代写，我推脱不掉；加之我虽然不是周先生的正式学生，但是无论从年龄、学术渊源，他都当然是我的老师，而且是对我影响较大的一位老师。因此我挤时间写成稿子，署了周先生和我两人的名字，我的《汉语史论集》今年准备出增补本，周先生欣然鼓励我将这篇文章增补进去，表现他对晚辈的亲切关怀。

周先生虽然是语言学界的老前辈，但是在学术思想方面却一直是走在时代的前面，在新事物的面前，他往往比我们这些晚辈敏感得多。80 年代计算机刚在中国兴起，周先生就开始学电脑，运用电脑来写作、研究，不断号召年轻人"换笔"。我就是在周先生的号召和挪威汉学家何莫邪教授的挤兑下，90 年代才学会用电脑写作和查找资料的。

做了周先生的助教以后，我始终在学习周先生，可是越来越感到周先生的许多方面是学不到的。他的平和，他的开阔的学术思想，我学不到；他的思想清晰、勤奋不息，九十三岁还出版具有开创新学科意义的专著《比较文字学初探》，快到一百岁的大前年（2002）还发表了富有前瞻性的学术论文《21世纪的华语华文》，更是我学不到的。但是不管学得到学不到，我都将永远学习下去。在此谨祝周先生寿比南山，学术青春永驻。

（郭锡良，北京大学中文系教授）

锲而不舍，古今中外求索

——学习周有光先生的治学精神

范可育

语言文化界的人大都知道周有光先生，知道他生性儒雅，待人谦和，学识渊博，著作丰硕，尤其在比较文字学、语文现代化和新语文建设方面成就卓著，贡献巨大。然而，周有光先生原先是银行工作者、教育工作者、经济学教授，语言文字学只是他的业余爱好。当他 50 岁时，由于国家需要才半途出家，以文字改革、语言文字现代化、规范化作为自己的专业。

从业余爱好变成卓有成就的专家，这个角色是怎样转变的呢？对此，我没有能力作全面分析，但是，有一点是确定无疑的，那就是周先生始终要求文字改革工作有坚实的语言文字理论作支撑，一旦发现理论支撑还不够坚实有力，就带着问题锲而不舍地学习，古今中外地求索，不达目的誓不罢休。周先生锲而不舍的治学精神可以拿研究汉语拼音方案和研究比较文字学为例。

调入文改会之前，周先生已经在业余研究的基础上撰写了《中国拼音文字研究》和《字母的故事》两本书。为什么要研究字母的历史呢？因为周先生早就在关心汉字的拼音化问题，他在思考汉语拼音文字应该使用什么字母，希望从世界文字的流变中寻找可以作为汉字改革借鉴的东西。他研究世界古文字、研究字母的历史，发现古代巴比伦的钉头字、古埃及的圣书字曾经同汉字一样是形声字，也都有一定数量的音节字。后来，在西方，发展出了音节字母、辅音字母和音素字母，并且蔓延、滋生，形成了字母的大家庭。汉字的发展情况却与之不大一样。

1954 年，中国文字改革委员会成立不久，需要为完成其前身中国文字改革研究委员会提出的两大任务而奋斗。这两大任务一是为汉字拟订一套拼音方案，二是整理汉字并提出其简化方案。1955 年，周先生调入中国文改会后为这两项研究倾注了极大精力。他先后发表了许多重要文章。关于拼音方案的文章，论述了汉语拼音方案制定的原则，字母的名称，声调、音节分界表示法，分词连写、同音字分化法等正词法问题，还论述了其他问题。其中的许多意见都被制定方案时吸纳。汉字方面，周先生写文章论述了汉字改革运动和简体字运动的历史发展，研究了控制和限制常用汉字问题，现代汉字中声旁的表音功能、现代汉字中的多音字问题等。此外，还为汉字研究指了一个新的方向，他的《现代汉字学发凡》一文引导了现代汉字学这门汉字学的新分支学科的逐步建立。

1958 年 2 月 11 日，第一届全国人民代表大会第五次会议批准了《汉语拼音方案》。1964 年，中国文改会、文化部、教育部又联合发布了《简化字总表》。此后一个阶段，文改会的工作重点转到了宣传和推行《汉语拼音方案》和《简化字总表》方面。在这样的时候，常人往往会以为在研究的方面可以松一口气了，然而，周先生不然。他一方面为拼音方案和简化汉字的推行和普及做了许多宣传，另一方面，却给自己确立了更大、更难的研究课题：其一是汉字在人类文字中究竟处于什么地位，其二是世界文字发展的规律究竟怎样。这两个巨大课题的研究成果反映在后来出版的《世界字母简史》（1990 年）、《世界文字发展史》（1997 年、2003 年）和《比较文字学初探》（1998 年）三本著作中。

把 50 年代出版的《字母的故事》同后来写的《世界字母简史》《世

界文字发展史》《比较文字学初探》进行比较，我们发现后三本书在研究素材方面，除了原有的钉头字、圣书字以及后来蔓延产生的字母大家族外，增加了考古学界上个世纪 50 年代才发现的中美洲马亚文字。另外，还有一大块也是《字母的故事》中没有的，那就是：汉字，以及包括中国少数民族诸多现存文字和古代产生过的文字在内的汉字式文字和字母。后三本书为世界文字的历史发展理出了令人信服的脉络，对世界文字的类型学分类、世界文字结构、形体的共同性和差异性，以及文化传播同文字体制的关系等许多文字学上的根本性问题提出了创见，填补了比较文字学的空白，并以汉字和汉字式文字、字母在世界文字发展史中所处的地位等内容充实、丰富了世界文字发展史。

周先生一向认为：鱼在水里就不知道有水，鱼的视野被水限制。要弄清楚汉字，必须从汉字的海洋里走出来，扩大视野，研究人类文字发展史，进行古今中外文字的比较和分类研究。为此，他阅读了许多西方的文字学、字母学书籍。但是，西方文字学、字母学对汉字研究得不够，对汉字式文字更是少有触及。周先生敏感地认识到：不能盲从，必须独辟蹊径。于是，他耐心地把研究的文字对象一步一步扩大，前后搜集考察了 30 多种汉字式文字材料，进行去粗取精、去芜存真的梳理，把它们放到世界文字的大海洋中比照，放在世界社会历史发展的大背景下考察。经过长达数十年默默的、艰难的耕耘，终于取得了史无前例的辉煌成果。

周先生锲而不舍的执着精神首先来自对祖国文字改革工作的高度责任感。他始终致力于提高文改工作的自觉性，减少盲目性。其次源于他对中国语言文字（包括少数民族文字）的热爱和强烈的事业心。他希望在世界文字学和世界文字发展史中有汉字和中国各民族文字恰当的位置，并对它们作出科学的、理性的诠释，以澄清对汉字及汉字式文字的图腾崇拜或妄自菲薄。再次，这种锲而不舍的精神基于对中国学术界调查古今少数民族语言文字工作成功的信心。正是这些调查研究人员热情提供了有关资料，使周先生的研究得以进行。又次，这种精神来自周先生对自己文字学知识和科研能力的自信。正是这种自信使他有勇气在数十年间（包括文化大革命中）孜孜不倦、百折不回，攻克许多堡垒。

（范可育，华东师范大学中文系教授）

周有光先生和《百岁新稿》

张文喜

古往今来，学术界、文艺界乃至社会各界，都有一些被称为大师的人。人们崇敬大师，但往往并不清楚大师“大”在何处。我从著名语言文字学家周有光身上感受到一些非常独特的东西。

前些时候，生活·读书·新知三联书店出版了他的《百岁新稿》。日前，他将此书封寄于我，并在书的扉页上题写道：“文喜先生指正。”我现在工作在中国逻辑与语言函授大学，周有光先生自20年前开始就担任这所大学的顾问。去年春节时，我去给他拜年，恰逢《周有光语言学论文集》由商务印书馆出版。他当即将此书赠我一本，当时在书上题写的就是“文喜先生指正”。一年之内，他两次赠书于我，而且两次要我“指正”，我真的是受宠若惊。无论从哪个角度讲，我都是地地道道的无名小辈，他却如此对待，其谦逊之胸怀可见一斑。

周有光先生已经100岁了，在不知情的人看来，他肯定已是老态龙钟、朽气十足了。然而，事实恰恰相反。他除了稍微有些耳聋之外，其他方面都“平安无事”，而且思维清晰，充满活力。何以如此？不妨讲两个我所知道的小故事。一是：周有光先生刚从上海调来北京时，住在沙滩原北京大学内民国初年为德国专家建造的一所小洋房里。说是小洋房，但分配给他的房间其实很狭小，而且年久失修，透风漏雨。就此，他专作《新陋室铭》予以写实：“卧室就是厨室，饮食方便；书橱兼作菜橱，菜有书香。”“门槛破烂，偏多不速之客；地板跳舞，欢迎老友来临。”二是：常听老年人说：“我老了，活一天少一天了。”周有光的想法则与此不同。他说："老不老我不管，我是活一天多一天。"于是，他把81岁视为1岁，从头开始计算年龄。在他92岁的时候，有位小朋友给他送贺年卡，上面写的是："祝贺12岁的老爷爷新春快乐！"见了这张贺年卡，他高兴得三天没睡着觉。

以上这些，已让我十分惊奇了，但让我惊奇的还远不止这些。譬如，他依然在坚持学习。他说："学然后知不足，老然后觉无知。"他甚至把孔夫子的"学而不思则罔，思而不学则殆"改成了"学而不思则盲，思而不学则聋"。于是，退休以后，他阅读了大量有关文化和历史的书籍。他不仅自己坚持学习，而且尽一切可能教育别人努力学习、终身学习。前一时期，中国逻辑与语言函授大学在历届学员中开展了"学习之星"评选活动，并编写出版了《"学习之星"风采录》一书。就此，他专门致信学校说："这是知识化时代的号角"，"祝逻大朝着'大兴学习之风，助推学习型社会建设'的目标步步前进！"

周有光先生不仅在坚持学习，而且在坚持写作。他的写作，已不再是纯然的专业论文，而是兼及文学，写出了大量的散文和随笔。他说："'21世纪人'的座右铭是：了解过去，开创未来，历史进退，匹夫有责。"他确立了这一座右铭，也在践行这一座右铭。所以，他时时刻刻都在思考，时时刻刻都在关注社会、关注人生、关注世界。他要把自己的"关注"展现出来，他要通过自己的"关注"，就人类文明发展的若干重大问题发表自己的意见。不妨举出两个小例子。一是：2003年高考时，有位考生写文言文章，被评为第一。于是，有些人便开始提倡青年写文言。就此，他撰写了《提倡文言是时代错误》一文。他说："现代人要说现代话，写现代文，开创现代文化"，"文言的用处只是了解古书，不适合用于现代生活”，“认为文言比白话优美，那是心理错觉，是缺乏时代意识和自信心的表现”。二是：针对对被尊敬的女性，不称女士，而称先生的现象，例如，称宋庆龄为先生，他撰写了《女士不宜称先生》一文。他说：“这股风极其不妥，理由如下：一、混淆性别。不知底细的人，可能认为宋庆龄先生是男人。二、重男轻女。称先生是尊敬，称女士是不尊敬。这明明表示了重男轻女的下意识。想要尊敬，反而不尊敬了。三、用词混乱。‘先生’一词在《现代汉词典》里有六个义项，没有一项表示女性。建议：慎重使用语词，不再称女士为先生。”

周有光先生赠给我的《百岁新稿》，我认认真真地拜读了。它就是这样一部体现这位“世纪老人”的时事关怀和人文拷问的书。刚才所举《提倡文言是时代错误》和《女士不宜称先生》就收录在此书中。这两篇都是超短文，我在此作了几乎是全文的引述，还有一些长篇一点儿的文字我无法进行引述，但仅看一下文章标题，诸如《走进世界》《漫说太平洋》《刺客列传和现代恐怖》《回顾资本主义时期》《后资本主义的曙光》《苏联历史札记》《美国社会的发展背景》《西天佛国的新面貌》《人类社会的文化结构》《全球化时代的文化穿梭机》《世界各国语文的新发展》《中国文化与国际现代文化的接轨》，就可看出这位“世纪老人”在思考什么、发现了什么、倡导什么。书的封底介绍说：“本书是他近十年来的所思所感，有对人类文化发展线索的简单概括，有对前苏联从崛起到最终解体的脉络分析，有关于东西方文明特征及其融合和冲突……。”我想，此书的意义远远不止于此。

（张文喜，中国逻辑与语言函授大学原副校长）

一封珍藏了二十四年的信

高家莺

1981年7月13日，全国高等院校文字改革学会成立大会在哈尔滨举行。会议洋溢的文改热，激励着我们这些初涉文改领域的后辈急于想为文改事业做些事。会议结束后，我和范可育先生就如何进一步完善汉语拼音方案的问题展开了讨论。当时我们提出两点建议，并随即拟就一篇短稿给叶籁士先生。那篇短稿的大意是：汉语拼音方案规定，在给汉字注音的时候，为了使拼式简短，zh ch sh 可以省作ẑ ĉ ŝ，ng 可以省作ŋ。我们认为 zh ch sh 省作ẑ ĉ ŝ，虽然可以省写一个字母，却要多写一个符号，拼式短而不简，比如“战争创伤”写作ẑànẑēng ĉuāngŝāng，满头帽子，看得眼花缭乱，为此我们建议取消这一规定。但是 ng 简作ŋ情况不同，可以省写一个字母而不用另加符号，不仅书写方便，还起了隔音符号的作用，比如“名额”写作 miŋe，不用隔音符号并不会误作“民革”，却可以使拼式既短又简。为此，我们建议在适当的时候，把 ng 改定为ŋ。

叶老收到我们的稿子后，马上将它转给周有光先生和倪海曙先生，请他们审阅并提意见。没想到很快我们就收到了周先生的一封亲笔信。这封信我们珍藏至今已有二十四年。现将信的内容转录如下：

可育同志、家莺同志：

你们给籁士同志的信和关于ŋ的文章，海曙同志和我都看过了。

你们的意见是对的，我们当年也是提出这些意见来争取把ŋ放进方案的。

方案公布后，各方面很少用，近年来更少见了。原因经过初步调查是这样的：

1. 许多印刷厂没有这个字母，现刻刻不好。

2. 大写有困难。

3. 小学教科书要求一致，不宜一音两写。

4. 电报设备上没有这个字母。

此外，近年来新的发展如下：

5. 地名单一罗马化不用这个字母。

6. 国际广泛通用的 Telex 没有这个字母。

7. 国际标准化组织的基本式没有这个字母。

8. 国际情报检索网络没有用这个字母。

总之，26 个字母已经成为国际公用的字母，事实上加一个也有困难，附加符号和新字母作为各国的民族文字是没有人反对的，但是作为国际交通的字母事实上无法应用。

因此，我们的想法是：

1. 目前拼音知识不太普及，宜于严格一致，避免两歧，否则已经纷乱的店名和路名就会更加纷乱。

2. 有些人主张用ẑ ĉ ŝ，不主张单用ŋ；另一些人主张通过改变 zh ch sh ng 作为进一步大改方案的过渡。与其牵一发而动全身，不如暂先支持一致，以利普及拼音教育。

我们的意见不一定对，谨供参考。

敬礼！

周有光

1981.8.20

这封信在周先生的许多重要文件中也许是微不足道的，但对我们影响却很大，我们从中获得许多启迪和教益。下面择要谈几点：

1. 我们提出以ŋ代 ng，只从书写方便这一个角度考虑，没有考虑到这个字母在国内外的应用情况。而周先生看问题视野开阔，不只从书写的角度，还从印刷、电报等角度看；不只从国内看，还从国外应用ŋ的情况看。虽然当时汉语拼音方案还没有正式成为中文罗马字母拼写法的国际标准（成为国际标准是 1982 年），但联合国第三届地名标准化会议已于 1977 年决议采用汉语拼音方案作为中国地名拼写法的国际标准。如果此时汉语拼音方案把 ng 改定为ŋ，势必影响汉语拼音方案走向世界。这些问题我们当初完全没有想到，而周先生却把它提出来了。周先生考虑问题之缜密精细可见一斑。

2. 思改革求完善原是为了促进发展，但如果不经过广泛深入的调查研究，单凭一时的热情或一己的经验，就贸然提出某个建议或某项改革，往往经不起实践的检验，这样非但不能促进发展，反而会阻碍发展的进程。我们提出以ŋ代 ng 的建议时，并没有对国内外的有关情况进行调查研究，是周先生进行了初步调查并向我们一一介绍。半个世纪以来，周先生对中国语文现代化的各个方面都注意调查研究和实践，因而能提出符合实际的科学理论和独到见解，有力地推进了语文现代化事业的发展。

3. 周先生认为在拼音知识尚未普及的情况下，对方案的任何微小改动都会增添纷乱，因而告诫我们“宜于严格一致，避免两歧”，“与其牵一发而动全身，不如暂先支持一致，以利普及拼音教育”。实践证明，方案的推行要考虑到千百万群众的适应性，首先要保证方案本身的稳定性，不能说改就改。一个经常改动的方案是无法在群众中推行的。今天汉语拼音方案的应用越来越广泛，在信息科学网络技术飞速发展的大背景下，我们就更应该强调和维护它的稳定统一。

4. 周先生当时已不赞成以ŋ代 ng，但信中一开始却说“你们的意见是对的，我们当年也是提出这些意见来争取把ŋ放进方案的”，这句话一下子把我们后辈跟前辈的距离拉近了，很自然地消除了我们的顾虑，保护了我们的积极性。而且，周先生耐心地、不厌其烦地列举方案不宜再提倡使用ŋ的八点理由，使我们不仅在用不用ŋ这个具体问题上心悦诚服，还深深为周先生调查思考之周到，对后辈教育、开导、爱护之良苦用心所感动。在以后的年月里，周先生也一直关心着我们学业的进步，对我们开设现代汉字学这门新课程尤为关注。当他知道我们撰写的一篇《建立现代汉字学刍议》获得上海市哲学社会科学论文奖时，特来信祝贺并鼓励。后来我们编著《现代汉字学》一书时，周先生还亲为作序。周先生勉励后学的深情厚意一直激励着我们为语文现代化事业作不懈的努力。

今天在庆贺周先生百岁华诞之际，重读周先生这封信，更体会出其意义和价值。在此我们向周先生表示崇高的敬意和诚挚的祝福，祝福周先生一生有光，光照千秋。

（高家莺，华东师范大学中文系教授）

语文纵横一夕谈

——周老给我讲故事

陈永舜

1991年7月中旬的一天下午，按照事先约定，中国人民大学语言文字研究所王所长陪我去看望周有光先生，并请周老为我的《汉字改革史纲》①作序。按响了门铃，王所长自报家门："我是人大王宗伯。"周老亲自开门："请进，请进。"虽然此前有过书信往来，但这是第一次亲见：周老个头不高，年近九旬，满有精神。小保姆听到有客人来，为我们斟满了茶。坐下之后，我的心情有些紧张，生怕周老提出什么问题跟我讨论。周老可能看出来了，说："你的《汉字改革史纲》（指1986年内部函授教材），写得不错。文改不是一代人、几代人能够完成的，要不断地有人去做。社会要发展，语言文字也要变化。把这种变化纳入人为的有计划的发展之中，就是语言文字工作。如果放任自流，对社会不利。"周老突然向我发问："你知道乌龟和兔子赛跑的故事吗？"这道题太好答了，我想。"小学学过"，我非常痛快地说。"谁跑到前边去了"，周老追问。"当然是乌龟"，我斩钉截铁地回答。"为什么"，周老又问。"因为兔子睡着了"，我说。这么一位大学者，向我提出的竟是简单到妇孺皆知的童话故事，我的紧张心情顿时全化解了，也敢在沙发上晃动几下，以示胸有成竹之傲慢。可是，周老又问："如果兔子不睡觉呢？"我正琢磨为什么提出这么个问题时，周老说："问题就出在这里。"接着讲他最近去美国半年，看到那里发展惊人，出乎意料。比如到一家图书馆，通过微机，就把他在美国的全部书目都打出来了。由于其中有一部五十年代的经济学著作，人家还问中国是不是有两位周有光。当他们得知周老年轻时学的是经济，四十年代还在纽约银行界工作过，汉字改革是他的业余爱好时，双方都会意地笑了。能在这么短时间里把一个人的所有著作都打在清单上，不实行微机联网是不可想象的。我们的语言文字还停留在农业社会的手工操作阶段，这等于已经丢掉了一个机械化时代，现在又要追赶信息化，包袱太沉重了。

周老告诉我，要站在上下五千年、东西五大洲观察问题。否则，看不出所以然。比如外国有人说中国有三宝：长城、兵马俑和汉字，我们的头脑就不清醒了。其实，长城是封闭的象征。中国不但有砖石长城，还有高山长城、大海长城、丛林长城，甚至每一个单位都有围墙。有形的围墙以外，每一个中国人的头脑也是被看不见的围墙圈住的。“兵马俑”是“穷兵黩武，奴役人民”的历史见证。中国历史学家向来把“秦始皇”作为“暴君”的代名词。落后的兵器只能用于展览，不会有人再利用“长城”抵御外族入侵；也不会把“兵马俑”反映的“兵强马壮”用于现代战争。“三宝”之中，只有汉字有积极意义。但是汉字是古代文明的结晶，不是现代文明的利器，是中国文盲众多的原因之一。一位朋友对周老说，外国人来中国，不是看“现代化”，而是看“古代化”，这应该促使我们反省。从清末开始“汉字改革运动”不断地进行着，像大海里的一叶小舟，在汹涌的波涛中间一起一落。我们现在承认了“小龙”的经济起飞，不注意“小龙”语言生活的起飞，不了解语言生活的起飞是教育起飞的必要条件，教育起飞是经济起飞的必要条件。新加坡总理李光耀带头说华语并有政策监督。台湾认真推广国语，在日本投降后的几十年内，国语在台湾基本普及，而台湾属于闽语区，与普通话的差距是很大的。江泽民总书记在一次记者招待会最后答两位台湾女记者问之前，首先肯定了台湾推广普通话的成果。五十年代末期，我国掀起了一个“大家来说普通话”的热潮。以毕生精力从事于推广国语的黎锦熙对我说：辛亥革命以来，多次掀起国语热潮，可是很快变成寒流；眼看好像要“龙飞”了，结果是“龟走”。黎先生在文化大革命末期去世了，他要是活到现在，看到“龟走”变成“龟缩”，一定会大失所望。②

不久，周老的“序言”就寄来了。1994 年 10 月我进京参加“中国语文现代化学会成立大会和第一次学术讨论会”，抽空去看望周老，他风趣地说：“你这只龟没缩脖子，还是一步一步地往前走，有希望啊。”先生得知我没有买到《中国语文纵横谈》，便把手中仅有的两本赠了我一册。我利用会议间隙阅读时，发现不少精深的语文思想都通俗化在那次乌龟和兔子赛跑的故事里了。于是恍然：周老是在讲故事中对我进行了一次终生难忘的中国语文纵横谈。

[附注]

①陈永舜《汉字改革史纲》，吉林大学出版社，1992。

②《中国语文纵横谈》，人民教育出版社，1992。此次谈话的不少内容都在该书中有反映。

（陈永舜，北华大学语文现代化研究中心教授）

情系民办教育

——记中国逻大顾问周有光先生

刘培育

中国逻辑与语言函授大学（以下简称“中国逻大”）是一所以在职成人为服务对象，以函授和网络为主要教学手段，以逻辑、语言和创新思维为基础课，以培养会思维、会学习、有创新精神和实践能力的人才为目标的民办高校。她于1982年创办以来先后为50多万人提供了大专、专升本以及研修生层次的教育服务，被中国成人教育协会评为“优秀民办高校”和“创新能力教育特色学校”，被教育部课题组评为全国百所成功学校之一。

周有光先生在中国逻大创办之初就被聘为顾问。23年来，他关注学校的每一个变化，对学校的发展尽心尽力，是我校师生最爱戴的顾问之一。下面，我记述周有光先生在中国逻大的几件事。

一、为中国逻大成立而高兴

中国逻大经过半年多的紧张筹备，于1982年4月10日在中国社会科学院举行成立大会。中国社会科学院副院长于光远，教育部高教司副司长肖岩，著名语言学家、中国逻大名誉校长王力，国家司法部、共青团中央、全国总工会的领导等都亲临会议并发表讲话，由衷地祝贺中国逻大成立并招生。

著名语言学家周有光先生出席了中国逻大成立会，他以响亮的声音发表了热情的讲话。他说：“同志们！我来参加中国逻辑与语言函授大学的成立大会，非常高兴！我热烈祝贺这个大学的成立。”周老的讲话赢得了一片雷鸣般的掌声。接着周老阐述了这所大学成立的重要意义。他说：

“创办中国逻辑与语言函授大学具有时代意义”。我们建设社会主义现代化的国家，需要很多的人掌握现代科学知识。现代科学知识像宝塔一样，是一层一层建筑起来的，最基础的一层是语文。语文是知识的基础，也是进一步学习各科知识的工具。“这所逻辑与语言函授大学能够帮助广大青年提高语文能力，给他们开辟一条自学成才的道路，这是一件使人非常高兴的事”。他接着阐述了逻辑与语言的关系。周老说，逻辑与语言是分不开的。思想如果没有逻辑性，那就不符合社会交际的要求，理解起来就会困难。宣传如果违背了逻辑，不仅收不到好效果，有时还会产生反效果。周老对逻辑与语言关系的阐述，对逻辑语言与社会主义现代化关系的阐述都是很精辟的。他最后预言：“中国逻辑与语言函授大学把逻辑和语言结合起来进行教学，广大青年一定会积极参加学习，会收到好的效果的。”周老的讲话得到了与会者的赞同，也极大地激励着全体办学人员。

二、反击错误思潮

正如周有光顾问所预言的，中国逻大创办以后，很快就得到了广大求学者的欢迎。短短的 3 年时间有 20 多万人报名参加中国逻大学习。这时在北京和外地又陆续有一批由社会力量举办的学校诞生。这是党的十一届三中全会以后出现的可喜的新生事物，是中国教育事业发展的希望。

然而，从 1985 年春开始，社会上出现了一股否定社会力量办学的思潮。有人在全国职工教育工作会上发表讲话，有的媒体炮制所谓“内参”，甚至还有外国记者也发表文章，指责社会力量办学是“以学经商”，不顾教学质量只求赚钱，误人子弟。有的文章把中国逻大也拉入其中，一时让中国逻大蒙受不白之冤，使中国逻大的信誉受到影响。就是在这个时候，中国逻大在全国各地的学员纷纷投书新闻媒体和有关部门，也给母校写信，批驳某些人否定社会力量办学的错误言论，支持母校继续坚持正确办学方向，办好函授大学。

特别令全体办学人员感动的是，耄耋老人周有光顾问此时也挺身而出。他对否定社会力量办学的错误思潮非常气愤，连夜给中国逻大校务委员会写了一封很长的信，旗帜鲜明地支持社会力量办学，肯定社会力量办学是发展中国教育事业的重要力量。他特别根据自己的所见所闻和切身体会，高度赞扬中国逻大“为千千万万求知若渴的老中青同胞提供了一个有辅导的自学机会，3 年来培养了几十万名学员，这在我国成人教育史上是一次有价值的实践”。周老的信是对当年那股否定社会力量办学的错误思潮的有力反击，也给了我们全校师生以极大的鼓舞。

正是在顾问和广大学员的鼓励和支持下，中国逻大校务委员会负责人针对某媒体的错误言论公开发表了答记者问，并把编写“内参”的某通讯社两名记者请到学校来了解情况，交换意见。她们对我们明确表示，“内参”中提到的社会力量办学出现的一些负面问题“都不包括你们学校”。后来，又有一些内地和香港媒体多次报道了中国逻大的办学思想和办学成果。随着时间的推移，当年那股错误思潮逐渐退去，民办教育终于迎来了明媚的春天。

三、寄语中国逻大学员

周有光顾问热爱中国逻大的学员们，希望他们坚持学习、不断进步。我记得，周老曾两次为中国逻大学员题词。

第一次是 1995 年，在周老 90 岁的时候，中国逻大校领导到周老家去看望他，为他祝寿，同时向周老汇报学校近期办学情况。周老对中国逻大办学非常满意，他和我们说起教育的重要，并鼓励学员们学好语言文字。我们请周老为学员们写几句话，他马上拿起笔写了下面三句话：

语言使人类别于禽兽，
文字使文明别于野蛮，
教育使先进别于落后。

周有光 90 岁

短短的二十七个字，把语言、文字、教育的重要性一下子揭示了出来。语言是人类区别动物的重要标志之一；文字是人类记录文明和传承文明的重要工具；一个人只有接受教育，不断学习，才可能脱离落后，进入先进行列。这是 90 岁老人给学员们的宝贵的指点，这里面也寄托了他对广大学员的厚望。

第二次是 2005 年初，中国逻大校领导到顾问家里拜年。周有光顾问对中国逻大一年来取得的显著成绩非常高兴，连声说“很好，很好！”他语重心长地说：“国家的强大、民族的振兴要靠教育，而要发展教育，光靠国办高校不行。中国逻大作为一所有着 20 多年历史的民办高校，重任在肩，一定要办得更好。”他接着说：“逻大的特色在于函授，而函授是一种十分重要的教育方式。现在提倡终身教育，函授教育与终身教育是相通的。”周老记挂着中国逻大的学员，他说要告诉大家，一个人能否成才，关键是看他们的业余时间利用得怎么样。爱因斯坦成为世界著名科学家，就是自修出来的。当周老听说学校近期要办一个《教学通讯》，以加强对学员们的学习辅导时，他欣然命笔题词：

终身学习，与时俱进

周有光

2005-02-01

时年 100 岁

这是著名学者、百岁老人对中国逻大和广大学员的殷切期望。中国逻大作为一所有 23 年历史的民办高校，要为我们国家终身教育体系的建立、为满足百姓终身学习的需求而扎扎实实工作，不断做出新的成绩。作为广大学员，要正确认识时代发展趋势，深刻理解终身学习的重要性，坚持学习，努力学习，不断进步。

三、细微之处看精神

中国逻大的顾问们都是没有报酬的。前些年，我们送给顾问一点点车马费，有的顾问又退了回来，有的在校庆时又捐给了学校。如何报答顾问们给予学校的帮助呢？我们很长时间想不出个好办法。有一年，我们决定给顾问们照照像。一是考虑到顾问们多数年事已高，到外面去照像不方便；二是学校《求知与创新》报编辑李荣增先生是著名摄影家，照像技术很高。按学校安排，荣增到每个顾问家去为顾问及家人照像，这下子受到了顾问们的欢迎。为周有光顾问照的像，有一张题名《花前共读》是周老和夫人张允和女士在楼下窗前花丛中看书，放成了大片。周老夫妇很喜欢这张照片，曾加印了几张分送给亲朋，也在出版物上使用过。周老夫妇对荣增的“著作权”非常尊重，每次在书刊上使用，一定要注明摄者，并且寄去稿酬。有一年荣增搬家，周老夫妇找不到他，就求人到处打听，费尽周折才把稿酬送到荣增手中。为照片事，周老还多次对学校表示感谢。周老儒雅的人生，高尚的人格，永远值得我们学习。

（刘培育，中国逻辑与语言函授大学校长）

有光一生　一生有光

——记百岁校友周有光先生

宋婷婷

百年人生

周有光先生，1906 年 1 月 13 日生于江苏省常州市青果巷。父周保贻，母徐雯。祖上历代做官，明代有屋五进二十余间，到清代又扩充了新房。曾祖父开办了几个工厂和当铺，是早期工商业资本家。太平军攻打常州，曾祖父出巨资抵御，攻城未破。太平军在南京建立朝廷后，又回头攻打常州，城破，曾祖父投河自尽。后来，清政府念其有功，封为"世袭云骑尉"，每年有俸禄，直至辛亥革命方止。

1912 年，入七年制育志小学。1917 年提前毕业，考入镇江中学，不久退学。

1918 年，入江苏省立常州第五中学。预科一年补习数学和古文。1923 年中学毕业。期间，其母携子女迁居苏州。

1923 年，入上海圣约翰大学。1925 年，上海发生"五卅惨案"，参加"六三离校运动"，改入由离校爱国师生创办的光华大学。在校期间，经考试兼任校长室秘书。1927 年大学毕业。

1927 年—1933 年，任教于光华大学附中、江苏教育学院、浙江教育学院。期间，帮助孟承宪教授翻译丹麦教育家格隆维的《农村教育》。

1934 年，入日本京都帝国大学。1935 年回国，参加反日救国会（章乃器小组）。

1936 年，任教光华大学，兼职上海江苏银行。

1938 年，逃难至重庆。任经济部农本局重庆专员办事处副主任，主管四川省合作金库。

1941 年，任职重庆新华银行总行。

1946 年，由新华银行派驻美国纽约和英国伦敦。1948 年，在香港参加民主建国会。

1949 年，上海解放后回国。任复旦大学经济研究所和上海财经学院教授，著有《新中国的金融问题》。业余从事语言文字研究，著有《中国拼音文字研究》《字母的故事》。任上海市政协委员。

1955 年 10 月，出席全国文字改革会议。会后任中国文字改革委员会、国家语言文字工作委员会委员、研究员，兼任中国社会科学院研究生院教授，语言文字应用研究所研究员。参与制定《汉语拼音方案》，主持《汉语拼音正词法基本规则》的制定。

1956 年—1968 年，任第四、第五、第六届全国政协委员。1958 年起在北大和人大讲授汉字改革课程。1961 年出版该课讲义《汉字改革概论》，是系统论述“汉字改革”的开山之作，已成为国内外研究中国语文改革的重要教材。

1969 年—1972 年，“文革”中下放宁夏平罗五七干校劳动。

1979 年，出席国际标准化组织的文献技术会议，该组织认定《汉语拼音方案》为拼写汉语的国际标准。参与制定聋人教育用的《汉语手指字母方案》和汉语手指音节设计。

1980 年，任翻译不列颠百科全书的中美联合编审委员会和顾问委员会中方三委员之一。1984 年起，中译本《简明不列颠百科全书》和国际中文版《不列颠百科全书》陆续出版。任《中国大百科全书》总编委委员、《汉语大词典》学术顾问。

1988 年 12 月 31 日，离休，继续在家中作研究和著述。至 2002 年，先后出版《中国语文的时代演进》《中国语文纵横谈》《汉字和文化问题》《世界文字发展史》《比较文字学初探》《现代文化的冲击波》《周有光语文论集》《周有光耄耋文存》。其中《中国语文的时代演进》由美国教授译成英文，出版中英文对照本，被美国多所大学列为东亚语文教学的教材。

2005 年，出版《周有光百岁新稿》。

“半路出家”

周有光很喜欢孙女周和庆小学时说过的一句话：“爷爷搞经济学半途而废，搞语言学半路出家；两个半合起来只是一个零。”这是自嘲，也是谦虚。事实上，周有光无论在金融学方面，还是在语言文字学方面都颇有建树。尤其他作为中国语文现代化事业的引领者，受到文化学术界的极大尊敬。

周有光在上海圣约翰大学就读时主修经济学，副修语言学。那时，上海正兴起拉丁化新文字运动，他觉得好玩，便写了一篇题为《关于语法问题》的文章，投给《语文》杂志，没想到不久后就刊登出来了。这大概是他对语言文字学的第一次“触电”。

毕业后，周有光一直从事大学教学及银行金融工作，大体上都是在经济学领域里打转。业余时间，他潜心研究汉语拼音，出版了《中国拼音文字研究》《字母的故事》等颇有影响的著作，但这只是他的副业。

事情在 1955 年发生转机。这年 10 月，时任复旦经济研究所教授的周有光到北京参加全国文字改革会议。会后，吴玉章主任、胡愈之副主任亲自将周有光调到1954年底刚成立的中国文字改革委员会工作。这真是一件出乎意料的事。当时，周有光连连说："我业余搞语文研究，是外行。"但吴玉章回答说："这是一项新的工作，大家都是外行。"消息传出，朋友们纷纷相劝："经济学多重要啊，语言学可是小儿科。"但周有光怀着一份朴素的热情，"哪里需要就到哪里去"，在50岁那年毅然改行，乐呵呵地扔下经济学，"半路出家"，一头扎进语言学中。从此中国少了一位经济学家，多了一位享誉中外的语言学家。如今，在美国国会图书馆里不仅藏有经济学家周有光的著作，还收有语言文字学家周有光的论著。

说来令人难以置信，身为语言文字学家，周有光却没有受过一天专业教育，但他孜孜不倦地在语言文字领域里默默耕耘，收获了一系列丰硕成果：与叶籁士、陆志韦共同起草"汉语拼音方案"，这当中他提出"汉语拼音三原则"——拉丁化、音素化和口语化；1958年该方案获第一届全国人民代表大会通过，同年汉语拼音成为大陆小学的必修课；参与制定聋人教育用的《汉语手指字母方案》和汉语手指音节设计；50年代开始主编的《汉语拼音词汇》一书经多次修订再版，现已成为中文电脑的词库基础；倡导成立了"中国语文现代化学会"；催生了"现代汉字学"这一新学科，北大等十余所大学先后开设此课程；以80余岁高龄，多次赴香港、日本、美国大陆、夏威夷、新加坡等地参加学术活动或作学术演讲。

文革中，周有光被下放到宁夏平罗"五七干校"劳动改造。在那样艰苦的条件下，他也没有放弃语言文字研究。去干校的时候不允许带书，周有光就带了二三十本译成各国文字的《毛主席语录》，空闲时就用它们作比较文字的研究，还带了一本《新华字典》作字形分析。多年后，他利用当时的研究结果写成了《汉字声旁读音便查》，实在令人钦佩。

1979 年 4 月，国际标准化组织在华沙召开文献技术会议。周有光在会上代表中国发言，提议采用《汉语拼音方案》作为拼写汉语的国际标准。1982 年，该组织认定《汉语拼音方案》为拼写汉语的国际标准。该方案还被联合国采用，在全世界推广。汉语的走出中国，走向世界，这当中周有光功不可没。

1988 年 4 月 26 日，周有光拥有了生平第一台电子打字机——日本夏普公司派人专程送来了一台 WL-1000C 中文电子打字机。原来周有光提出的“从拼音到汉字自动变换不用编码”设想，成为夏普公司研制新式电脑中西文打字机的依据之一。为此，夏普公司特地送这台打字机给周有光以示感谢。收到这份礼物后，周有光很快运用自如，每天在打字机上回函、写文章，输入拼音，以“语词、词组、成语、语段”为单位，自动变换成汉字，非常方便，完全不用麻烦地拆字编码，工作效率提高 5 倍，短短 5 年内就写了 100 多封信和 5 本书稿，空闲时还教会了 86 岁的夫人张允和用电脑。周有光称这台打字机为“我们的好帮手”，并说用打字机写作是“非常值得提倡的书写新方法”。

博学睿智

周有光回忆往事时说：“圣约翰大学图书室有一套《大英百科全书》（英文版），老师教我们查看，我那时就与它结了缘，学习中遇到不懂就请教它，以后就离不开它了。它不仅使我获得了许多知识，又学了外语。”周有光称这套百科全书为“没有围墙的大学”。

沈从文曾戏说“有光是‘周百科’”，戏说成真。上世纪 70 年代后期开始，周有光参加了一系列百科全书的编审工作。他是《中国大百科全书》的顾问委员、《简明不列颠百科全书》中美联合编审委员会委员，还是《大不列颠百科全书》国际中文版3位中方顾问委员之一（另两位是钱伟长、梅益）。

圣约翰大学的一位外籍教师告诉周有光：你们每天看报，不能只是浏览，那没什么长进。首先必须清楚什么是今天的大事，为什么这是大事。再弄清楚消息的历史背景和事情发生的来龙去脉。于是，大学时代的周有光就养成了一种特殊的读报习惯：将报纸上的重大事件框出来，值得注意的地方则用红线划杠，注上心得。这个好方法周有光一直坚持用到现在，即使晚年到了要用放大镜才能看清报纸上的字的地步，也从未停止过。有了这样的好习惯，周有光才能“秀才不出门，尽知天下事”。小辈们都有这样的感觉，与周有光交谈特别有意思，他什么都知道：从中印关系的改善到中东局势为什么总是剑拔弩张；从巴以历史纷争到“9 · 11”本 · 拉登为什么要撞毁世贸大厦；从后资本主义时代有什么特征到新加坡为何发展迅猛；从手机的发展方向到夏威夷的土著美食……他都能娓娓道来，讲得头头是道，乃至有关世界GDP概况、各国军费情况的数字他也能信手拈来，其知识之广博、记忆力之强常令小辈们佩服得五体投地。

周有光的博学睿智，令中国文坛、诗坛、新闻界奇才聂绀弩亦十分钦佩，特地赋诗一首加以盛赞：“黄河之水自天倾，一口高悬四座惊。何处相逢谈兴少，片时不见旅愁生。人讥后补无完裤，我恐先生是岁星。举碗自谦茶博士，乐游原上马蹄轻。”

九十多年不停顿的知识吸收使周有光的头脑里装满了古今中外，积累了深厚的知识根底，他本身就是一个大资料库。更难得的是他活到老学到老，不知疲倦地学习看书，笔耕不辍。他的许多文章，如《科学的一元性》《华夏文化的光环和阴影》《传统宗教的现代意义》《苏联历史札记——成功的记录和失败的教训》《后资本主义的曙光》等，条理清晰，含义深刻，手笔简练，连编审的专家都说“字字精辟，句句在理，无一处可删，改一个字都难”，发表后在社会上引起了强烈反响。这与他对世界各国的历史和现状熟悉，对各种信息融会贯通，以及眼光敏锐、分析透辟不无关系。

周有光曾说：“观察自己的一生要跳出自己。”他是这么说的，也是这么做的。他从中国人的识字问题，发展到看世界文字的发展，研究比较文字学，进而又深入到研究人类文化发展的规律问题，研究结果编成了 3 本书：《世界文字发展史》《21 世纪的华语和华文——周有光耄耋文存》和《周有光百岁新稿——历史进退匹夫有责》，分别在 80 岁、90 岁和 100 岁时出版，不能不令人惊叹。

周有光一生博闻强识，见多识广，与许多名人都有过“交集”。1941 年，他在金华巧遇美国空军英雄杜立德（杜后来晋升为美国地中海联军空军总司令），并充当杜的临时翻译。1946 年，周有光去纽约，已复员担任纽约壳牌公司董事长的杜立德邀请他去叙旧，那时杜立德已经四十多岁了，但身体还很强壮，见到周有光，杜立德还像小孩子一样当着他的面蹦了两蹦，以证明自己身体健康。抗战时，周有光在重庆巧遇蒋经国，两人同场打网球。1947 年，周有光在美国普林斯顿大学和晚年爱因斯坦进行了亲切交谈，他回忆当时的场景时说：“爱因斯坦穿着朴素，十分随和，在他的办公室里，我们这两个不同专业的人坐在一起，聊得很轻松愉快。”解放初为复兴上海经济，陈毅市长常邀周有光和其他人商谈。搞百科全书时，时任美国驻京联络处头头的老布什还请周有光和其他编审吃饭呢。

百年婚恋

苏州有个名叫张吉友的富商，热心于投资教育事业，与蔡元培等教育界名流交情甚笃，膝下 4 个才貌双全的女儿亦十分出名，叶圣陶曾说过：“张家的四个才女，谁娶到了都会幸福一辈子。”沈从文就是这幸福的人，娶了张家三女儿兆和；周有光亦是，与张家二女儿允和喜结良缘。周、沈二人由此成为连襟。

1925 年暑假，因了九妹周俊人的关系，周有光与张允和相识。当时张允和就读于上海吴淞的中国公学，担任女同学会主席。她容貌秀丽，风趣好动，在同龄女孩中显得极为出类拔萃。周有光那时还是个英俊腼腆的青年，却早已心仪秀美的张允和，便常常找借口去看她，希望能赢得她的芳心。张允和却总是躲着这个痴情的男孩，从东宿舍藏到西宿舍，还吩咐管理员说张小姐不在。所以周有光每一次出击都没有得逞，只能失望而归。张允和因此在同学间得了一个“温柔的防浪石堤”的绰号。

终于，周有光的“浪头”冲破了张允和的“石堤”，张允和答应与他一起去江边散步。走累了，两人在石堤上坐了下来，两人都紧张得一句话也说不出来。为了缓和气氛，周有光拿出一本小书来，书上写着莎士比亚的一句名言：“我要在你的一吻中来洗清我的罪恶。”这是罗密欧对朱丽叶说的。张允和看了一眼，心想：这个人真坏啊，拿一本莎士比亚的书，英文的，怕我不懂英文啊。

尽管那一次张允和没有让周有光达到“在一吻中消除‘我的罪恶’”的目的，但周有光还是给张允和留下了很好的印象。后来，周有光曾在他的第一封情书里担忧地说：“我很穷，怕不能给你幸福。”张允和马上回了一封长达十页的信，所表达的意思只有一个，那就是幸福是要自己去创造的。同时张允和的父母思想亦十分开明，支持他俩自由恋爱，这令周有光倍受鼓舞。由此，两人开始了甜蜜的爱情长征。

大学毕业后，周有光曾在杭州的浙江教育学院任教 3 年；彼时，张允和也从光华大学借读到杭州之江大学，两颗心贴得更近了。周末，这对洋文呱呱叫的新式青年相约在西湖的花前月下，心中无限甜蜜，彼此间却保持着一尺的距离，谁也鼓不起牵手并肩走的勇气。

时光的脚步走到了 1933 年，在周有光和张允和的精心浇灌下，两个年轻人的爱情之花结出了丰硕的果实。4 月 30 日，他们举行了简单的新式婚礼，前来观礼的亲朋好友非常多。沈从文还特地在两人的结婚照背面写下了“张家二姐作新娘，从文”几个字。

结婚一周年那天，张允和生下了他们的第一个孩子晓平。1935 年，晓平又有了妹妹小禾，一家人生活和睦，平静安详。

不久，抗日战争爆发，周有光与张允和带着两个孩子开始了大逃亡的艰难岁月。1941 年，小禾得了阑尾炎，因日机轰炸得不到及时医治，病情加重成肠穿孔，在临近她 6 岁生日时离开了人世。7 岁的晓平为妹妹写下了催人泪下的祭诗：“……妹妹，你记得。我们在唐家沱的时候，一同上学，一同游玩。可是现在没有了你，我是多么伤心！我每晚到上床睡觉的时候，总是想念着你。……”周有光也在《祭坟》中流露出深深的丧女之痛：“……供上一束花，点上一枝香，唤一声小禾，擦干一袖眼泪。啊，小禾，我的女儿，你今年只才六岁，我离家已经三年，现在我回家了，而你，却又去了……”。两年后，晓平又中流弹，肠穿七孔，险些丧了小命。

颠沛流离了十多年，先后搬家30次，一家人终于盼来了和平年代。1952年在叶圣陶先生的推荐下，张允和从上海调到北京的一家出版社工作。在京工作期间，张允和事无巨细都会向在上海的丈夫汇报。一次，她在信里坦白她收到一个相识几十年的朋友的来信，信中说对方已经爱了她19年。张允和让丈夫猜这人是谁，周有光在回信中一本正经地猜了起来：是W君？是H君？那么一定是C君了。不料，这些夫妻间嬉戏的书信却在1953年那场“三反”、“五反”运动中被审查者说成内容涉及特务代号。从未蒙受过这般耻辱的张允和精神崩溃了，她为自己的坦白和忠诚付出了沉重代价，却换来了天长地久的爱情。

岁月如梭，沧海桑田，不变的唯有周有光与张允和的那份恩爱，一如初恋时那般浓情蜜意，小辈们用“红茶电脑两老无猜”来形容两人晚年的恩爱生活。每年的结婚纪念日，小辈们都会齐聚周有光家，吹蜡烛，切蛋糕，祝贺两人百年好合。1998年，国际教育基金会评选中国百对恩爱夫妇，周有光与张允和榜上有名，时年两人分别为93岁和90岁，当之无愧为年龄最大的一对。

张允和80岁那年，回忆她与周有光在上海吴淞的第一次握手时说：当她的一只手被他抓住的时候，她就把心交给了他。从此以后，无论人生道路是坎坷还是平坦，张允和总是与周有光并肩面对，两人的命运紧紧地连在了一起。可惜，张允和没能陪周有光走到地老天荒。2002年8月14日，张允和因心脏病去世。为张允和送行的那晚，周有光的眼圈第一次红了。他说，她走得太突然，谁也没想到。又说，她身体一直很弱，可是她的生命力那么旺盛，那么有活力；元稹有诗曰："昔日戏言身后事，今朝都到眼前来。"今天真的到来了。孙女周和庆担心他过度悲伤影响健康，他却平静地说："你放心，我知道该怎么做，希望这个时候不要给你们添麻烦。"周有光说到做到，张允和火化那天天气炎热，考虑到身体情况，他听从小辈们的安排，乖乖待在家里。但其后两年，周有光以 98 岁高龄，不折不挠地寻找机会，倾尽心力为张允和遗作《浪花集》和《昆曲日记》的出版奔走。他说，这是对张允和最好的纪念。

长寿秘诀

1947 年，周有光夫妇坐轮船去美国。在太平洋上过子午线的前一天，正好是周有光的生日，过了子午线后要重复一天，又是周有光的生日。接连过了两个生日，真是百年难遇的有趣巧事。

2001 年阳历 1 月 13 日是周有光的生日，恰巧这一天是阴历十二月十九，也是周有光的生日，阳历、阴历生日重合，要大半个世纪才能遇上一回。这一年，周有光 96 岁。

2005 年 1 月 13 日，周有光跨入了 100 岁。2005 年的第一天，他画了一条半圆的弧形曲线，对外甥女毛晓园说："人的一生遵循这个规律，0—10 岁是生长的旺盛期，曲线迅速向上，90—100 岁是人的衰弱期，弧线迅速落下，超过 100 岁的人实在很少，上帝把我忘了！"

经常有人问周有光有什么长寿秘诀，他也说不出来。又问，他平时做什么运动。他说，我从不运动，以前住在沙滩后街时就每天下午到景山公园转一圈，写文章写累了，就像大象甩鼻子那样摆两下手臂，他笑称这是他自编的“象鼻子运动”。他不相信任何保健品，也从来不吃补品，而是强调健脑：“人们总是注意锻炼肌肉而不太注意锻炼头脑，不太动脑筋，脑子坏了，身体再好也没用。”

或许，周有光的长寿与母亲的遗传有一定关系。他的母亲徐雯是有名的宜兴美人，思想开明，性情平和，聪慧勤奋，很长寿，一直活到 96 岁。周有光不仅遗传了母亲的容貌，性格亦十分相像，宽厚豁达，开朗随和，幽默风趣。直到今天，周有光说起母亲对自己的影响时依然满怀感激：“母亲深受缠足之苦，坚决反对给她的女儿们缠足，这在当时是很不容易的。我读中学的时候，母亲眼看家中坐吃山空，依然摆排场，内则空虚，生怕儿女受影响，毅然与我父亲分居，带上我们迁往苏州。这个决定对一个只受过旧式教育的女子而言是非常了不起的。在苏州，母亲靠帮人做女红维持一班儿女的生活，还要供我们读书，日子过得十分清苦，但她给我们做出了好榜样，促使我在高中毕业后决定摆脱常州的保守思想，要去上大学。”

对待生活，周有光有一个“三自政策”：自食其力，自得其乐，自鸣得意。虽已百岁，但他思想新潮，思维敏捷，十分时尚：喝“星巴克”咖啡，看“特洛伊”大片，99 岁那年游天津市……著名画家丁聪称他为“新潮老头”，名不虚传。2003 年 8 月 23 日，骄阳似火，周有光和几个小辈一起去北戴河游玩。面对碧海蓝天，他兴致大发，一下车就让人买了泳裤、泳帽，准备下海尽情畅游，在家人劝说之下才留在海滩。

周有光不仅高寿，而且面相很嫩，皮肤白里透红，显得特别年轻，由此还引发了两件趣事呢。2002 年，周有光去医院治疗眼疾，年龄一栏，他自己填了“97”，护士看看他，很自信地帮他改成了“79”，经他再三解释，对方才相信眼前这个看上去只有 80 岁左右的老人其实已近百岁高龄了。

2003 年岁末，周有光大病一场，紧急住院。住进北京佑安医院的病房不到 5 分钟，主治大夫就将一纸“病危通知书”交到了家属手里，说：“这么大岁数得肝炎的可能性不大，倒是肝胰脾的恶性肿瘤……”说得家属心里慌慌的。周有光却按照老习惯去检查医院的防火通道在哪里了。及至发现老先生不见了，七八个护士慌作一团，急得直叫：“快把老爷子找回来，让他平躺，不能动！”不一会儿，周有光就被她们架回来了，他脸上还是像平素一样微笑着，嘴里不断地说：“不要紧，不要紧，慢慢来。”紧接着就有护士拿来长长的铁架子要为他绑床，说是怕他夜里摔下来。周有光连连说不用，可是护士不听他的，怕他脑筋不清楚。最后还是家属出面说明情况，这才没绑床。小道消息总是传得特别快，不一会儿功夫，医院里打水的、扫地的、送饭的，乃至左邻右舍能走动的病员、不能走动的病员的家属或看护，全都知道医院里住进来一个“面相特嫩”的 99 岁老人，纷纷好奇地来窗外“一饱眼福”。周有光高兴地说：“我是大熊猫，让他们来看吧！”住院期间，他常常一手输液，一手持报而读，读的多是原版的《NEWSWEEK》，这简直成了医院的一大新闻。出院后，周有光在给九妹俊人的信中这样写道：“新年是在医院过的。医院送我一个大蛋糕，一大盆花，还有其他玩意儿。我成为医院的观赏动物，大家都来看这个高龄的稀有品种。”幽了自己一默。

长者风范

在小辈们眼里，周有光平易近人，对晚辈关怀备至，品格高尚，胸襟豁达，是大家最亲近、最敬仰的人。

孙女周和庆：1976 年，爷爷在协和医院做手术切除前列腺，他以达观的态度配合医生，身体恢复得很快很好。7 月 16 日，手术后他第一次去景山公园散步。当晚，唐山大地震强烈波及北京，随后又下起了大雨，我们居住的大院陷入一片混乱，领导以安全为由要求所有人都待在室外。爷爷说，这样下去我要生病的，于是便回房间躺下休息。大院里有个以“红小鬼”出身自居的人，冲到我们家里硬逼爷爷出去，甚至对爷爷破口大骂。爷爷静静地躺在床上，闭着眼睛一言不发。最后那人只好泱泱地出去了。爷爷说：“我都七十多岁了，房子塌了死而无憾；倒是待在外面要生病，会给你们大家添麻烦。”任何时候，爷爷都是这样处乱不惊，稳如泰山。他永远知道自己需要什么，该做什么，不为感情所左右。

甥孙陈乃群：1979 年，舅公仍然担任全国政协委员，同时参与联合国教科文组织的许多工作，还负责不列颠百科全书中文版的编审。七十多岁的老人，每天的活动排得满满的，但他最关心的还是汉语现代化，常有人上门来讨论汉语信息处理等问题。有一天，我和舅公聊起汉语信息处理。当时我还在复旦读物理，而读物理并不是我的第一意愿。我对舅公说：“如果当时我决意考汉语专业，现在也可以钻研汉语信息处理理论了。”舅公说：“其实做学问、选择事业，要学狡兔三窟。学问知识都是贯通的，人的一生中说不定要转换好几次职业呢。比如说我吧，原来是学经济的，后来在银行做金融，在复旦教经济，搞汉语拼音只是业余爱好。解放后，搞计划经济，我原来的那些经济和金融的东西就没有用啦，反而业余爱好变成了正业。所以啊，如果有什么业余爱好倒不妨把它继续下去。你一生中只有一门学问是不够用的，连狡兔还要准备三窟呢。如果你有多种本领，就不容易被社会淘汰，也更容易抓住各种机会。”二十多年后，我从做物理研究转到了信息技术。在转换职业的过程中，常有犹豫和伤感，这时我就会记起舅公的这番话，舅公快50岁时才把汉语拼音和文字改革作为他的职业，我才30多岁，又何必瞻前顾后？心里也就豁然快乐和坚定了。

外甥屠乐平：五十年代初，我在北京上大学的时候，舅舅常教导我，搞自然科学是没有国界的，要着眼于整个地球，为人类社会的长远发展做贡献，要做一个有价值的"地球人"。改革开放以前，我长期受到压抑，虽然工作敬业却不受重视，总想换个单位，能更舒畅地发挥专业潜力。1981年后，多次请求调动均受阻，反过来，又对出国学习未归的人有看法。舅舅却说："一个人无论在什么地方，只要能够更好地发挥潜力，为整个人类社会的发展做出贡献就好。你不也想换个地方能更好地发挥吗？"他旁征博引，举了许多生动的例子，亲切温婉地将我带入一个崭新的广阔天地。几十年过去了，"地球人"的概念在不断扩大和延伸。我要感谢舅舅的是：在很早的时候他就给了我认识真理的机会，他看问题总是透彻深远！

甥孙女王坪的丈夫沈忱：经张马力（周有光的外甥女，编者按）老师的介绍，我常去周有光家。随庆庆（周和庆，周有光的孙女，编者按），我叫他们爷爷奶奶，这不仅解了乡愁，也成为我精神上的某种需要。我是爷爷称为"不客气的朋友"，饿了要吃的，渴了找喝的；逢年过节，我每每在席；爷爷过生日，也总把我一块拽上。我穿的第一件羽绒服是爷爷从国外带来的。家里有南方捎来的东西，他们也总是往我包里塞啊塞，怕我熬不过北方漫长的冬天。我17岁离家，从小仅见过乡下的祖母，隔代宠爱是在爷爷奶奶身边体验到的。我和他们成了忘年之交。通过他们，我见到了沈从文、许幸之，同张定和父子一起搞创作，以周晓平（周有光的儿子，编者按）家当画室作“圆明园系列”油画，和庆庆成了最铁的“哥儿们”，还认识了王公善——18 年后他成了我的岳父。

我的首次个人画展，庆庆帮着布置，晓平录像，开幕式时爷爷领队来助威。我告诉爷爷，我的画，国人说崇洋，洋人说太土。爷爷说，这就很妙，“是中国的抽象，西方的水墨”。他说：“问题不在于是中是洋，问题在于‘用’。你能中西结合，洋为中用，这就是妙。”“要再提高，一定要去国外看看。”这些话，爷爷第一次看我的风景习作时就说过。那时我大学刚毕业，还未开窍。多年以后，我在国外看了大量东西方艺术品，才体会出其中的真意。

（宋婷婷，复旦大学）

百岁干爹

许宜春

过去听说人活70古来稀，如今听说人活百岁不是梦，大概是因为医学发展了，人们生活条件更加优越了的缘故。据联合国统计，百岁以上的人不足人口的万分之零点二，美国有两万。可干爹是我所认识的亲友中唯一活过了100岁，又是最令我尊敬的长者。

长寿是不是件好事？有人说不见得，不少人过了70岁已是老态龙钟，步履艰难，甚至生活无法自理；有的尽管活到八九十岁，可是躺在医院里，浑身插满了管子，甚至成了不省人事的植物人。巴金就说过，长寿对他来说是一种折磨。

可是干爹活到100岁，不仅头脑清楚，思路清晰不减当年，而且还能演讲、写书、发表文章，这在我眼中实在是件罕事。

我常思索干爹能活到百岁的秘诀何在，想来想去，觉得原因有四：一为遗传因素；二为家庭因素；三为勤劳，爱动脑筋，勤于笔耕，博览群书，乐于交友；四为胸襟开阔，乐于接受新生事物，心态和谐，人际关系好，为仁者寿。

干爹的母亲早在50年代就活到了96岁。干爹有一美满婚姻，他有一位与他从相爱到结婚共七十八年之久，令他幸福一辈子的伴侣，就是干妈张允和女士。干妈智慧超群、才艺过人，她把一个朴素的家收拾得整整齐齐，简单的饭菜经她一烧便魔术般变得味美可口。她有极高的古典文学造诣，酷爱昆曲艺术，不仅能唱，能表演，还能研究昆曲。干妈心地善良、正直、豪爽，但又通达人情、善解人意，她一生爱家庭、爱亲人、爱朋友，毫无疑问干妈是干爹事业和生活的坚强支柱。

干爹学问渊博，当然和他常年书报不离手有关。别看干爹曾毕业于上海圣约翰大学，西文熟练程度如同母语，可他中西合璧、崇尚西方文明并未影响他对中国传统文化的精通。他平日出口成章，不要说笔下的文章因逻辑性强别人难以改动一字，就连平日讲话也难听出废话。解放前干爹曾是个银行家，但他没有丝毫的铜臭气。解放后有人请他去粮食部工作，可他不爱做官，却偏偏喜爱研究语言文字。他关心的是新中国的文化教育事业，关心语文现代化。就这样，干爹成了汉语拼音方案的奠基人。

和干爹接触过的人都有着相同的感受，就是他家的客人特别多，而且各种年龄层次、各种文化背景的都有，有亲戚，也有朋友，有中国人，也有外国人。除读书外，朋友成了干爹知识和信息的来源。给我印象最深的是50年代到干爹干妈家吃饭的竟有右派朋友。当时我只知道戴上右派帽子的人没人敢理，可干爹干妈却说他学问好，照样请到家里来聊天。后来我从干爹写的书里还知道全国大名鼎鼎的右派章乃器最潦倒落魄时，他照样去登门探望，肯定他的学识能力和对国家曾作出过的贡献。干爹活到100岁，朋友结识了一批又一批。旧友离去了，新的又来了，老年的过去了，年轻的又来了。因此干爹干妈的精神从不空虚寂寞。想当年我结识干爹干妈时年仅十岁，由于昆曲之缘，我成了干爹干妈家年龄最小的客人（我11岁登台唱昆曲，曾与干妈同过台）。因我家距他们家不过10分钟的路，想当初我放了学，丢下书包，就象一只轻快的小鸟飞往干爹干妈家。干爹见了我就说："小朋友，快来量一量……于是让我贴紧墙边站好，用铅笔在我头顶上画了一道线，下次再看见我就再画一道线……我常听他笑道："哈！小宜春又长高了！"每逢周五便要去干妈家拍曲子，那时必能吃上干妈烧的佳肴，听上干爹谈天说地。干爹的知识怎么那样多！从中外历史、古今名人故事、人生哲理，到国际国内新闻大事，再加上他那一肚子的笑话，我听得如醉如痴！在信息十分封闭的50年代，干爹的谈话几乎成了我了解世界的窗口。在天天讲阶级斗争的岁月，干爹干妈温馨的家成了我心灵向往的一片净土，成为我少年时代的乐园。刘禹锡的《陋室铭》、杜牧的《阿房宫赋》都是干爹教我的。我清楚记得干爹用常州话吟诵杜诗："花前一壶酒，独酌无相亲……"我和干妈乐得哈哈大笑！记得有一天，我听干爹提到林肯，便插嘴问："林肯是谁？"干爹一愣，说："你连林肯都不知道，是美国总统，是他领导了南北战争，你该挨骂了……"又有一回，我听干爹提到罗斯福，又插嘴问："谁是罗斯福？"干爹又是一愣，说："你连罗斯福都不知道，他也是美国总统，是领导二次世界大战的领袖，你该挨打了……"

后来，每逢干爹来我家探望我爷爷，总要看看我的教科书。原来他是借此来研究当时中学教育的。他对我爷爷说，当时的报纸没新闻，历史书成了政治书。后来干爹介绍我读《东周列国志》和《上下五千年》，介绍我读世界史。对于自己的无知，我自觉脸上无光，从此常跑到书店去翻翻旧的期刊杂志……我自1956年认识干爹干妈，1982年离开北京，在他们身边度过了自己的金色年华：青少年时代，这是我一生最大的幸运。他们夫妇是我一生的良师益友，他们的精神品质几乎影响了我的多半生，年幼的我曾经认为，自己有无要好的同学和伙伴都无关紧要，有了干爹干妈已足够了。

高考时，我偏偏考上自认为最不理想的北京师范学院，我自觉无颜再见干爹干妈。可干爹偏偏来到我家说：宜春读师范学院有三样好处，第一为人师表受人尊敬，第二有寒暑假，第三吃饭不要钱（当初师范生读书免费）。这一席话对我就像人在沙漠里，眼前突然呈现一片绿洲，我仿佛看到了希望。

大学毕业后，我与今天的丈夫政恩交友，政恩毕业于清华建筑系，他为人憨厚，才华横溢，画得一手好水彩，我将他介绍给干爹，一下就被干爹看中了。干爹看到政恩的水彩画，赞不绝口地说："这是天才建筑师画的。"当政恩向我父亲提亲时，没想到父亲还没同意，干爹先点了头。当初我被分配在北京远郊平谷县教书，我收到干爹的来信，信中写道：政恩给我的印象极好，切莫蹉跎岁月……在我和政恩结婚的前一天，干爹送来了200元钱，当时的200元抵得上今天的两千元，我舍不得用，一直存到了改革开放的80年代。

文革中，新婚不久的我却遇到了晴天霹雳，丈夫因莫须有的罪名被抓了起来，那时，我的女儿还在肚子里，我顿时由一个书香门第的娇小姐变成了反革命家属。我生下孩子没多久，就被赶出单位宿舍，没有人敢接近我，更没人敢接受我……无奈中只好又跑到了干爹干妈家。好心肠的干妈拉着我的手，和我一齐掉眼泪，还留我吃饭。见到干妈烧的一桌可口饭菜，我感到除了饿还是饿，米饭吃了一碗又一碗，也顾不上什么失态，巴不得连桌子也吃下去……我听到干爹镇静地说，据他看来政恩没有什么大问题，一定能放回来的。干爹的话对我真是极大的安慰。

果真，两年后的一天，丈夫突然回家了。我、政恩、婆婆、女儿在乡下的茅舍里团圆了。两岁的女儿第一次见到了父亲。我进城时第一件事就是将这喜讯告诉干爹干妈，只见他们喜笑颜开地说：现在宜春是最幸福的人了！我认为干爹干妈是我一生中遇到的最正直无私、最重情义、最富有爱心和同情心，也是最令我敬仰的一对夫妇。

改革开放后，我随爱人调往福州工作，我仍未中断和干爹干妈通信来往。若干年后，丈夫成为全国百名优秀注册建筑师和福建省建筑设计院副总建筑师，我自己也考取了高级工程师，女儿大学毕业后也成为注册建筑师……干爹干妈在来信中写道：宜春，你真了不起，这么大的苦难你终于挺过来了。还称赞我们一家三杰……能得到干爹干妈的夸奖对我来说是最大的乐事。此时此刻，我由衷地感激干爹干妈。在我最艰难的时候，若不是有他们作我的精神支撑，难以有今天。

2000 年，我将女儿快要结婚的消息写信告诉了干爹干妈。几天后，我突然收到邮局送来的来自北京的提货单，让我到火车站去取货，原来这是几十斤重的大纸箱。回家后开箱一看，发现原来是 20 册的全套大不列颠百科全书，是中美联合编辑出版的。我翻开最后一册，看见中美联合编审委员会的中方委员名单上，闪现出钱伟长和周有光的名字，我恍然大悟，原来干爹干妈寄来一套大不列颠百科全书是作为女儿的结婚礼物的。女儿新婚之际，干外公婆送上的不是金银首饰，不是美钞人民币，而是一套知识宝库，见到这套书籍，我禁不住流下了热泪。

女儿成家之际，我曾拿出干妈寄给我的由她主编的近期家庭杂志《水》，《水》中记载着干妈的父辈对他的子孙后代立下的家规，即：

1. 不准打麻将；
2. 不准纳妾；
3. 严禁烟酒；
4. 只传知识不传家产。

我期望孩子们能向干外公婆学习，将他们的家规也变成我们的家规，他们一一点头应允着。

凡熟悉干爹的人都有共同的感受，就是他总不显老。在我印象中，干爹永远是衣著整洁，仪表端庄，待人和蔼可亲，温文尔雅，彬彬有礼。在我看来，80 岁的干爹和 70 岁时相比较变化不大，90 岁时和 80 岁时相差无几，近百岁时依旧没有两样。去年曾去北京寓所探望他，发现他仍旧是原来的老习惯，先请你坐在他的书桌对面，递上一杯清茶，而后便听他海阔天空地谈论国际新闻，再听他传道解惑……

我常想干爹长寿，是不是由于他一生一帆风顺？想一想其实并非如此，百岁的干爹跨越了两个世纪，历尽了近现代中国历史的变乱和苦难，抗战时期干爹干妈也曾颠沛流离……解放后他又亲眼目睹了历次政治运动的残酷，文革时期，干爹也曾下放到宁夏“五七干校”……

依照人之常理，当人处于高潮阶段，极易狂妄自大，一旦低潮来临，又从此一蹶不振。碰到不公平之事，何人不气？谁人不恼？但气恼之余，除了伤人伤己外又有何用？而真正做到“猝然临之而不惊，无故加之而不怒”，难矣！人总是不情愿改变自己而妄求改变环境，而改变现实好比蚍蜉撼树，谈何容易！

然而无论在何种环境下，干爹都能保持平静和谐的心境，即使外界阴云密布，他见到的不是满天的乌云，而能穿透乌云见到背后的太阳。任何消极的事物，他都能观察到积极的一面，这正好体现了干爹内在的涵养和气度。

凡熬过文革十年浩劫的知识分子，就算侥幸捡了一条性命，也是身心伤痕累累……可是对于干爹干妈，每逢提起文革时的遭遇和苦楚，未曾听到什么苦毒愤恨之辞，取而代之的是一笑置之，言谈中始终保持着幽默与风趣……

我在干爹的《中国语文闲谈》里发现这样两则故事：

一、吹毛求屁

“文化大革命”时期，盛行“外行领导”。某大报主编对众讲话，把“墨西哥”错念成“黑西哥”。听众大笑。主编生气说：“墨”也是“黑”的，有什么可笑？你们“吹毛求屁”！

二、差不多

“文化大革命”时期，一位师范学院毕业的女生，被派到北京郊区某中学教书，校长安排她教英文。她说：我是数学专业，读过一点俄文，没读过英文。校长有礼貌地说：那还是差不多，你们大学毕业生哪行不会，别客气！

读到这样的故事除了失声大笑之外，又陷入深深的反思，如此这般的领导将把群众引向何处？如此这般的校长将把学生引向何方？

改革开放初期，对于知识分子清淡的生活，干爹是怎样面对的呢？在他的《新陋室铭》中有这样的描述：

房间阴暗，更显得窗子明亮。

书桌不平，要怪我伏案太勤。

门槛破烂，偏多不速之客。

地板跳舞，欢迎老友来临。

卧室就是厨室，饮食方便。

书橱兼作菜橱，菜有书香。

喜听邻居的收音机送来的音乐。

爱看素不相识的朋友寄来的文章。

使尽吃奶气力，挤上电车，借此锻炼筋骨。

为打公用电话，出门半里，顺便散步观光。

读了干爹的这篇文章，使我想起一位英国作家说过的一句话：生活好像是一面镜子，你对它哭它就哭，你对它笑它就笑。环境毕竟有好有坏，全凭你怎样去看，从何种角度去看，乐观的人能将坏事看成好事，悲观的人将好事也看成了坏事。

改革开放后的20多年，干爹得到不少荣誉，不断接受新闻媒体报刊杂志的采访，但也要面临同龄老友一个个离去而带来的哀痛。干爹是怎样面对这一现实的呢？他在《多情人不老》的双叶丛书中（与干妈合作写成），以写传记的方式来纪念为中国文化教育事业作出贡献的良师益友。其中有：语文现代化的先驱黎锦熙，智慧巨星胡乔木，《中国大百科全书》的创办人姜椿芳，大众化的教育家林汉达……

即使进入人生低谷时，面对生命中无法回避的挫折与苦难，干爹善于调整自己，他并未对生命丧失信心，相反，他对前途和未来的展望永远是光明的。

最令人肝肠寸断的莫过于2002年8月干妈的逝世了。对此我已有心理准备，因为年年收到的干妈寄来的《昆曲迷》却收不到了，定期收到的《水》也突然中断了，我开始心存疑惑……当我得知这种疑惑终于变成现实时，我失声痛哭了。干妈的离世与我的外孙出生相差不足一个月，我正忙于照料婴儿产妇……只得给干爹写一封信，表达自己失去亲爱的干妈要比失去亲生父母更为悲痛，写出干妈对自己的影响和对她的深深怀念，并寄上外孙的婴儿照片，心想这或许能给干爹带来一些安慰……

不久我果真收到干爹的回信了。干爹在信中写道：

允和跟我结婚七十年，婚前做朋友八年，一共七十八年。我向来没有想过，两人中间会有一人先行离去。她忽然离我而去，使我如临霹雳，不知所措。终日苦思，什么事情也懒得动。

有一天，我偶尔想起，青年时代读书，有一位哲学家说：个体的死亡是群体进化的必要条件。我豁然开朗，这就是自然规律……

宜春的信写得极好，但是太悲观了。对人生，对世界，既要从光明处看到阴暗，也要从阴暗处看到光明。事物有正反两面，同时存在。盛极必衰，否极泰来。道路崎岖，但前面一定有出路。我妈妈常说：船到桥头自然直。宝宝的天真，就是告诉我们，未来是光明的。

干爹信中还对我说纪念干妈最重要的事情就是出版她的遗作《昆曲日记》，邀我为干妈的《昆曲日记》写后记，并附上当年唱昆曲时和周总理握手的照片。对于干爹的教导我恭敬不如从命。一年之后我收到了最新出版的《昆曲日记》，这是继干妈生前写下的三部曲《多情人不老》《最后的闺秀》《张家旧事》之后的又一部著作。

去年我又收到干爹的一封来信，信是这样写的：

“……99岁生日是在医院里过的。医院送我一个大蛋糕，一大盆花，还有其他玩意儿。我成为医院观赏动物，大家来看这个高龄的稀有品种……

在我住院前两天，上海寄来我的《世界文字发展史》修订版，《世纪文库》新本。美国寄来我的新书《中国语文的历史演变》，英译和中文对照版，俄亥俄大学“进阶丛书”新本。我带着愉悦住进医院。

病中可以看报。萨达姆从地洞里抓出来，最有戏剧性。卡扎非把大规模杀伤性武器交出来，真是掷下屠刀立地成佛，耐人寻味……”

干爹就是这样一位令人敬重的长辈，他脸上愉悦安祥的笑容总是给别人带来安慰，带来快乐，也带来希望和信心，正如圣经上说："喜乐的心是良药"。这种良药不仅医治了自己，也医治了他人。

其实人类最难征服的往往是自己，那些伟大的探险家在征服高山和大海的同时，恐怕也要征服内心世界的恐惧！而战胜人性中的暴戾、嫉恨、虚荣、自私和骄傲真比攻占一座城池还要难啊！然而能够征服自己的人，才是真正的勇士。

我想倘若说："淡泊以明志，宁静以志远"使得冰心长寿，那么"plain living，high thinking"可能是干爹不显衰老的原因吧。

小学生一入学就要先学汉语拼音。当人们听到弥撒亚的乐曲，就要想到作曲家韩德尔，见到电灯，就要想到爱迪生，而看到汉语拼音，就会想到我国的语言学大师周有光。

（许宜春，福建省建筑设计院高级工程师）

我的爷爷

周和庆

我的爷爷周有光已经一百岁了。

爷爷一生的事业横跨经济和语言文字两大学科，难能可贵的是他对二者都做出了令人瞩目的成就，并在耄耋之年兴致勃勃地开始了对人类文化的探讨。我所熟悉的人群中间，能与他媲美者，惟其连襟沈从文先生是也，后者在文学与考古这两个领域中成就卓著。

爷爷在外面的台头很多，研究员、教授、专家、学者，对我来说他就是一个和蔼慈祥的老爷爷。他为我做了比一般祖父更多的事，他关心我的成长、学业和前途，甚至还关心到我的下一代。对爷爷，我心中充满了尊敬、感激和崇拜。

我出生的时候，我们周家是四代同堂，有我的曾祖母和四姑奶奶（爷爷的母亲和终身未嫁的姐姐），还有爷爷、奶奶、爸爸、妈妈和我。那时爷爷奶奶的家在北京城中心景山公园东墙外的一个大院子里，我出生在附近的骑河楼妇产医院。妈妈产假后回到西郊，工作紧张外加值夜班，爸爸正在接受俄语集训，准备留学苏联，两人只有周末才回来看我。爷爷奶奶自告奋勇地承担起照顾孙女的重任，时间达六年之久。

奶奶把我从妇产医院抱回家，她的老朋友送了一张旧婴儿床给我睡，爷爷奶奶不放心保姆夜间带我，把小床放在他们的卧室里，每天夜里爷爷亲自起来为我把尿。直到现在，他提起这些事时，总说“我带孩子是非常有经验的，他们都不行”。

我能坐起来了。爷爷常常对我说，当年他写文章时就把我放在书桌后面的一张床上，用被窝堆着。我安静地坐在那里，等他一回头，我就高兴地吱吱呀呀，手舞足蹈一番；他转身去写东西了，我又一言不发地期盼着，等待他再次回头。听到这里，我恍然大悟地对爷爷说，怪不得我这么笨，原来是缺乏早期教育，没有人在小时候不断跟我讲话启发智力……对于我的牢骚，爷爷从来都是和蔼而大度地微笑着。

我会走路了。爷爷奶奶让我去过集体生活，我至今都记得开始两天爷爷送我去幼儿园的情景。在一个新鲜的地方有玩具有小朋友，我很开心。及至发觉爷爷要走了，我着急地哭起来，抱着他的大腿不放。幸亏有一个很会哄孩子的高老师，第三天我就不为爷爷的离去而挣扎了。以后多年的岁月里，爷爷每天送我接我。“文革”时期，这竟然成了爷爷的罪状之一，造反派质问他：你整天不上班，就会接接送送孙女儿，凭什么拿那么高的工资？这些人哪里知道爷爷夜深人静在灯下独自爬格子的滋味；他们哪里懂得一个正直的知识分子那份忧国忧民的崇高心境；他们又哪里想得到这位“只会接送孙女儿”的批斗对象倾其半生心血所关注的事业对今天中国语文现代化的深远影响！

我长高了，小床睡不下了。爷爷让我跟奶奶睡大床，他另外架起一个单人床。我一直以为跟奶奶睡大床是天经地义的事情，上了初中才明白原来我是鸠占鹊巢。爷爷奶奶的朋友说我可以“骑到爷爷的脖子上他也不生气”；学校老师说我是“十六亩地里一棵苗”，还说爷爷奶奶把我“捧在手里怕凉了，含在嘴里怕化了”。爷爷不喜欢别人动他的书桌和抽屉，甚至不许奶奶擦书桌移文稿，偏巧我一向对他的抽屉特别感兴趣，见到好东西尤其是外国或者香港朋友送给爷爷的新鲜玩意儿都想要，爷爷也总是笑着对我说“喜欢就拿去”，“送给你好不好”。爷爷奶奶的关心和疼爱，使我至今一想起心里就充满了幸福和温馨。

我记得那时每天从幼儿园回来就在院子里和小朋友疯玩，直到奶奶叫我吃晚饭，过后爷爷就要“写文章”了。爷爷坐在书桌的正面，我跪在侧面的椅子上，爷爷写文章我写字。我的字帖就是爷爷为我书写的“1234……”、“ABCD……”、“我你他……”，爷爷还教我汉语拼音。爷爷给我启蒙教育，而且在我稍有进步时给予极大鼓励，让我对自己很有信心。

家里人惩罚我的手段各不相同。奶奶最疼我，从不碰我一个手指头，生气了就拍桌子，把自己的手拍得生痛；妈妈用手打我的手心，我疼她也疼；爸爸打我的屁股，有一次打出了五个红色手指印。这一点上爷爷很有手段，用竹尺子打手心，疼得我直吸凉气，可是爷爷只打过我一次，让我印象非常深刻。除此之外，爷爷还曾经把我放到很高的书架顶上去反省，爸爸知道此事后很得意地告诉我，他小时候也吃爷爷这一招，我们还彼此交流过在上面坐着的感觉：脚不沾地，孤立无援，很是无奈。

有一天，忽然是奶奶来幼儿园接我了，而且一反常态地把她多年盘在头顶的长发变成齐耳根的短发型。回到家里爷爷也不见了，爸爸妈妈连夜把我接到西郊他们的家。我吵着要去看爷爷奶奶，妈妈说不行。奶奶与妈妈约好，到动物园“接头”，把我的玩具送来。在动物园的外墙上，我看到了写有“周有光”名字的大字报，爷爷的名字被写得东倒西歪，并且划上了大红叉。后来我才懂得，现在要“文化大革命”了，奶奶的头发是“四旧”，要破除；爷爷是“资产阶级专家、反动学术权威、洋奴”，外加“现行反革命”，被圈到牛棚里去了；而且连爷爷的老朋友徐湛星公公从香港带来送我的漂亮裙子也是“奇装异服”，不能再穿了。从此以后，天地变了，我的幸福童年也结束了。

不久，爷爷与当时批斗他的人一起被驱赶到宁夏平罗的国务院“五七干校”劳动改造。与此同时，爸爸妈妈也被中国科学院下放到湖北、湛江。爷爷奶奶的家上了锁，奶奶陪我住在中关村。很久以后的一天，爷爷忽然回来“探亲”了。他还是那么温文尔雅、和蔼可亲。他很得意地向奶奶展示他用橡皮膏补的裤子，又告诉我们许多在干校遇到的有趣事情，我们哈哈大笑，他也哈哈大笑。去干校的时候不允许带书，爷爷就带了二三十本各国文字的《毛主席语录》，空闲时用它们做比较文字的研究，还带了一本《新华字典》做字形的分析，许多年后他利用当时的研究结果写成《汉字声旁读音便查》。我敬佩爷爷，他没有因为“文革”“干校”而失望放弃，还是和从前一样地乐观努力。其实如果了解他前半生所受到的挫折，就不难理解为什么他能够笑对“文革”的一幕幕丑剧了。

爷爷在“干校”期间很注意观察周围的环境民情。冬天爷爷看守白菜窖，他每天要把所有的白菜翻看一遍，将开始发烂的拿给炊事班去烧。他说，整个一个冬天，我们从来没有吃过好菜。这件事引发了他寓意深刻的“白菜理论”：烂了才吃，不烂不吃，吃的全烂。他们带到宁夏去种的黄瓜籽，长出的黄瓜几乎比北京黄瓜大一倍，成了日常主要的蔬菜之一。许多年后，爷爷展望宁夏经济的发展时说“不仅工业有希望，农业也有希望……以色列在沙漠里面种黄瓜，销到欧洲许多地方，为什么我们不能在宁夏这种地方种黄瓜销到外国去呢？”爷爷在捡粪的时候发现了一种节节草，他突发奇想地将其摘回来做牙签，他说“竹子做的牙签常常有刺，木头做的牙签在嘴里会变软，只有这种节节草牙签最好。”爷爷很得意自己的佳作，不仅自己用，还带了一大包回北京当成珍品送给朋友。

“文革”后期，爷爷从“五七干校”回到北京，成为“闲置人员”。他得空就抓住我教打字、教英文，又让奶奶教我古文。我是“无志者常立志”，每次下决心好好学英文了就去买一套教材，林格风、《许国璋英语》《今日英语》《新概念英语》，前前后后五六套之多，每套都有四五册。有一次我问爷爷学哪一套教材最好，爷爷说：“别管哪一套教材，你能学完第一本的就好。”真的，今天回想起来，哪一套教材我也没有读完第一册。为了学习进度，爷爷让我听电台的英语广播讲座。到了时间他把书递到我的手里，我只好无可奈何地放下小说，心不在焉地听广播。半个小时以后，爷爷又走过来，推醒趴在桌上睡着的我，说：“醒醒吧，书都掉到地上了！”爷爷说过“机不可失，时不再来”，我想起当时的举动，悔之晚矣，却也无可奈何。

我学了好几年的小提琴，才刚刚拉出点音色。有一天，我正在调弦准备练琴，爷爷走过来说，我们家现在终于可以开个钢管店了。我诧异地问他什么意思，他说，我们原来开的是木材店。我这才知道，原来自己是一个噪音污染源，爷爷奶奶却从来没有抱怨过。直到今天，我回想起来还很感激爷爷奶奶对我的宽容；相比之下我自己的涵养就差得太远，听到儿子弹错的钢琴声就吼起来，弄得儿子一弹钢琴就“肝儿颤”。

1976 年，爷爷在协和医院做手术切除前列腺，他以达观的态度配合医生，身体恢复得很快很好。7 月 16 日，他手术后第一次去景山公园散步。当晚唐山的大地震强烈地波及了北京，随后又下起了大雨，我们居住的大院陷入一片混乱，领导以安全为由要求所有的人都呆在室外。爷爷说，这样下去我要生病的，于是他回房间里躺下休息。大院里有个以“红小鬼”出身自居的人，冲到我们家硬逼爷爷出去，他甚至对爷爷破口大骂。爷爷静静地躺在床上，闭着眼睛一言不发，最后这人只好怏怏地出去了。爷爷说，我都七十多岁了，房子塌了死而无憾；倒是呆在外面要生病，会给你们大家添麻烦。任何时候，爷爷都是这样处惊不乱，稳如泰山。他永远知道自己需要什么，该做什么，不为外界所左右。

北京当时太乱了，爸爸为我们买了加班飞机票，我和爷爷奶奶飞往上海“避难”。记得四五岁时，我第一次坐火车，是跟着爷爷奶奶去天津访友。那幅画面至今都清清楚楚地印在我的脑海里：早晨天还是黑蒙蒙的，梦中我听到有人说，“庆庆快起来吧，火车司机叔叔在等我们了。”睁眼一看，只见爷爷带着那一脸慈祥的微笑坐在我的床边。在火车上爷爷拉着我的手，穿越一节又一节的车厢去看餐车……现在，我第一次坐飞机，又是跟着爷爷奶奶。在飞机上，爷爷说，到了一个新环境要注意观察周围，尤其是安全措施。他要我读旅客安全手册，又指给我看飞机通道、安全门。他还特地把我领到厕所，由于空间有限，这里的设备都很紧凑。爷爷说：你要看好每一样东西是怎么用的，不要把脏纸丢错地方。他说，这叫“有备无患，未雨绸缪”。从那以后，我每上飞机头一件事情必读旅客安全手册，还将这个好习惯传给了儿子，他做此事比我更积极。由此我深深体会到，家庭中长辈良好的言传身教使孩子受益无穷。

到了上海，亲戚朋友纷纷来探望爷爷奶奶。有位亲戚和爷爷早年的一位学生住邻居，两家的关系很紧张。这位亲戚来看望爷爷奶奶，话题不外乎大肆告状，控诉其邻居如何不仁不义。正巧隔日那位已成为教授的学生也来看望爷爷，他对邻里纠纷只字未提，与爷爷畅怀叙旧，作别时主动问爷爷有什么事情可以帮忙。爷爷说想看点书，不料次日该教授竟从其所在大学图书馆扛来十几本砖头般厚的书籍，进门时满头大汗。事后，爷爷特别找我谈话，严肃地对我说：这两天的事情你都看到了，做人需要厚道，在别人背后指指点点的效果往往适得其反。再说，做事要讲求效果，我管不了房子的事情，也没办法解决他们的矛盾，跟我说这些事情太浪费时间……。这件事给我印象极深，至今都记得当时爷爷跟我谈话时那凝重的脸色。回想我和爷爷在一起的日子，真的想不起他发表过对什么人的不满，他总是说"这个人很好"，"这个人很有学问"，"这个人很了不起"，如果谁提到爷爷不喜欢的人或事，他会说：不要讲啦，浪费时间！

"文革"以后，爷爷成了文改会的"外事接待员"，不管哪国外宾来访都要他参与接待；很多次的外事活动，来宾都会送礼品给爷爷，而他却从来没有把礼品拿回家，他说："我把礼物留在车子里，让司机拿回去交给领导。"美国大使馆、政协等处将送给爷爷的电影票、招待券寄到文改会办公室，常常到了爷爷手里就只剩下一个空信封；邻居有人曾经把小厨房盖在我们家通往厕所的必经之路上；单位应该分给爷爷的房子屡屡被别人抢走……爷爷对生活中发生的这一切，从来都是淡淡地付之一笑，说："不要为这些事情浪费时间，要把时间和心思放在做学问上。"

我上初中时，好朋友林心全家移居香港了。一上小学，我俩就好得形同一人，不仅白天上学腻在一起，下午放学和周末还腻在一起。乍一听说她要走而且永远不会再回来了，我顿感世界末日的来临。整整一个晚上，我滴水未进粒米未沾，第一次尝到了失眠的滋味。是爷爷，耐心地开导我；世界很大路也很长，事情会变的，中国也不会总是这样下去。你的性格很开朗，还会交到其他朋友的……果然，多年后中国政策变了，我大学毕业去了加拿大读书，林心是第一个从美国来拜访我的客人，我俩又重逢了。而且，我在北京历经三所中学、大学、工作单位，以及在加拿大和美国居住的若干地方，每到一处都结交了情投意合的朋友。爷爷真的料事如神。

在加拿大读书期间，婚姻的触礁使我跌入万丈深谷。我一度心灰意冷万念俱灰，中断了学业，中断了与几乎所有朋友的往来，像一只把头埋在沙堆里的骆驼，专心打工挣钱。我给家里写信说，我被漩涡卷得快要失去自己的重心了……爷爷来信简单而坚定地说："你要停止打工，尽快完成学业，找到工作。目前的生活费我帮你解决，每月五百块，供你六个月拿到学位。"我又羞愧又难过，我这么大了还要爷爷操心，而且他手里那些外汇都是"一点一滴"攒起来的，他给新加坡、香港等地的学术杂志写文章，每次稿费只有十元二十元。爷爷的信让我下决心痛改前非重新做人，并回到学校注册读书。

这时，我遇到了生命中的 Mr. Right 张晖，他积极鼓励并且以实际行动支持我读完学业。好事多磨，我们都还没有毕业时我怀孕了，有了孩子不能打工再加额外开销，而且以后该如何带着孩子读书？我的情绪再一次落入低谷，不知今后生活如何着落。这期间，爷爷接连给我写了六封信，开导我鼓励我激发我，再一次将我从落魄中救了起来。他说："孩子一定要留下，你可以在满月之后送回北京，我们愿意帮忙带他。"还给未来的曾孙起了名字，男的就叫"安迪"，取意"安定"；女的就叫"安妮"，取意"安宁"，爷爷说："你这个人太吵吵闹闹了，希望你的孩子安静一点。"

1993 年，我的儿子周安迪出生的时候，我们周家又是四代同堂，这次应该说"四代同球"。不过，爷爷起名字的初衷却没有实现，儿子长大了比我还要吵吵闹闹，在课堂里常因废话太多遭老师罚站。安迪在北京住过一年，爷爷奶奶对他越看越喜欢。爷爷总是嘱咐我说，不要对安迪太凶，不要逼他念书。

2002 年 8 月 14 日，亲爱的奶奶因心脏病逝世了，张晖和我带着儿子从旧金山赶回家为奶奶送行。那天深夜我陪着爷爷坐在他的小书桌旁，这是我第一次看到他的眼圈红了。他说，奶奶走得太突然，谁也没有想到。又说，奶奶身体一直很弱，可是她的生命力却是那么旺盛，她是那么有活力。爷爷在纸上将唐代诗人元稹的诗句写给我：昔日戏言身后事，今朝都到眼前来。他自嘲地说：真的都来了。我担心他过度悲伤影响健康，他却平静地对我说：你放心，我知道该怎么做，希望在这个时候不要给你们添麻烦。我离开房间的时候忍不住回头，看到爷爷那孤独的身影，两行热泪顺着腮边滚滚而下；平日里，爷爷坐在书房的时候，有奶奶在身边"红茶电脑，两老无猜"，可是以后，奶奶不会再来了……。

在亲戚朋友帮助下，我们火化安葬了奶奶。爷爷提醒说：天气太热，不要惊动高龄亲友，尽量简单地处理一切。而且爷爷自己也听了我们的话，乖乖待在家里，没有去送葬。我知道爷爷注重的不是表面而是内涵。果然，两年来爷爷为其倾尽心力绞尽脑汁的事情，是出版奶奶的遗作《浪花集》和《昆曲日记》。爷爷以他九十八岁的高龄，不折不挠地寻找机会，终于感动了上帝，据说现在两本书都到了排印阶段。爷爷说：这是对奶奶的最好纪念。

2003 年圣诞节，我带着儿子回北京探望家人。爷爷看起来面色焦黄，我们怀疑他得了肝炎，次日我和保姆小田陪他去北京佑安医院看病。住进病房不到五分钟，主治大夫就将一张"病危通知书"递到我手里，对我说“这么大岁数得肝炎的可能性不大，倒是肝胰脾的恶性肿瘤……”我怔在那里，然而爷爷却按照他的老习惯去检查防火通道了。及至发现老先生不见了，七八个医生护士都急得叫起来“快把老爷子找回来，让他平躺，不能动！”爷爷被她们架回来，还是平素那一脸的微笑，嘴里不断地说：不要紧，不要紧，慢慢来。紧接着就有护士拿来长长的铁架子为他绑床，怕他夜里摔下来。他说不用绑，护士不听他解释，怕老人脑筋不清醒。我说，老爷爷还在写书出版呢，你们就听他的吧。就这样，我陪着爷爷住了下来。你不能不佩服中国人传小道消息的神速，不久打水的、扫地的、送饭的以至左邻右舍能走动的和不能走动的病员、家属或者看护，都来窗外一饱眼福，看看爷爷“好嫩的面相”，爷爷高兴地说：“我是大熊猫，让他们来看吧！”

在等待检查结果的日子里，我们每天都是提心吊胆地过日子，爷爷平静地对小田说：你放心，我会跟你一起回家的，我还有好多东西没有写完呢。在住院期间，大夫为爷爷做了 X 光透视、B 超检查、CT 扫描、核磁共振，再加上无数次的抽血化验，检查肝胰脾脏，没有任何结果，主治大夫一筹莫展。我心里暗笑：绕了一大圈，还是爷爷自己独具慧眼，打一开头就很有把握地断言自己是“药物中毒”。

在北京探亲十天，我在病房里陪住了整整五天。我很高兴这五天里的每一分一秒都和爷爷在一起，多少年没有这种机会了！我想，这也许是上帝安排好的，让我能够重新体验儿时在爷爷奶奶身边的温馨，只是苦了爷爷每天打点滴，两只胳膊都打成青紫色了。当我得知爷爷基本正常时，心情放松下来，回到中关村妈妈家里休整。第二天，我这个多年不发烧的人居然高烧 40 度，这时候离我们的归期只剩下三天了。

爷爷真的在小田的陪同下回家了。我在大洋彼岸给他打电话，他说：庆庆，你放心，我都好了，你放心呵……听到这里，我的心好酸，眼泪成串地掉下来：爷爷永远都是想到我们，想到为我们做什么，想到不给我们添麻烦。我哽咽地说：爷爷，我想你……

爷爷耳朵聋，不知道他听见没有。

爷爷常常对我说：人生就是一场马拉松长跑，不要太在乎一时之长短，“人无远虑，必有近忧”。以他自己为例，大学毕业后没有钱，只好放弃出国留学继续深造的梦想，去教英文并兼做银行的差事。而他在圣约翰大学的同学，多半家境富裕，毕业后直接去美国留学者颇多；更有在美国西点军校毕业回国做军官者，威风凛凛，好不神气；当年银行界的许多朋友，年轻有为，叱咤风云。如今再看，一代同龄人多半归西，“文革”中不堪虐待自杀者有之，年老体衰卧床不起者有之，肢体尚好却老年痴呆者也有之。我的爷爷，如今不仅生活自理，而且思路敏捷，依然活跃在中国语言文字的学术舞台上。他写的杂文小品文，用笔精湛，思想开朗，充满了信息时代的朝气，连年轻人看了都自叹弗如。爷爷戏称自己是“漏网之鱼”，脱出了二十世纪那张网，进入到二十一世纪，可贵的是他依然站在时代的前列。

（周和庆，周有光先生的孙女，软件工程师，现居美国）

香港中国语文学会、语文建设通讯、香港普通话研习社联名贺信

尊敬的周有光先生：

欣闻您的百岁华诞将临，并将由北京多个机构和团体为您举办祝寿会，这是一件值得高兴、值得庆贺的事，我们遥祝您身体健康、快乐、长寿，祝寿会成功举行。

大半个世纪以来您为中国的语文现代化、语文建设、汉字改革、汉语拼音的制定推广和应用，做了大量建设性的工作。您又开辟了现代汉字学、比较文字学等新的学术领域。您的工作和研究，既富创意而又具体。您的著作，既富学术贡献，又能启发大众，丰富人民的语文生活。您为国内学界所景仰，也为国际学界所钦佩。

您也为香港学界和教育界所尊敬。您是香港中国语文学会的创会顾问，也是香港普通话研习社的顾问。从 1974 年开始，直到如今，三十年间您不断为香港学刊撰写文章，介绍先进的语文观，您也一贯关怀和支持香港的推广普通话工作。您的关怀和支持是我们工作的一大精神支柱，并且已经转化为力量，有了巨大的影响。

20 世纪 80 年代，您曾多次应邀访问香港，给予香港的学界、教育界以指导和鼓励。您和您的夫人与我们香港同仁，结成了深厚的友谊。我们到您北京住所拜访，总是得到亲切的接待，使人终生难忘。

如今欣逢您的百岁华诞，我们感到特别高兴。再次敬祝身体健康、心情愉快，并乘此机会向您对我们香港同仁三十年来的指导和关怀，表示衷心的感谢。

本月份的北京祝寿会，是一个开始。我们希望，在今年内，个别朋友将亲自来到北京，向您表达我们的祝贺和感谢。

香港中国语文学会	语文建设通讯（香港）	香港普通话研习社
理事会主席	主编	理事会主席
姚德怀暨同仁	胡百华暨同仁	姚德怀暨同仁

同敬贺 2005 年 1 月 3 日

香港拼音优化教学促进会贺信

周有光教授尊鉴：

时值您的百岁大寿，山水相隔，未能面贺，唯遥叩金安。

您一贯致力于中国语文的现代化，对汉语拼音的制定和推广作出了划时代的巨大贡献。我们深切认识到：把字母文化引进具有悠久历史和深厚文化的中国是何等的艰巨！今天，如果没有汉语拼音，我们就不可能享受到拼音辅助教学、拼音转换汉字电脑输入和用拼音向世界传扬中华文化带来的方便和好处。我们深信，采用世界流行字母的汉语拼音将会发挥越来越巨大的作用，将会给我们及子孙后代带来难以估量的福祉。我们谨在此喜庆日子里，衷心祝愿您延年益寿，老当益壮，并且在拼音影响遍天下的日子里继续作出新的贡献，指导我们为与时并进的中国语文现代化而奋斗！

香港拼音优化教学促进会敬贺

2005 年 1 月 8 日

中国文字学会贺信

尊敬的周有光先生：

在2005年新春到来之际，我们欣喜地迎来了先生的百龄华诞，我谨代表中国文字学会，并以我个人的名义，向您致以最崇高的敬意和热烈的祝贺。

先生是我国当代享有盛誉的语言学家，半个世纪以来，您勤于笔耕，研究不辍，为我国语文现代化事业作出了学术界公认的巨大贡献。您在语文现代化、社会语言学、中文信息处理、语言教学、现代文字学等方面，从理论到实践，从微观到宏观，都有着重大的建树和影响。您参与制定的《汉语拼音方案》，以其简便科学，被国际标准化组织认定为拼写汉语的国际标准，更对我国语文教育事业的发展和文化科学技术等方面的建设起到了十分重要的作用。您在一系列重要著作中所阐述的汉字改革理论、语文现代化建设理论以及比较文字学的基本原理等，是先生几十年来潜心研究的成果，在国内外有着深远的影响。

先生德高望重，胸襟宽广，博学多识。离休之后，您仍然继续进行研究和著述，时刻关注语文现代化事业，提倡华夏文化在新的历史时期能够进一步适应信息化和全球化的时代。您崇高的思想境界、严谨的治学态度、年高而志笃的奋斗精神，为学术界树立了典范，永远值得我们后学晚辈学习。

我们衷心地祝您健康长寿、幸福安康。

中国文字学会会长黄德宽敬贺

2005年1月6日

安徽省语言学会贺信

尊敬的周有光先生：

您好！

欣闻先生百年华诞庆祝会在京召开，谨代表我会 398 位会员向先生致以热烈的祝贺。

诚如苏培成教授所说，先生“对语文事业的贡献是多方面的”，在中国语文现代化的研究和实践方面“贡献最多，影响也最大”。进入新时期，您逾“古稀”之年，每年都有论著问世，令全国语言文字工作者由衷敬佩。您为语文工作服务于“四个现代化”出谋划策，提出了许多精辟见解，真是思想敏锐，老而弥坚。

中国语文现代化事业正健康地向前发展。要做的事还很多。相信在您和语言学界其他前辈的指导下，这项关系国家发展的事业定会不断取得新的更大的成就。

祝您

健康长寿

学术之树常青

安徽省语言学会

2005 年 1 月 6 日

上海市语文学会贺信

尊敬的周有光先生：

语言学在中国人文科学领域始终居于领先地位，是一门长命科学。先生是我国百年一遇的著名学者，更是我国长年致力于学术研究的长命的语言文字学家。先生您不仅是一位杰出的经济学专家，解放后您又出色而成功地完成了从经济学研究向中国语言文字学研究的转变，成为我国杰出的语言文字学家。您于1955年进入中国文字改革委员会，成为汉语拼音方案的主要制定者之一。半个多世纪以来，您坚持不懈地从事文字学、社会语言学、应用语言学和中国语文现代化的研究工作，写下了大量的学术专著和语言文字学科的普及论文，为中国语言文字学的发展做出了卓越的贡献，是我们永远的学术楷模。

先生跟上海有着半个世纪的历史关系和学术联系，您经常关注上海语言文字学研究的动态和发展，并跟我们上海市语文学会联结着良好的亲密的友情。先生1906年1月3日出生于江苏常州，1923年就读于上海圣约翰大学，江南水乡的灵气和上海大城市的豪气，加上先生精深博学的才气，使您成为我国语言学界跨越三个时代、两个世纪的伟大的学者，您是中国语言文字学界的骄傲。先生的长寿是中国语言文字学界之大幸，先生通洽古今的学术造诣和神怀明审的朴实学风是中国语言文字学界非常宝贵的财富。

值此先生百岁华诞之际，我们谨代表上海市语文学会全体理事衷心祝您受寿永多，衷心祝您祉祚流衍。

上海市语文学会会长许宝华　副会长余志鸿

2005年1月7日

贵州省语言学会贺信

尊敬的周有光先生：

2005年新年钟声刚刚响过，便又将迎来先生一百周岁华诞。这既是先生个人的一大喜事，也是中国语言学界的一大喜事。值此吉日良辰，谨向先生致以最热烈的祝贺！

先生早年即胸怀救国兴邦的大志，积极投身于爱国学生运动和拉丁化新文字运动，走向推动中国语文现代化队伍的前列。建国后参与汉语拼音方案的制定，提出很多卓有见地的建议，大都为方案所采纳。1961年出版的《汉字改革概论》，分析并解决了汉字改革过程中不少理论问题和实际问题，哺育了一代又一代的语言文字工作者。为了真正了解汉字的特点，先生深入而广泛地研究了世界各种文字的滋生演变规律，提出很多新颖独到的见解，指出一些几成定论的传统观点的错误所在，写出了在中国文字学史上值得大书一笔的《世界文字发展史》，为比较文字学在中国的建立奠定了坚实的基础。

在中文信息处理方面，先生也是最早的探索者之一，既进行理论研究，又亲自动手实践，提出过许多富有远见的观点和切实可行的建议。例如利用汉语的内在规律改进中文的输入技术，在引进国外新的科技术语时采用“术语双语言”，在信息化时代国家采用“两个双语言”的语言对策等等。先生一生治学谨严，学风朴实，坚持真理，与时俱进，奖掖后学，淡泊名利。于耄耋之年仍笔耕不辍，不断有高水平的学术论文或专著问世。不仅为国家社会作出了巨大贡献，也给后生晚辈树立了榜样，创造了学术界的一大奇迹。

祝愿先生永远健康长寿！

贵州省语言学会

2005 年元月 4 日

青岛市语言学会贺电

中国语文现代化学会秘书处：

恭贺学界人瑞周有光夫子百岁华诞！现代化中国必须有现代化语文，现代化语文必须由具有现代化思想的学者引领。在中国语言现代化大潮中，夫子始终站在潮头之上，引领千百学者，摧枯拉朽，腾跃前行。中国语言学的历史将永远记住夫子的不世之功！欣逢夫子百岁华诞，我们谨代表青岛语言学会全体会员，恭祝夫子寿如南山之松，福似东海之水。

李行杰　刘俊一　杨自俭　孙林东

2005 年 1 月 10 日

北京大学汉语语言学研究中心贺信

尊敬的周有光先生：

欣逢您百岁寿辰之际，我谨代表北京大学汉语语言学研究中心全体同仁，并以我个人的名义，向您致以最崇高的敬意和衷心的祝贺。

您是我国著名的语言学家，几十年来您一直致力于语文现代化事业，为我国语文事业适应世界的信息化潮流做出了巨大贡献。您是我国的“汉语拼音之父”，您参与制定的“汉语拼音方案”以罗马字母为径，简便科学，使难认、难学的方块汉字有了全球通用码，对语文教育的发展、汉民族文化的推广以及科技、文化、经济、政治等方面的建设都具有重大的意义。您的汉字改革理论和比较文字学原理集合了几十年潜心研究的精髓，弥足珍贵，在国内外产生了深远的影响。

您德高望重，虚怀若谷，进入新世纪后，您依然机耕不息，兢兢业业，悉心关注着我国语文现代化事业的发展，让我们的华夏文化百尺竿头更进一步，以进一步适应信息化、全球化新时代发展的需要。您精湛的学术修养，严谨的治学态度，老而弥坚的奋斗精神，着实令晚辈钦佩不已。您的健康长寿是我国语言学界的一大幸事，更是语文现代化事业的一大幸事！我们衷心恭祝您老人家

新年快乐，吉祥如意

安康幸福，松柏常青

北京大学汉语语言学研究中心

主任陆俭明敬呈

2005 年 1 月 1 日

复旦大学语言文学研究所贺信

敬爱的周有光先生：

在喜庆您百岁诞辰的时候，谨向您致以最热忱的祝贺和最崇高的敬意！

几十年来，您为中国语文改革事业进行了不屈的奋斗，做出了卓越的成就。尤其是在改革开放的新时期，您站在时代潮流的前列，在理论上和实践上为中国语文现代化作出了新的光辉业绩。在中国语文建设曲折的历史进程中，不论遇到什么艰难困苦，您总是坚定自若，从容达观，努力奋进。

您为中国语文现代化事业树立了一面光荣的旗帜。

您为中国学术界树立了一个真正具有与时俱进精神的光辉榜样。

敬爱的周先生，我们一直怀念着您。当年，语文改革的先驱、我们的老校长陈望道先生曾多次邀请您参加他所主持的复旦大学语言研究室的活动，多次邀请您到复旦大学讲学，您深刻而精彩的讲演，儒雅而新进的风采，给大家留下了美好的记忆。近年来，您还给复旦学生主办的《雅言》专刊赐稿，给予支持和指导。百岁人瑞，青春风采：这就是我们心目中的您。我们衷心地感谢您，衷心地敬佩您，衷心地祝福您！

敬祝您

福寿康宁，青春永在！

复旦大学语言文学研究所敬奉

2005 年 1 月 8 日

《修辞学习》编辑部贺信

敬爱的周有光先生：

庆祝您百岁华诞，谨向您致以最诚挚最崇高的敬意！

您为中国语文改革事业奋斗了漫长的岁月，作出了卓越的贡献。几十年来，不论遇到什么挫折阻挠，您都是乐观地坚持着建设新语文、新文化的努力。尤其是改革开放以来，您站在时代潮流的前沿，倡导中国语文现代化，从理论上和实践上为使中国语言文字的运用更适应信息时代的需要、民族发展的需要、走向世界的需要而进行了切实的探究，取得了丰硕的成果。

敬爱的周先生，您的与时俱进的学术精神和学术业绩，为中国语言学界树立了一个光荣的榜样。您鼓舞着和引领着我们为中国的语文建设和中国语言学的发展与繁荣而向前迈进！

衷心敬祝您

幸福安祥，健康长寿！

《修辞学习》编辑部敬上

2005 年 1 月 8 日

弟子贺信

有光先生钧鉴：

一别三年，思念殊深。今年一月十三日，适逢先生一百岁华诞，兹率全家恭贺先生，生日愉快，健康长寿。恕愚因天冷路滑，不能登门祝贺。

回忆70年代末，80年代初，在共同研讨《汉语拼音正词法》四年期间，以及在八大处、香山多次开学术会议期间，多次聆听先生教诲，受益匪浅。三年前六月，余曾造府，面受一个半小时的启发，均铭记在心。

1979年，先生于夏日偕同二位同志专程光临寒舍，尤受惠良深。每忆往日交往，尤显先生淡泊名利，为人正直，和蔼可亲，不耻下问，乃知名士人中鲜见。读2005年1月6日《北京青年报》，乃能进一步了解先生一生伟绩与学术造诣。比起先生，弟各方面均无地自容。

值此新春在即，遥祝先生

松柏长青，鹤发童颜，颐光永驻。

愚晚75岁弟子赵慕昂敬上

2005年1月9日于北京

弟子贺诗

贺周有光先生百岁华诞

明珠璀璨出苏常，
简字拼音论四方。
巨著宏文人为本，
百龄伏枥志无双。

上海弟子　颜逸明　范可育
高家莺　陈光磊
费锦昌　徐莉莉
2005年1月8日

语文学界举办座谈会　庆贺周有光先生百龄华诞

为庆祝著名语言学家周有光先生的百龄华诞，教育部和国家语言文字工作委员会 1 月 10 日在北京主办了“庆贺周有光先生百龄华诞座谈会”。座谈会由教育部语言文字应用管理司和语言文字信息管理司承办，语文出版社、语言文字应用研究所、中国语文现代化学会、中国文字学会、中国语言学会、中国应用语言学会（筹）等协办。教育部语言文字信息管理司副司长王铁琨主持座谈会。全国人大常委会副委员长许嘉璐发表了书面讲话，教育部副部长袁贵仁、中国社会科学院副院长江蓝生出席座谈会并讲话。出席会议的还有语言文字学界的专家学者 80 多人。

周有光先生是在海内外享有盛誉的语言学家，早年专攻经济学，曾任上海复旦大学、上海财经学院教授，因爱好语言学，对文字改革有兴趣，转而从事语言文字工作。1955 年任中国文字改革委员会研究员和第一研究室主任，研究文字改革和汉语拼音问题，并在北京大学、中国人民大学等校兼职授课，任研究生导师及中国社会科学院研究生院教授。1961 年出版重要著作《汉字改革概论》。此书全面系统地论述了我国的文字改革问题，具有重要的学术和实用价值。周有光先生历任《中国大百科全书》总编辑委员会委员、《简明不列颠百科全书》中美联合编审委员会中方委员、《汉语大词典》学术顾问、日本《不列颠国际百科全书》国际学术顾问等。在多年的学术研究活动中，他曾参加普通话标准的制定、《汉语拼音方案》的拟定和《汉语手指字母》的制定；陆续出版《字母的故事》《电报拼音化》《拼音化问题》《拼音字母基础知识》《语文风云》《汉语拼音词汇》《世界字母简史》《中国语文纵横谈》《世界文字发展史》

《文化畅想曲》《比较文字学初探》等20余部著作；先后发表《现代汉字中的多音字问题》《现代汉字学发凡》等300多篇论文。半个多世纪以来，周老在语言文字研究领域取得了丰硕成果，为我国的语言文字研究做出了突出贡献。

许嘉璐副委员长在书面发言中高度肯定了周老在语言文字工作方面取得的成绩，赞扬周老以耄耋之年为实现汉字拼音输入计算机、用现代方法和手段研究汉语汉字等方面为人们作出了表率。许嘉璐说，他是在周老的感召下才开始接触并使用计算机的，周老是他走进中文信息领域的启蒙老师。周老的确做到了“学而不厌，诲人不倦，不知老之将至”。许嘉璐还号召语言文字工作者学习周老对学术的钻研精神和对华夏文化的热爱，共同努力，争取在语言研究和语言文字规范化工作中做出新贡献。

袁贵仁副部长在发言中总结了周老在语言研究多个领域取得的成就，并强调要重视语言文字在弘扬民族精神中的重要作用，继续加强语言文字规范化工作，号召不同领域的研究人员携起手来，进行学科之间的互补研究。

前国家语委副主任陈章太、中国语文现代化学会会长苏培成等也先后致辞。座谈会还收到了中国文字学会、北京大学汉语语言学研究中心等的贺信、贺辞。

（原载《语言文字周报》2005年2月9日）

周有光先生的感谢辞

各位领导，各位同志：

今天各位给我开百岁庆祝会，实在不敢当，万分感谢！

人生百岁，大致是自然长度。1 岁到 10 岁生长很快，90 岁到 100 岁衰老很快，人生是一条百岁正常曲线。医学进步，各位将来都能长命百岁。我要向各位预祝百年大庆！

我的耳朵聋了，戴助听器也只能部分恢复。在信息化时代，我的信息器官不灵了，这是老龄化现象。世界各国都在发生老龄化现象，增加了社会负担。老龄化一方面是可喜现象，一方面是社会问题。

我对语言学，始终没有走进大门，实在惭愧！语言学有三个核心部门，语音学、词汇学和语法学，我都没有走进大门。我搞一点语文现代化工作，只是摸着语言学的一点边边而已。所以我再三对人说，不要称我为语言学家，我至多是一个语文工作者而已。

我的孙女儿在小学时候对我说：爷爷，你亏了，你搞经济半途而废，你搞语文半路出家，两个半圆，合起来是一个“○”！我说，一点不错，我就是这么一回事！

各位对我的工作过奖了，实在不敢当！

谢谢！谢谢！万分感谢！

周有光

2005 年 1 月 10 日

周有光简历

• 1906 年 1 月 13 日生于江苏常州青果巷。父周保贻，号企言。母徐雯，号镜芙，宜兴人。

• 1906—1911 年（1—6 岁）祖母教吟古诗词。

• 1912—1917 年（7—12 岁）入七年制育志小学。提前毕业，考入镇江中学，不久退学。

• 1918—1923 年（13—17 岁）入江苏省立常州第五中学。预科一年补习数学和古文，四年中学毕业。期间母亲携子女迁居苏州。

• 1923—1927 年（18—22 岁）考入上海圣约翰大学。家贫，靠朱毓君母借当支付学费。1925 年，上海发生“五卅惨案”。参加“六三离校运动”，改入由爱国师生创办的光华大学。在校读书时，经考试兼任校长室秘书，免学费。1927 年毕业。

• 1927—1933 年（22—28 岁）在光华大学附中、江苏教育学院、浙江教育学院任教。帮助孟宪承教授翻译丹麦教育家格隆维的《农村教育》。

●1933—1935年（29—30岁）1933年4月30日与张允和结婚。考入日本京都帝国大学。1934年4月30日，子晓平生。1935年从日本回国，参加反日救国会（章乃器小组）。女小禾生。

●1936—1937年（31—32岁）任教光华大学，兼职上海江苏银行。移居苏州乌雀桥弄。

●1938—1940年（33—35岁）日帝侵华，全家逃难到重庆，任经济部农本局重庆专员办事处副主任，主管四川省合作金库。

●1941—1945年（36—40岁）在重庆新华银行总行任职。1941年女小禾去世。1943年去缅甸探望母亲和四姐惠言。1944年，子晓平在成都中流弹。1945年抗日战争胜利回上海。

●1946—1949年（41—44岁）由新华银行派往美国纽约和英国伦敦。妻张允和同行。1948年在香港参加民主建国会。

●1949—1954年（44—49岁）上海解放后回国。任教上海复旦大学经济研究所，上海财经学院，教授经济学。著有《新中国的金融问题》。业余从事语言文字研究。著有《中国拼音文字研究》，《字母的故事》。上海市政协委员。

●1955年（50岁）应邀出席全国文字改革会议。会后调至新成立的中国文字改革委员会，任研究员、委员，中国社会科学院研究生院教授，语言文字应用研究所研究员，直到离休。

●1956年（51岁）全家迁至北京沙滩。任第四、第五、第六届全国政协委员。

●1969—1972年（66—69岁）文化大革命期间下放宁夏平罗五七干校劳动两年四个月。

• 1984 年（78 岁）迁至北京朝内后拐棒胡同。任中美联合编审和顾问委员会中方三委员之一，出版中译本《简明大不列颠百科全书》和国际中文版《不列颠百科全书》。任《中国大百科全书》总编委委员，《汉语大词典》学术顾问。出版著作有《汉字改革概论》（1961），1985 年日文版；《中国语文的时代演进》（1997）；《中国语文纵横谈》（1992）；《世界文字发展史》（1997）；《比较文字学初探》（1998）；《现代文化的冲击波》（2000）；《周有光语文论集》（2001）；《21 世纪的华语和华文——周有光耄耋文存》（2002）等。

• 1988 年 12 月 31 日离休。

• 2002 年（97 岁）8 月 14 日妻张允和去世，享年 93 岁。

• 2003—2004 年（98—99 岁）撰写《周有光百岁新稿》。

周有光著作目录

- 《新中国的金融问题》，香港经济导报社，1949年。
- 《中国拼音文字研究》，上海东方书店，1952年。
- 《资本的原始积累》，华东人民出版社1954年，上海人民出版社1955年。
- 《字母的故事》，上海东方书店1954年，上海教育出版社1958年修订版。
- 《拼音字母基础知识》，文字改革出版社，1959年。
- 《汉字改革概论》，文字改革出版社1961年第1版，1964年第2版，1979年第3版，香港尔雅社1978年修订版，“日本罗马字社”1985年日文翻译版。
- 《电报拼音化》，文字改革出版社，1965年。
- 《汉语手指字母论集》（周有光等著），文字改革出版社，1965年。
- 《拼音化问题》，文字改革出版社，1980年。
- 《汉字声旁读音便查》，吉林人民出版社，1980年。
- 《语文风云》，文字改革出版社，1981年。
- 《中国语文的现代化》，上海教育出版社，1986年。
- 《世界字母简史》，上海教育出版社，1990年。
- 《汉语拼音词汇》（周有光主编），文字改革出版社1958年初稿本，1964年增订本，语文出版社1989年重编本。
- 《新语文的建设》，语文出版社，1992年。
- 《中国语文纵横谈》，人民教育出版社，1992年。
- 《汉语拼音方案基础知识》，语文出版社1995年，香港三联书店1997年。
- 《语文闲谈》，“初编”，北京三联书店1995年第1版，1997年第2版；

“续编”，1997 年第 1 版；“三编”，2000 年第 1 版；北京中国出版集团“中国文库”合订本 2004 年第 1 版。

- 《文化畅想曲》，中国青年出版社，1997 年。
- 《世界文字发展史》，上海教育出版社，1997 年第 1 版，上海世纪出版集团 2003 年修订再版。
- 《中国语文的时代演进》，清华大学出版社 1997 年，美国俄亥俄大学“Pathways 丛书”2003 年中英文对照本。
- 《比较文字学初探》，语文出版社，1998 年。
- 《新时代的新语文》，北京三联书店，1999 年。
- 《人类文字浅说》，语文出版社，2000 年。
- 《多情人不老》（周有光、张允和合著），江苏文艺出版社，1998 年。
- 《汉字和文化问题》，辽宁人民出版社，1999 年。
- 《现代文化的冲击波》，北京三联书店，2000 年。
- 《21 世纪的华语和华文——周有光耄耋文存》，北京三联书店，2002 年。
- 《周有光语文论集》，上海文化出版社，2002 年。
- 《百岁新稿》，北京三联书店，2005 年。
- 《周有光语言学论文集》，商务印书馆，2005 年。
- 《语言文字学的新探索》，语文出版社，2006 年。

后 记

作为敬献给我国著名语言文字学家、语言学界的“世纪老人”周有光先生102岁华诞的一份珍贵的贺礼，本书经过酝酿和一年多时间的组稿、编辑，终于付梓发排了。望着眼前刚刚打印出来的厚厚的一叠文稿，我的内心总算舒了一口气，同时也有几句话想在这里说明一下。

一是关于本书的书名。起初我们拟订的书名是《周有光先生百龄华诞纪念文集》，后来很快感到这个书名比较一般化，不够鲜亮，没有特点，与全书的内容也不完全吻合，更重要的是没能全面反映出周老毕生特别是后半生献身语言文字事业，为国家语言规划、语文改革、语文现代化所作出的杰出贡献，以及他为人治学方面的鲜明特色和人格魅力。

周老是我国迄今最为长寿的语言文字学家，在海内外享有盛誉。周老的一生，几乎走过了整个20世纪，经历了祖国从衰弱到奋起、新生和复兴的全过程。他早年专攻经济学，但是从读大学开始就与语言文字学、语文改革结下了不解之缘，从1955年他奉调进京担任中国文字改革委员会研究员和文改会第一研究室主任起，转而专职从事语言文字工作，并任北京大学、中国人民大学兼职教授和中国社会科学院研究生院教授。他的《汉字改革概论》，全面系统地论述了我国的汉字改革问题，具有重要的学术理论价值和实用价值。周老还担任过第四、第五、第六届全国政协委员，中国文字改革委员会委员，国家语言文字工作委员会委员，《中国大百科全书》总编辑委员会委员，《简明不列颠百科全书》中美联合编审委员会中方委员，《汉语大词典》学术顾问，日本《不列颠国际百科全书》国际学术顾问等重要职务。在多年的学术研究活动中，他曾参加普通话标准的制定、《汉语拼音方案》的拟定和《汉语手指字母》的制定；陆续出版《字母的故事》《电报拼音化》《拼音化问题》《拼音字母基础知识》《语文风云》《汉语拼音词汇》《世界字母简史》《中国语文纵横谈》《世界文字发展史》《文化畅想曲》《比较文字学初探》《中国语文的时代演进》《新时代的新语文》《人类文字浅说》《汉字和文化问题》《现代文化的冲击波》《21 世纪的华语和华文》《周有光语文论集》《百岁新稿》《周有光语言学论文集》《语言文字学的新探索》等 30 多部著作；先后发表《现代汉字中的多音字问题》《现代汉字学发凡》等 300 多篇学术论文。晚年积极倡导“基础华文”，为汉语的国际传播和推广继续作出贡献，并以耄耋之年在实现汉字输入计算机、用现代方法和手段研究汉语和汉字等方面为学界作出了表率。周老不愧为语言学界老而弥坚，不懈追求进步、创新的长青之树！正如全国人大常委会许嘉璐副委员长所言“(周老) 一生祖国至上，笔耕不辍，淡泊名利，粪土荣辱，谦和平易，善诱后进，足为学界法。”

回顾周老为国家语言规划、语文改革和语文现代化事业所作的贡献，我们后学晚辈无不深深受到教育和触动。而当我们为选一个合适的书名冥思苦想不得要领时，忽然记起周老的妻妹张充和女士所题的“有光一生，一生有光”的条幅，眼前豁然一亮。“一生有光”是对语言学界“世纪老人”周有光先生一生贡献的最为恰切的概括，这四个字既鲜活平实又高度概括，用它作为本书的主书名是再合适不过了。我把我的想法跟朋友们一谈，大家都说好，请教周先生本人，亦无异议，于是书名就定下来了，就叫《一生有光——周有光先生百年寿辰纪念文集》。

二是关于本书的内容。编辑本书的想法，缘起于去年元月 10 日教育部、国家语言文字工作委员会在北京召开的"庆贺周有光先生百龄华诞座谈会"。那次会议气氛热烈而隆重，京内外很多领导、专家和学者都参加了，我参与了会议的筹备工作并受命主持了座谈会。那天周老兴致极高，一定要听完会议的全部发言再离会，可我们担心老先生的身体吃不消，毕竟已经是百岁高龄了。于是我提议会后编辑一本纪念文集送给周老，周老这才在分享过生日蛋糕后恋恋不舍地离开了会场。后来在纪念文集的编辑过程中发现，如果文集只收座谈会上的讲话、发言和各学术单位的贺词（信、电），内容显得单薄了一些。于是决定面向全国学界征集有关与周老交往的纪念文章，征集学习、研究周老在语文现代化、中文信息处理、语文教学、现代汉字学、比较文字学等方面学术思想和贡献的专题文章，以及相关学术论文。我执笔拟出《约稿函》和约稿专家名单，并通过中国语言文字网向社会广泛征集。学界供稿踊跃，这给我们选编此书提供了条件。现在读者看到的这本书主要有四个板块，第一、第四板块来自会议，第二、第三板块主要是征集来的学术论文、专题文章和纪念文章，其中学术论文 12 篇，专题纪念文章 20 篇。这两类文章，从篇目上看占到全书的 60%，从篇幅上看占全书总字数的 80%以上，这样这本书就比较丰满了。感谢应邀为本书撰写稿件的前辈学者和朋友，感谢教育部语言文字应用研究所于桂英同志提供了她拍摄的"庆贺周有光先生百龄华诞座谈会"的全部照片供选用，没有他们的参与，本书不会编成目前这个样子。周老的亲属一直关心本书的编辑工作，不但提供了许多珍贵的历史照片，还向我们推荐文章，在此一并表示感谢。

三是关于本书编辑工作的说明。本书编辑工作由我主持，全部利用业余时间完成。2005 年 3 月，由我提出编辑设想、板块结构并组织稿件、审阅修改稿件；2005年7月前，借调我司工作的安徽大学沙宗元博士帮我收稿和初选；2006年4月至7月，教育部语言文字信息管理司王奇同志协助我通读了全部书稿，并做了初步的编辑加工。全部书稿集成后，由我再一次审读、加工，定稿后打印两份分送语文出版社和周老审读。7月底，周老不顾酷暑，以惊人的速度审阅了全部书稿，指出文稿中存在的几处瑕疵，并亲自致函编者给予肯定和热情鼓励。本书的责任编辑也做了大量、细致的审读加工工作。因此可以说，这本书是集体智慧的结晶。需要说明的是，收入本书中的文章，编者只是做了体例上的统一和文字加工，本书奉行文责自负，对作者的学术观点未做任何修正。对于书中可能出现的编辑上的疏漏或问题，希望读者指出来，我们将很乐于听到大家的批评意见。

最后，我还要代表本书编者，对关心、支持本书编辑、出版工作的所有同志，特别是主动承担出版任务的语文出版社，表示最最衷心的谢意！

王铁琨

2006年中秋之夜写于天津师大金桥宾馆